HERBERT HAAG

DER GOTTESKNECHT BEI DEUTEROJESAJA

ERTRÄGE DER FORSCHUNG

Band 233

HERBERT HAAG

DER GOTTESKNECHT BEI DEUTEROJESAJA

1985

WISSENSCHAFTLICHE BUCHGESELLSCHAFT

DARMSTADT

CIP-Kurztitelaufnahme der Deutschen Bibliothek

Haag, Herbert:
Der Gottesknecht bei Deuterojesaja / Herbert Haag. –
Darmstadt: Wissenschaftliche Buchgesellschaft,
1985.
(Erträge der Forschung; Bd. 233)
ISBN 3-534-09045-4
NE: GT

1 2 3 4 5

Bestellnummer 9045-4

Satz: Maschinensetzerei Janß, Pfungstadt
Druck und Einband: Wissenschaftliche Buchgesellschaft, Darmstadt
Printed in Germany
Schrift: Linotype Garamond, 10/11

ISSN 0174-0695
ISBN 3-534-09045-4

Für
DINA
(1906–1978)
und
JULIA
(1906–1984)

„Nur mit tiefster Andacht aber, ganz leise, läßt sich von diesen Dingen reden; es sind die letzten Geheimnisse der Religion."

Gunkel

„In die Leiden des gerechten Gottesknechtes wird sowohl Wissenschaft als Religion sich immer mit tiefer Andacht und Ehrfurcht versenken können – und müssen."

Mowinckel

INHALT

VORWORT

Der Weg, den die EJ-Forschung in den letzten hundert Jahren ging, ist gepflastert mit sich wiederholenden selbstbewußten Erklärungen von Gelehrten, sie hätten jetzt die endgültige Lösung des Problems gefunden. Hätte auch nur einer von ihnen recht behalten, so wäre es erheblich einfacher, einen Bericht über die Erträge der Forschung zum Gottesknecht bei Deuterojesaja zu schreiben. Nun ist dem aber nicht so, und wir haben uns der dornenvollen Mühe zu unterziehen, den sich ablösenden Anläufen nachzugehen.

Auslegungsgeschichte und Forschungsbericht sind nicht das gleiche. Für die EJL beginnt die Geschichte ihrer *Auslegung* schon im Alten Testament selbst. Als Begründer ihrer *Erforschung* hingegen ist Bernhard DUHM mit seinem Jesajakommentar von 1892 anzusehen. Bei ihm setzt deshalb dieser Forschungsbericht ein. Indes hat sich die EJ-Forschung in den hundert Jahren seit DUHM mit vielerlei Fragen beschäftigt, die den Umgang mit den Texten durch das Frühjudentum, Qumran und das Neue Testament betreffen. Diese Fragestellungen und Untersuchungen waren ebenfalls zu erfassen. Zu den Perioden der Kirchenväter, der Scholastik, der Reformation und Nachreformation liegen nur spärliche Untersuchungen vor. Im Interesse einer gewissen Vollständigkeit wurde jedoch die Auslegungsgeschichte dieser Perioden nicht völlig übergangen. Überall aber wurde versucht, soweit es der begrenzte Raum erlaubte, die erwähnten Autoren selbst sprechen zu lassen und nicht nur Namen und Meinungen aufzuzählen.

Die Bibliographie möchte ab 1892 vollständig sein, und sie dürfte die Nützlichkeit der Arbeit entscheidend bestimmen. Bei ihrer Erfassung an einem bibliotheksmäßig nicht bevorzugten Ort durfte ich die Hilfe zahlreicher Kollegen und Freunde erfahren. Mein Dank gilt P. Gebhard M. Behler O. P., Fanjeaux; P. Henry J. Bertels S. J., Bibliothekar am Päpstlichen Bibelinstitut in Rom; Prof. Henri Cazelles, Paris; Prof. Gillis Gerleman, Lund; Prof. Ernst Haag, Trier; Prof. Hans Jürgen Hermisson, Tübingen; Prof. Jürg Jeremias, München; Kaplan György Kocsi, Nagyatád/Ungarn; Dr. Arie van der Kooij, Utrecht; P. Clemens Locher S. J., Zürich; Dr. Reinhold Mayer, Tübingen; Prof. Ivo Meyer, Luzern; P. Robert

Murray, Heythrop College, London; Prof. K. Nakazawa, Tokyo; Prof. Elias Oikonomou, Athen; Frau Shifra und Prof. Svi Rin, University of Pennsylvania, Philadelphia; Pastor Dr. Eberhard Ruprecht, Wolfshagen-Langelsheim; Prof. Hans Peter Rüger, Tübingen; P. Raymund Schwager S. J., Innsbruck; Prof. Georg Schelbert, Freiburg/Schweiz; Prof. Lech R. Stachowiak, Łódź/Lublin; Prof. Clemens Thoma, Luzern; Prof. Hermann-Josef Vogt, Tübingen; Prof. Otto Wermelinger, Freiburg/Schweiz; Prof. Claus Westermann, Heidelberg; der Universitätsbibliothek Oslo und dem Cercle Ernest Renan, Paris.

Zu besonderem Dank verpflichtet bin ich meinem Nachfolger auf dem Tübinger Lehrstuhl, Prof. Walter Groß, und seinem Assistenten Dr. Hermann-Josef Stipp; meiner langjährigen Mitarbeiterin Katharina Elliger, Tübingen; meinen wissenschaftlichen Helfern dipl. theol. Bradley Malkovsky, Tübingen, und vornehmlich dem unermüdlichen und stets fröhlichen dipl. theol. Markus Köferli, Luzern; schließlich dem Personal der Zentralbibliothek Luzern, dessen Geduld ich bis zum äußersten strapaziert habe. Frau Evi Altermatt-Gyr half mit geduldiger Gewissenhaftigkeit bei der Reinschrift des Manuskripts, beim Lesen des Umbruchs und bei der Erstellung des Registers.

Meine Lebenstage sind gezählt. So sei dieses Buch ein Vermächtnis, aber auch ein Bekenntnis zum Ebed JHWH und zum Pais Theou.

Luzern, Pfingsten 1985 Herbert Haag

ABKÜRZUNGEN

1. Bücher und Zeitschriften

ASTI	Annual of the Swedish Theological Institute
BASOR	Bulletin of the American Schools of Oriental Research
Bb	Biblica
BJRL	Bulletin of the John Rylands Library
BZ (NF)	Biblische Zeitschrift (Neue Folge)
BZAW	Beihefte zur Zeitschrift für die alttestamentliche Wissenschaft
CBQ	The Catholic Biblical Quarterly
DBS	Dictionnaire de la Bible, Supplément
ET	The Expository Times
EThL	Ephemerides Theologicae Lovanienses
EvTh	Evangelische Theologie
HUCA	Hebrew Union College Annual
JBL	Journal of Biblical Literature
JJS	Journal of Jewish Studies
JNES	Journal of Near Eastern Studies
JQR	Jewish Quarterly Review
JThS	Journal of Theological Studies
KBL	Hebräisches und aramäisches Lexikon zum Alten Testament von L. Köhler und W. Baumgartner, 3. Aufl. Leiden 1967ff.
KRAUS	H.-J. Kraus, Geschichte der historisch-kritischen Erforschung des Alten Testaments, Neukirchen [3]1982
NovT	Novum Testamentum
RB	Revue Biblique
RGG	Die Religion in Geschichte und Gegenwart
RHPhR	Revue d'Histoire et de Philosophie religieuses
RQ	Revue de Qumran
RScR	Recherches de Science Religieuse
SEÅ	Svensk Exegetisk Årsbok
StB	H. Strack/P. Billerbeck, Kommentar zum Neuen Testament aus Talmud und Midrasch, München 1922/1928 (und Nachdrucke)

ThQ	Theologische Quartalschrift
ThRs	Theologische Rundschau
ThSK	Theologische Studien und Kritiken
ThWNT	Theologisches Wörterbuch zum Neuen Testament
TRE	Theologische Realenzyklopädie
TrThZ	Trierer Theologische Zeitschrift
VT	Vetus Testamentum
ZAW	Zeitschrift für die alttestamentliche Wissenschaft
ZkTh	Zeitschrift für katholische Theologie
ZNW	Zeitschrift für die neutestamentliche Wissenschaft
ZThK	Zeitschrift für Theologie und Kirche

2. Allgemeine Abkürzungen

atl	alttestamentlich
Ber.	Bericht
Dtjes	Deuterojesaja
dtjes	deuterojesajanisch
dtr	deuteronomistisch
EJ(L)	Ebed Jahwe (Lieder)
Fs.	Festschrift
GK (L)	Gottesknecht(lieder)
Hs., Hss.	Handschrift(en)
Jes	Jesaja
MA	Mittelalter
MT	Masoretischer Text
ntl	neutestamentlich
Tg	Targum
Tritojes	Tritojesaja
tritojes	tritojesajanisch
V.	Vers(e)

Diese Abkürzungen werden auch in Zitaten angewendet, in denen der Verfasser sie ausschreibt.

LITERATUR

1. Berichte zur Geschichte der Auslegung und Forschung

Brierre-Narbonne, J. J.: Le Messie souffrant dans la littérature du rabbinisme, Paris 1940.

Cornill, C. H.: Die neueste Litteratur über Jes 40–66: ThRs 3, 1900, 409–420.

Dalman, G. H.: Der leidende und der sterbende Messias der Synagoge im ersten nachchristlichen Jahrtausend, Berlin 1888.

Eißfeldt, O.: Neue Forschungen zum [c]Ebed Jahwe-Problem: ThLZ 68, 1943, 273–280 = Kl. Schr. II, Tübingen 1963, 443–452.

Fischel, H.: Die deuterojesajanischen Gottesknechtlieder in der jüdischen Auslegung: HUCA 18, 1944, 53–73.

Fjärstodt, B.: The Use of Isaiah 53 in the New Testament–Recent Scandinavian Research: Indian Journal of Theology 20, 1971, 109 bis 116.

Fohrer, G.: Neuere Literatur zur alttestamentlichen Prophetie: ThRs 19, 1951, 278–346 (über 1932–1939), bes. 298–305 (Deutero- und Tritojesaja).

Fohrer, G.: Neuere Literatur zur alttestamentlichen Prophetie: ThRs 20, 1952, 193–271. 295–361 (über 1940–1950), bes. 228–242 (Deutero- und Tritojesaja).

Fohrer, G.: Zehn Jahre Literatur zur alttestamentlichen Prophetie (1951–1960): ThRs 28, 1962, 1–75. 235–297. 301–374, bes. 235–249 (Deutero- und Tritojesaja).

Fohrer, G.: Neue Literatur zur alttestamentlichen Prophetie (1961–1970): ThRs 45, 1980, 23–39, bes. 36–38 (Deutero- und Tritojesaja).

Haag, H.: Ebed Jahwe-Forschung 1948–1958: BZ NF 3, 1959, 174–204 = Das Buch des Bundes. Aufsätze zur Bibel und zu ihrer Welt, Düsseldorf 1980, 46–72.

Haag, H.: Der Gottesknecht bei Deuterojesaja im Verständnis der alten Kirche: Freiburger Zeitschr. für Philosophie und Theologie 31, 1984, 343–377.

Hutterer, N.: Die mittelalterlichen jüd. Kommentare zu den Ebed-JHWH-Liedern des Jesaja, Berlin 1938.

Kruse, C. G.: The Servant Songs. Interpretive Trends Since C. R. North: Studia Biblica et Theologica 8, 1978, 3–27.

Lindhagen, C.: De tre sista decenniernas Ebed Jahveforskning: Svensk Teologisk Kvartalskrift 8, 1932, 350–375.

Lindhagen, C.: Ebed Jahve-problemet i svensk exegetik: SEÅ 17, 1952, 32–71.

Lindhagen, C.: The Servant of the Lord: ET 67, 1955/56, 279–283. 300–302.

Margoliouth, D. S.: Recent Exposition of Isaiah LIII: The Expositor 7th Series, vol. 6, 1908, 59–68.

Mowinckel, S.: Neuere Forschungen zu Deuterojesaja, Tritojesaja und dem ᶜÄbäd-Jahwä-Problem: Acta Orientalia 16, 1938, 1–40.

Nakazawa, K.: The Servant Songs – A Review after Three Decades: Orient 18, 1982, 65–82.

Neubauer, A./S. R. Driver: The Fifty-Third Chapter of Isaiah according to the Jewish Interpreters, Oxford/London 1876/77. Nachdruck mit Prolegomenon von R. Loewe, New York 1969.

Nikel, J.: Die neuere Litteratur über Jes. 40–66, insbesondere über die Weissagungen vom Gottesknechte: ThRs 1, 1902, 73–77. 105–111.

North, C. R. s. S. XXXV.

Payne, D. F.: Recent Trends in the Study of Isaiah 53: Irish Biblical Studies 1, 1979, 3–18.

Richter, A.: Hauptlinien der Deuterojesaja-Forschung von 1964–1979, in: C. Westermann, Sprache und Struktur der Prophetie Deuterojesajas, Stuttgart 1981, 89–123, bes. 102–104.

Roth, O.: Die neuesten Deutungen vom leidenden Gottesknecht in Jesaja 53: Protestantische Monatshefte 7, 1903, 95–106. 141–157.

Rowley, H. H.: The Servant of the Lord in the Light of Three Decades of Criticism, in: The Servant of the Lord and other Essays on the Old Testament, Oxford 1952, ²1965, 3–60.

Ruprecht, E.: Die Auslegungsgeschichte zu den sogenannten Gottesknechtliedern im Buch Deuterojesaja unter methodischen Gesichtspunkten bis zu Bernhard Duhm, ungedr. Diss. Heidelberg 1972.

Soloff, R. A.: The fifty-third chapter of Isaiah according to the Jewish commentators, to the sixteenth century, Diss. Drew Univ. 1967.

Vaccari, A.: I carmi del « Servo di Jahve ». Ultime risonanze e discussioni, in: Miscellanea Biblica II, Rom o. J. = 1934, 216–244.

Wilde, W. J. de: De messiaansche opvattingen der middeleeuwsche exegeten Rasji, Aben Ezra en Kimchi vooral volgens hun commentaren op Jesaja, Wageningen 1929.

Wolff, H. W.: Jesaja 53 im Urchristentum, (1942) ³Berlin 1952.

2. *Kommentare (seit Duhm 1892)*

Bentzen, Aa.: Jesaja, København 1943/44, 2 Bde.

Bonnard, P.-E.: Le second Isaïe, Paris 1972.

Brandenburg, H.: Jesaja. II. Teil. Das Buch von der Erlösung, Gießen 1961.

Budde, K.: Das Buch Jesaja Kap. 40–66, in: E. Kautzsch (Hrsg.), Die Heilige Schrift des Alten Testaments, 3. Aufl., 1. Bd., Tübingen 1909, 609–671.

Condamin, A.: Le Livre d'Isaïe, Paris 1905.

Dennefeld, L.: Les Grands Prophètes, Paris 1946.

Duhm, B.: Das Buch Jesaja, Göttingen 1892, [2]1901, [3]1914, [4]1922, [5]1968 (= Nachdruck der 4. Aufl., mit einer Würdigung von W. Baumgartner).

Elliger, K.: Deuterojesaja. 1. Teilband Jesaja 40, 1–45, 7, Neukirchen 1978.

Feldmann, F.: Das Buch Isaias, 2. Halbband (Kap. 40–66), Münster i. W. 1926.

Fischer, J.: Das Buch Isaias, II. Teil, Bonn 1939.

Flier, A. van der: Jesaja II, Groningen/den Haag 1926.

Fohrer, G.: Das Buch Jesaja 3. Band Kapitel 40–66, Zürich 1964.

Haller, M.: Deuterojesaja, in: Das Judentum. Geschichtsschreibung, Prophetie und Gesetzgebung nach dem Exil, Göttingen [2]1925 (Die Schriften des Alten Testaments in Auswahl neu übersetzt und für die Gegenwart erklärt von H. Gunkel u. a., 2. Abt. 3. Bd.).

Herbert, A. S.: Isaiah Chapters 40–66, Cambridge 1975.

Hoonacker, A. van: Het boek Isaias, Brugge 1932.

Jones, D. R.: Isaiah – II and III, in: Peake's Commentary on the Bible, London 1962, 516–536.

Kissane, E. J.: The Book of Isaiah, vol. II, Dublin 1943.

Kittel, R.: Der Prophet Jesaja, erklärt von A. Dillmann, für die 6. Aufl. herausgegeben und vielfach umgearbeitet von R. Kittel, Leipzig 1898.

Knabenbauer, J.: Commentarius in Isaiam Prophetam. Secundam editionem curavit F. Zorell, Paris 1922/23, 2 Bde.

Knight, G. A. F.: Deutero-Isaiah. A Theological Commentary on Isaiah 40–55, New York/Nashville 1965.

König, E.: Das Buch Jesaja, Gütersloh 1926.

Leupold, H. C.: Isaiah, Vol. II, Grand Rapids 1971.

Levy, R.: Deutero-Isaiah. A Commentary. Together with a Preliminary Essay on Deutero-Isaiah's Influence on Jewish Thought, London 1925.

Ley, J.: Historische Erklärung des zweiten Teils des Jesaja, Cap. 40 bis Cap. 66, nebst einer Abhandlung: Über die Bedeutung des „Knecht Gottes", Marburg 1893.

Marti, K.: Das Buch Jesaja, Tübingen 1900.

McKenzie, J. L.: Second Isaiah, Garden City 1968.

Minocchi, S.: Le profezie d'Isaia, Bologna 1907.

Mowinckel, S.: Jesajaboken. II. Kap. 40–66, Oslo 1944.

Muilenburg, J./H. S. Coffin: The Book of Isaiah, Chapters 40–66, in: The Interpreters Bible, vol. V, New York/Nashville 1956.

North, C. R.: Isaiah 40–55. Introduction and Commentary, London 1952. Nachdrucke 1956, 1959 (Torch Bible Commentaries).

North, C. R.: The Second Isaiah. Introduction, Translation and Commentary to Chapters XL–LV, Oxford 1964.

Orelli, C. von: Der Prophet Jesaja, München [3]1904 ([1]1887).
Penna, A.: Isaia, Torino 1964.
Rignell, L. G.: A Study of Isaiah ch. 40–55, Lund 1956.
Simon, U. E.: A Theology of Salvation. A Commentary on Isaiah 40–55, London 1953.
Skinner, J.: The Book of the Prophet Isaiah, vol. 2: Chapters XL–LXVI, Cambridge 1951 (first ed. 1898).
Smart, J.: History and Theology in Second Isaiah. A Commentary on Isaiah 35. 40–66, Philadelphia 1965.
Smith, G. A.: The Book of Isaiah, vol. II, London o. J. = 1927.
Stuhlmueller, C.: The Book of Isaiah Chapters 40–66, Collegeville 1965.
Torrey, C. C.: The Second Isaiah, Edinburgh 1928.
Volz, P.: Jesaja II, Leipzig 1932.
Wade, G. W.: The Book of the Prophet Isaiah, London 1911.
Westermann, C.: Das Buch Jesaja, Kapitel 40–66, Göttingen 1966.
Whitehouse, O. C.: Isaiah 40–66, Edinburgh 1901.
Whybray, R. N.: Isaiah 40–66, London 1975.
Young, E. J.: The Book of Isaiah, Vol. III: Chapters 40–66, Grand Rapids 1972.
Ziegler, J.: Isaias, Würzburg 1948.

3. Aufsätze und Monographien

Ahlström, G. W.: Notes to Isaiah 53, 8f.: BZ NF 13, 1969, 95–98.
Alexius, P.: La passione del « Servo di Yahweh », in: La Redenzione. Conferenze bibliche tenute nell'anno giubilare 1933 . . ., Rom 1934, 35–54.
Alexius, P.: De passione Servi Yahweh (iuxta Is. 52, 13–15; 53, 1–12): Verbum Domini 14, 1934, 342–352.
Allen, L. C.: Isaiah LIII, 11 and its Echoes: Vox Evangelica 1, 1962, 24 bis 28.
Allen, L. C.: Isaiah LIII, 2 again: VT 21, 1971, 490.
Alonso, A.: Anotaciones criticas a Isaías 53, 8: La Ciudad de Dios 181, 1968, 89–100.
Alonso, A.: La suerte del Siervo: Isaías 53, 9–10: La Ciudad de Dios 181, 1968, 292–305.
Alonso, N.: The Problem of the Servant Songs: Scripture 18, 1966, 18–26.
Anderson, G. W.: The Prophetic Gospel, London 1952.
Aytoun, R. A.: The Servant of the Lord in the Targum: JThS 23, 1922, 172–180.
Baars, W.: Een weinig bekende oudlatijnse tekst van Jesaja 53: Nederlands Theol. Tijdschr. 22, 1967/68, 241–248.
Bachl, G.: Zur Auslegung der Ebedweissagung (Is 52, 13–53, 12) in der Literatur des späten Judentums und im Neuen Testament: Exzerpt Diss. Gregoriana, Linz 1982.

Balla, E.: Das Problem des Leides in der israelitisch-jüdischen Religion, in: Eucharisterion Gunkel I, Göttingen 1923, 214–260.

Baltzer, K.: Zur formgeschichtlichen Bestimmung der Texte vom Gottes-Knecht im Deuterojesaja-Buch, in: Probleme biblischer Theologie = Fs. von Rad, München 1971, 27–43.

Bánfi, B.: Isten szenvedö szolgája – a szolgáló Messiás elöképe: Lelkipásztor 52, 1977, 351–357.

Barnes, W. E.: Cyrus the 'Servant of Jehovah', Isa. 42, 1–4 (7): JThS 32, 1930/31, 32–39.

Baron, D.: The Servant of Jehovah, Grand Rapids 1922, New (= 3.) ed. 1954.

Barrett, C. K.: The Background of Mark 10:45, in: New Testament Essays = Studies in Memory of T. W. Manson, ed. by A. J. B. Higgins, Manchester 1959, 1–18.

Barsotti, D.: Onias, vittima e sacerdote: Humanitas (Brescia) 10, 1955, 745–761.

Barstad, H. M.: Tjenersangene hos Deuterojesaja: Norsk Teologisk Tidsskrift 83, 1982, 235–244.

Barth-Frommel, M.-C.: Le Serviteur du Seigneur dans Esaïe 40–55, in: Foi et Vie. Cahiers bibliques. Numéro hors série: Reconnaissance à Suzanne de Diețrich, Paris 1971, 48–65.

Barthélemy, D.: Le grand rouleau d'Isaïe trouvé près de la Mer Morte: RB 57, 1950, 530–549.

Baudissin, W. W. von: Zur Entwicklung des Gebrauchs von ebed in religiösem Sinne: BZAW 34, 1920 (= Fs. Budde) 1–9.

Beecher, W. J.: The Servant, in: Classical Evangelical Essays, ed. by W. C. Kaiser, Jr., Grand Rapids 1973, [6]1982, 187–204.

Beer, G.: Die Gedichte vom Knechte Jahwes in Jes 40–55. Ein textkritischer und metrischer Wiederherstellungsversuch: BZAW 33, 1918 (= Fs. W. W. von Baudissin) 29–46.

Begrich, J.: Studien zu Deuterojesaja, Stuttgart 1938, Nachdruck (mit Vorwort von W. Zimmerli) München 1963 (Zitate nach dieser Ausgabe).

Behler, G. M.: Le premier chant du Serviteur, Is. 42, 1–7: La Vie Spirituelle 120, 1969, 253–281.

Behler, G. M.: Le deuxième chant du Serviteur, Is. 49, 1–9a: La Vie Spirituelle 121, 1969, 113–144.

Behler, G. M.: Serviteur et Roi. Les quatre chants sur le « Serviteur de Dieu » à la lumière de leur accomplissement dans le Christ, o. O., o. J. = Fanjeaux 1976.

Bentzen, Aa.: Messias, Moses redivivus, Menschensohn, Zürich 1948 (= King and Messiah, London 1954).

Bernal Giménez, J. M.: El Siervo como promesa de « mišpāṭ ». Estudio bíblico del término « mišpāṭ » en Is 42, 1–4, in: Palabra y vida = Fs. J. A. Díaz, hrsg. von A. Vargas-Machuca und G. Ruiz, Madrid 1984, 77 bis 85.

Berrouard, M.-F.: «Qui racontera sa génération?», in: Bibl. August. 72, Paris 1977, 848–850.

Bertholet, A.: Zu Jesaja 53. Ein Erklärungsversuch, Freiburg i. Br. 1899.

Beuken, W. A. M.: Mišpāṭ. The First Servant Song and its Context: VT 22, 1972, 1–30.

Beuken, W. A. M.: Jes 50, 10–11: Eine kultische Paränese zur dritten Ebedprophetie: ZAW 85, 1973, 168–182.

Beuken, W. A. M.: De vergeefse moeite van de Knecht: Fs. J. L. Koole (s. Grosheide), Kampen 1978, 23–40.

Bewer, J. A.: Two Notes on Isaiah 49, 1–6, in: S. W. Baron/A. Marx (Hrsg.), Jewish Studies in Memory of George A. Kohut, New York 1935, 86–90.

Bewer, J. A.: Jes 49, 3. 5: Textkritische Bemerkungen zum Alten Testament, in: W. Baumgartner u. a. (Hrsg.), Fs. Alfred Bertholet zum 80. Geburtstag, Tübingen 1950, 65–76, 67f.

Black, M.: Servant of the Lord and Son of Man: Scott. Journ. of Theology 6, 1953, 1–11.

Blank, J.: Der leidende Gottesknecht (Jes 53), in: P. Pawlowsky/E. Schuster (Hrsg.), Woran wir leiden, Innsbruck 1979, 28–67.

Blank, S. H.: Studies in Deutero-Isaiah: HUCA 15, 1940, 1–46 (bes. 18–32).

Bleeker, L. H. K.: Jojachin, der Ebed-Jahwe: ZAW 40, 1922, 156.

Blocher, H.: Songs of the Servant. Isaiah's good news, London 1975.

Blythin, I.: A Consideration of Difficulties in the Hebrew Text of Isaiah 53:11: The Bible Translator 17, 1966, 27–31.

Boccaccio, P./G. Berardi: ᶜbd JHWH – Servus Iahweh. Polyglotta stychice disposita, Fano ²1958.

Böhl, F. M. Th.: De 'Knecht des Heeren' in Jezaja 53: Onze eeuw 23, 1923, 61–89; auch als Monographie: Haarlem 1923.

Boer, P. A. H. de: Second-Isaiah's Message, Leiden 1956 (bes. 102 bis 117).

Bouwman, G.: Dienaar (in het NT): Bijbels Woordenboek, Roermond ³1966–69, 291f.

Bowman, J. W.: Jesus and the Suffering Servant: A Reply: The Journal of Religion 25, 1945, 56–58 (gegen Craig 1944).

Bronkhorst, A. J.: De Ebed-Jahwe in het Nieuwe Testament, in: Veritatem in Caritate, Lustrumnummer van de nederlandstalige sectie 1954–1959, den Haag/Brussel 1959, 39–44.

Brown, R. E.: The Messianism of Qumrân: CBQ 19, 1957, 58–82.

Brownlee, W. H.: The Servant of the Lord in the Qumran Scrolls: BASOR 132, 1953, 8–15; 135, 1954, 33–38 (die am Ende des 2. Teils angekündigte Fortsetzung erschien nicht).

Brownlee, W. H.: Messianic Motifs of Qumran and the New Testament: New Testament Studies 3, 1956/57, 12–30. 195–210.

Bruce, F. F.: Biblical Exegesis in the Qumran Textes, Den Haag 1959.

Brückner, M.: Der sterbende und auferstehende Gottheiland, Tübingen 1908.

Brunot, A.: Le Poème du Serviteur et ses problèmes: Revue Thomiste 61, 1961, 5–24.

Bruston, Ch.: Le Serviteur de l'Eternel dans l'avenir: BZAW 41, 1925 (= Fs. Karl Marti) 37–44.

Buber, M.: Der Glaube der Propheten, Zürich 1950 (= 1950a).

Buber, M.: Jesus und der „Knecht", in: Pro Regno Pro Sanctuario, Fs. G. van der Leeuw, Nijkerk 1950, 71–78 (= Zwei Glaubensweisen, Zürich 1950, 103–115) (= 1950b).

Budde, K.: Die sogenannten Ebed-Jahwe-Lieder und die Bedeutung des Knechtes Jahwes in Jes. 40–55. Ein Minoritätsvotum, Gießen 1900.

Bultmann, R.: Reich Gottes und Menschensohn: ThRs 9, 1937, 1–35.

Bundy, D. D.: Isaiah 53 in East and West, in: M. Schmidt (Hrsg.), Typus, Symbol, Allegorie bei den östlichen Vätern und ihren Parallelen im Mittelalter, Regensburg 1982, 54–73.

Buri, F.: Vom Sinn des Leidens. Eine Auslegung des Liedes vom leidenden Gottesknecht Jesaja 53, Basel o. J. (= 1963).

Burney, C. F.: The Book of Isaiah: A New Theory, II: The Church Quarterly Review 75, 1912/13, 99–139.

Burrows, E. N. B.: The Servant of Yahweh in Isaiah: an Interpretation, in: The Gospel of the Infancy and Other Biblical Essays, ed. E. F. Sutcliffe, London 1940, 59–80.

Bussche, H. van den: De Lijdende Dienaar van Jahweh: Collationes Brugenses et Gandavenses 4, 1958, 230–236.

Cannon, W. W.: Isaiah 61, 1–3 an Ebed Jahweh poem: ZAW 47, 1929, 284–288.

Carmignac, J.: Les citations de l'Ancien Testament, et spécialement des poèmes du Serviteur, dans les hymnes de Qumran: RQ 2, 1959/60, 357–394.

Carmignac, J.: Six passages d'Isaïe éclairés par Qumran, in: Bibel und Qumran = Fs. Hans Bardtke, Berlin 1968, 37–46 (zu Jes 50, 6: 44–46).

Carpenter, L. L.: Primitive Christian Application of the Doctrine of the Servant, Durham (North Carolina) 1929.

Caspari, W.: Lieder und Gottessprüche der Rückwanderer (Jesaja 40–55), BZAW 65, 1934.

Cazelles, H.: Les poèmes du Serviteur: RScR 43, 1955, 5–55.

Cazelles, H.: La destinée du Serviteur: Assemblées du Seigneur 21, 1969, 6–14 (= 1969a).

Cazelles H.: Le roi Yoyakin et le Serviteur du Seigneur: Proceedings of the Fifth World Congress of Jewish Studies, vol. I ed. P. Peli, Jerusalem 1969, 121–125 (= 1969b).

Cerfaux, L.: Saint Paul et le « serviteur de Dieu » d'Isaïe: Studia Anselmiana 27–28, 1951 (= Miscellanea Biblica et Orientalia A. Miller oblata) 351–365 = Recueil Lucien Cerfaux II, Gembloux 1954, 439–454.

Cerfaux, L.: L'hymne au Christ-Serviteur de Dieu (Phil 2, 6–11 = Is. 52, 13–53, 12), in: Miscellanea historica A. De Meyer, 1946, I, 117–130 = Recueil Lucien Cerfaux II, Gembloux 1954, 425–437 (danach zitiert).

Chamberlain, J. V.: The Functions of God as Messianic Titles in the Complete Qumran Isaiah Scroll: VT 5, 1955, 366–372.

Chavasse, C.: The Suffering Servant and Moses: Church Quarterly Review 165, 1964, 152–163.

Cheyne, T. K.: Introduction to the Book of Isaiah, London 1895; dt.: Einleitung in das Buch Jesaja, Gießen 1897.

Cheyne, T. K.: Das religiöse Leben der Juden nach dem Exil, Gießen 1899 (= Jewish Religious Life after the Exile, New York/London 1898).

Cheyne, T. K.: Art. Servant of the Lord, in: Encyclopaedia Biblica, ed. T. K. Cheyne and J. Sutherland Black, London 1903, 4398–4410.

Chilton, B.: John 12, 34 and Targum Isaiah 52, 13: NovT 22, 1980, 176–178.

Chilton, B.: A Galilean Rabbi and His Bible. Jesus' Own Interpretation of Isaiah, London 1984.

Clines, D. J. A.: I, He, We, and They. A Literary Approach to Isaiah 53, Sheffield 1976 (= Journal for the Study of the Old Testament, Supplement Series 1).

Cobb, W. H.: The Servant of Jahveh: JBL 14, 1895, 95–113.

Collison, F.: The Use of Isaiah 53 by Jesus and the Early Church. A Summary of Hooker's Jesus and the Servant: Indian Journal of Theology 20, 1971, 117–122.

Condamin, A.: Le Serviteur de Iahvé. Un nouvel argument pour le sens individuel messianique: RB n. s. 5, 1908, 162–181.

Condamin, A.: Les prédictions nouvelles du chapître XLVIII d'Isaïe: RB n. s. 7, 1910, 200–216.

Cook, St. A.: The Servant of the Lord: ET 34, 1922/23, 440–442.

Coppens, J.: Nieuw licht over de Ebed-Jahweh-Liederen, in: Pro Regno Pro Sanctuario, Fs. G. van der Leeuw, Nijkerk 1950, 115–123; mit einem französischen Résumé auch als Sonderdruck, Brügge–Paris/Leuven 1950.

Coppens, J.: Les origines littéraires des Poèmes du Serviteur de Yahvé: Bb 40, 1959, 248–259 (= 1959a).

Coppens, J.: Le Serviteur de Yahvé. Vers la solution d'un énigme, in: Sacra Pagina I, Paris/Gembloux 1959, 434–454 (= 1959b).

Coppens, J.: La finale du quatrième chant du Serviteur (Is., LIII, 10–12). Un essai de solution: EThL 39, 1963, 114–121.

Coppens, J.: Le Serviteur de Yahvé figure prophétique de l'avenir: EThL 47, 1971, 329–339; 48, 1972, 5–36.

Coppens, J.: La mission du Serviteur de Yahvé et son statut eschatologique: EThL 48, 1972, 343–371 (= 1972 mission).

Coppens, J.: Le Messianisme et sa Relève prophétique, Gembloux 1974, 41–113.

Coppens, J.: Le Serviteur de Yahvé personnification de Sion-Jérusalem en tant que centre cultuel des rapatriés: EThL 52, 1976, 344–346.

Cornill, C. H.: Der israelitische Prophetismus. In fünf Vorträgen für gebildete Laien geschildert, Straßburg, 3., verbesserte Aufl. 1900.

Cornill, C. H.: Jesaja 53,12: ZAW 36, 1916, 243f.

Craig, C. T.: The Identification of Jesus with the Suffering Servant: The Journal of Religion 24, 1944, 240–245.

Dahood, M.: Phoenician Elements in Isaiah 52:13–53:12, in: H. Goedicke (Hrsg.), Near Eastern Studies in Honor of W. F. Albright, Baltimore 1971, 63–73.

Dahood, M.: Isaiah 53, 8–12 and Massoretic Misconstructions: Bb 63, 1982, 566–570.

Dalman, G.: Jesaja 53 – das Prophetenwort vom Sühneleiden des Gottesknechtes mit besonderer Berücksichtigung der jüdischen Literatur, Leipzig [2]1914 (1. Aufl. 1890).

Dalton, W. J.: The Fourth Song of the Servant of Yahweh Is. 52,13–53,12: Scripture vol. 10, No. 9, January 1958, 1–10.

Day, J.: *DA^cAṮ* "Humiliation" in Isaiah LIII 11 in the Light of Isaiah LIII 3 and Daniel XII 4, and the Oldest Known Interpretation of the Suffering Servant: VT 30, 1980, 97–103.

Denio, F. B.: The Servant of Jehovah: The American Journal of Theology 5, 1901, 322–327.

Dietze, K.: Ussia, der Knecht Gottes, sein Leben und sein Leiden und seine Bedeutung für den Propheten Jesaja, in: Schriften der Bremer Wissenschaftlichen Gesellschaft, Reihe D: Abhandlungen und Vorträge, Jg. 4, Heft 1/2, Sept. 1929, 1–101.

Dijkstra, M.: De koninklijke knecht. Voorstelling en investituur van de Knecht des Heren in Jesaja 42: Fs. J. L. Koole (siehe Grosheide), Kampen 1978, 41–52.

Dion, P.-E.: Les chants du Serviteur de Yahweh et quelques passages apparentés: Bb 51, 1970, 17–38.

Dion, P.-E.: L'universalisme religieux dans les différentes couches rédactionelles d'Isaïe 40–55: Bb 51, 1970, 161–182.

Dip, G.: Plegaria y sufrimiento del siervo de Yavé: Estudios Eclesiásticos 41, 1966, 303–350.

Dix, G. H.: The Influence of Babylonian Ideas on Jewish Messianism: JThS 26, 1925, 241–256, bes. 251–255.

Driver, G. R.: Linguistic and textual problems: Isaiah 40–66: JThSt 36, 1935, 396–406.

Driver, G. R.: Isaiah 52,13–53,12: the Servant of the Lord, in: In Memoriam Paul Kahle = BZAW 103, 1968, 90–105.

Duhm, B.: Die Theologie der Propheten als Grundlage für die innere Entwicklungsgeschichte der israelitischen Religion, Bonn 1875.

Durand, G.-M. de: « Sa génération, qui la racontera? » Is 53, 8b. L'exégèse des Pères: Revue des Sciences Philos. et Théol. 53, 1969, 638–657.

Dürr, L.: Ursprung und Ausbau der israelitisch-jüdischen Heilandserwartung, Berlin 1925.

Dürr, L.: Wollen und Wirken der alttestamentlichen Propheten, Düsseldorf 1926.

Dussel, E.: Universalismo y misión en los poemas del Siervo de Iehvah: Ciencia y Fe (San Miguel, Argentina) 20, 1964, 429–463.

Edelkoort, A. H.: De Christusverwachting in het Oude Testament (bes. 372–432), Wageningen 1941.

Eißfeldt, O.: Der Gottesknecht bei Deuterojesaja (Jes. 40–55) im Lichte der israelitischen Anschauung von Gemeinschaft und Individuum, Halle (Saale) 1933.

Elliger, K.: Der Prophet Tritojesaja: ZAW 49, 1931, 112–139.

Elliger, K.: Deuterojesaja in seinem Verhältnis zu Tritojesaja, Stuttgart 1933.

Elliger, K.: Jes 53, 10; alte crux – neuer Vorschlag, in: Mitteilungen des Instituts für Orientforschung 15, 1969, 228–233 (= Fs. R. Meyer).

Elliger, K.: Textkritisches zu Deuterojesaja, in: H. Goedicke (Hrsg.), Near Eastern Studies in Honor of W. F. Albright, Baltimore 1971, 113–119.

Elliger, K.: Nochmals Textkritisches zu Jes 53, in: Wort, Lied und Gottesspruch = Fs. Joseph Ziegler, II, Würzburg 1972, 137–144.

Engnell, I.: The [c]Ebed Yahweh Songs and the Suffering Messiah in "Deutero-Isaiah": BJRL 31, 1948, 54–93, "revised translation" von: Till frågan om Ebed Jahve-sångerna och den lidande Messias hos „Deuterojesaja": SEÅ 10, 1945, 31–65. Zitate nach engl. Text (= 1948a).

Engnell, I.: Herrens Tjänare, in: Svenskt Bibliskt Uppslagsverk I, Stockholm 1948, 844–846 (= 1948b).

Euler, K. F.: Die Verkündigung vom leidenden Gottesknecht aus Jes 53 in der griechischen Bibel, Stuttgart 1934.

Farley, F. A.: Jeremiah and "The Suffering Servant of Jehovah" in Deutero-Isaiah: ET 38, 1926/27, 521–524.

Fascher, E.: Jesaja 53 in christlicher und jüdischer Sicht, Berlin 1958.

Feldmann, F.: Der Knecht Gottes in Isaias Kap. 40–55, Freiburg i. Br. 1907.

Feldmann, F.: Die Weissagungen über den Gottesknecht im Buche Jesaias, Münster i. W. (1909) ^{3}1913.

Feldmann, F.: Das Frühere und das Neue. Ein Beitrag zur Jesajakritik, in: Fs. Eduard Sachau, Berlin 1915, 162–169.

Festorazzi, F.: «Voici mon serviteur». Is 42, 1–4. 6–7: Assemblées du Seigneur 12, 1969, 34–39.

Feuillet, A.: Le messianisme du livre d'Isaïe: RScR 36, 1949, 182–228.

Feuillet, A.: Richesses du Christ, «Serviteur de l'Eternel»: RScR 35, 1948, 412–441.

Feuillet, A.: Le livre d'Isaïe: DBS IV, 647–729, bes. 709–714 (Doctrine des poèmes du Serviteur).

Feuillet, A.: Les poèmes du Serviteur, in: A. Feuillet, Études d'exégèse et de théologie biblique. Ancien Testament, Paris 1975, 119–179.

Findeisen, H.: „Er ist begraben wie die Gottlosen, gestorben wie ein Reicher": Neue Kirchl. Zeitschr. 9, 1898, 473–478.

Fischer, J.: Isaias 40–55 und die Perikopen vom Gottesknecht, Münster i. W. 1916.

Fischer, J.: Wer ist der Ebed in den Perikopen Js 42, 1–7; 49, 1–9a; 50, 4–9; 52, 13–53, 12? Eine exegetische Studie, Münster i. W. 1922.

Fischer, J.: Das Problem des neuen Exodus in Isaias c. 40–55: ThQ 110, 1929, 111–130.

Fischer, J.: Art. Gottesknecht, in: H. Haag (Hrsg.), Bibel-Lexikon, Einsiedeln 1956, 609–619.

Fischer, M.: Vom leidenden Gottesknecht nach Jesaja 53, in: Abraham unser Vater = Fs. Otto Michel, Leiden 1963, 116–128.

Flier, A. van der: Drieerlei verklaring van den Ebed-Jahwe bij Deuterojesaja: Theol. Studiën 22, 1904, 345–376.

Fohrer, G.: Stellvertretung und Schuldopfer in Jesaja 52, 13–53, 12 vor dem Hintergrund des Alten Testaments und des Alten Orients, in: Das Kreuz Jesu, hrsg. von P. Rieger, Göttingen 1969, 7–31.

Fohrer, G.: Das Alte Testament und das Thema „Christologie": EvTh 30, 1970, 281–298.

France, R. T.: The Servant of the Lord in the Teaching of Jesus: Tyndale Bulletin 19, 1968, 26–52.

Frezza, F.: Annotazioni sperimentali su Is. 42, 1–4: Rivista Biblica 19, 1971, 307–320.

Friedlaender, H.: Der Knecht Gottes. Schicksal, Aufgabe, Trost, 's-Gravenhage 1947.

Füglister, N.: Exilische Schrifttexte: der Gottesknecht, in: J. Feiner/M. Löhrer (Hrsg.), Mysterium Salutis III/1, Einsiedeln 1970, 151–173.

Füglister, N.: Kirche als Knecht Gottes und der Menschen. Israel bei Deuterojesaja: Bibel und Kirche 39, 1984, 109–122.

Füllkrug, G.: Der Gottesknecht des Deuterojesaja. Eine kritisch-exegetische und biblisch-theologische Studie, Göttingen 1899.

Gelston, A.: Isaiah LIII 11: VT 21, 1971, 524–527.

Gerleman, G.: Herrens Tjänare, in: Nordisk Teologisk Uppslagsbok I, 1952, 1305–1308.

Gerleman, G.: Der Gottesknecht bei Deuterojesaja, in: (Ders.) Studien zur alttestamentlichen Theologie, Heidelberg 1980, 38–60 (= Franz Delitzsch Vorlesungen 1978).

Giblet, J.: Jésus, Serviteur de Dieu: Lumière et Vie 7, 1958, 5–35.

Giblet, J.: De canticis Servi Yahweh: Collectanea Mechliniensia 30, 1960, 263–266.

Giblin, Ch. H.: A Note on the Composition of Isaias 49, 1–6 (9a): CBQ 21, 1959, 207–212.

Giesebrecht, F.: Beiträge zur Jesajakritik, Göttingen 1890.
Giesebrecht, F.: Der Knecht Jahves des Deuterojesaia, Königsberg 1902.
Ginsberg, H. L.: The Oldest Interpretation of the Suffering Servant: VT 3, 1953, 400–404.
Ginsberg, H. L.: The Arm of YHWH in Isaiah 51–63 and the Text of Isa 53, 10–11: JBL 77, 1958, 152–156.
Gispen, W. H.: Jesaja 53, 10 en het schuldoffer: Geref. theol. tijdschrift 71, 1971, 193–204.
Glahn, L./L. Köhler: Der Prophet der Heimkehr, Kopenhagen/Gießen 1934.
Glazebrook, M. G.: Studies in the Book of Isaiah, Oxford 1910.
Gonzáles Ruiz, J. M.: Una profecía de Isaías sobre la sepultura de Cristo (Is. 53, 9): Estudios Bíblicos 6, 1947, 225–232.
Goossens, G.: Les substituts royaux en Babylonie: EThL 25, 1949, 383–400.
Goossens, W.: Het plaatsvervangend en uitboetend lijden van den Messias in de profetieën van Jahweh's Knecht in het Boek Isaias: Collat. Gandav. 31, 1948, 10–29.
Gordon, R. P.: Isaiah LIII, 2: VT 20, 1970, 491 f.
Gosker, R.: Jesaja 53 – ein Denklied: Texte und Kontexte 7, 1980, 5 bis 18.
Grelot, P.: Les Poèmes du Serviteur, Paris 1981.
Greßmann, H.: Der Ursprung der israelitisch-jüdischen Eschatologie, Göttingen 1905 (bes. 301–333).
Greßmann, H.: Die literarische Analyse Deuterojesajas: ZAW 34, 1914, 254–297.
Greßmann, H.: Der Messias, Göttingen 1929 (bes. 287–339).
Grether, H. G.: Translating the Questions in Isaiah 50: The Bible Translator 24, 1973, 240–243.
Grimm, W.: Weil ich dich liebe. Die Verkündigung Jesu und Deuterojesaja, Bern/Frankfurt a. M. 1976 (Diss. Tübingen) ²1981.
Grosheide, H. H. u. a. (Hrsg.): De Knecht. Studies rondom Deutero-Jesaja, angeboden aan Prof. Dr. J. L. Koole, Kampen 1978.
Groß, H.: Art. Gottesknecht, in: H. Haag (Hrsg.), Bibel-Lexikon, Einsiedeln ²1968, 632–634.
Günther, H.: Gottes Knecht und Gottes Recht. Zum Verständnis der Knecht-Gottes-Lieder, Oberurseler Hefte 6, 1976.
Guillaume, A.: The Servant Poems in the Deutero-Isaiah: Theology 11, 1925, 254–263. 309–319; 12, 1926, 2–10. 63–72.
Guillaume, A.: Some Readings in the Dead Sea Scrolls of Isaiah: JBL 76, 1957, 40–43.
Guillet, J.: La polémique contre les idoles et le Serviteur de Yahvé: Bb 40, 1959, 428–434.
Gundry, R. H.: lmṭljm 1Q Isaiah a 50, 6 and Mark 14, 65: RQ 2, 1959/60, 559–567.

Gunkel, H.: Knecht Jahves (Ebed Jahve): RGG[1] III (1912) 1540–1543.

Gunkel, H.: Ein Vorläufer Jesu, Bern 1921.

Gunkel, H.: Knecht Jahves, RGG[2] III (1929) 1100–1103.

Haag, E.: Das Opfer des Gottesknechts (Jes 53,10): TrThZ 86, 1977, 81–98 (= 1977a).

Haag, E.: Bund für das Volk und Licht für die Heiden (Jes 42, 6): Didaskalia (Revista da Faculdade de Teologia de Lisboa 7, 1977, 3–14) (mit portugies. Zusammenfassung 15–18) (= 1977b).

Haag, E.: Bund des Volkes, Licht der Heiden (Jes 42, 6), in: J. Blank/G. Hasenhüttl (Hrsg.), Glaube an Jesus Christus, Düsseldorf 1980, 28–41.

Haag, E.: Die Botschaft vom Gottesknecht. Ein Weg zur Überwindung der Gewalt, in: N. Lohfink (Hrsg.), Gewalt und Gewaltlosigkeit im Alten Testament, Freiburg i. Br. 1983, 159–213.

Haag, H.: Das Lied vom leidenden Gottesknecht (Is 52,13–53,12): Bibel und Kirche 16, 1961, 3–5.

Hahn, F.: Christologische Hoheitstitel, Göttingen 1963, [2]1964, [4]1974.

Halévy, J.: Le [c]ebed jhwh d'Isaïe, LII, 13–LIII, 12: Revue Sémitique 7, 1899, 193–213. 289–312.

Haller, M.: Das Judentum. Geschichtsschreibung, Prophetie und Gesetzgebung nach dem Exil: Die Schriften des Alten Testaments in Auswahl, hrsg. von H. Gunkel u. a., 2. Abt. 3. Bd., Göttingen 1914, [2]1925.

Haller, M.: Die Kyros-Lieder Deuterojesajas, in: Eucharisterion Gunkel, Göttingen 1923, 261–277.

Harnack, A. von: Die Bezeichnung Jesu als „Knecht Gottes" und ihre Geschichte in der alten Kirche, in: Sitzungsber. der Preuß. Akad. der Wiss., Philos.-Histor. Klasse, 1926, 212–238.

Haupt, P.: Understandest thou what thou readest?: BZAW 41, 1925 (= Fs. Karl Marti) 118–127.

Hegermann, H.: Jesaja 53 in Hexapla, Targum und Peschitta, Gütersloh 1954.

Helberg, J. L.: Nahum – Jonah – Lamentations – Isaiah 51–53: Ou-Testamentiese Werkgemeenskap van Suid-Afrika 1969, 46–55.

Heller, J.: Hiding of the Face. A Study of Is. 53, 3: Communio Viatorum 1, 1958, 263–266.

Hempel, J.: Vom irrenden Glauben: Zeitschr. f. System. Theologie 7, 1929, 631–660.

Hempel, J.: Zu Jes 50, 6: ZAW 76, 1964, 327.

Hengel, M.: Der stellvertretende Sühnetod Jesu: Communio 9, 1980, 1–25. 135–147.

Henry, P.: Kénose: DBS V (1957) 7–161.

Hermisson, H.-J.: Der Lohn des Knechts, in: Die Botschaft und die Boten, Fs. H. W. Wolff, Neukirchen 1981, 269–287.

Hermisson, H.-J.: Israel und der Gottesknecht bei Deuterojesaja: ZThK 79, 1982, 1–24.

Hertzberg, H. W.: Die Entwicklung des Begriffes *mšpṭ* im Alten Testament: ZAW 40, 1922, 256–287; 41, 1923, 16–76.

Hertzberg, H. W.: Die „Abtrünnigen" und die „Vielen". Ein Beitrag zu Jesaja 53, in: Verbannung und Heimkehr, Fs. Wilhelm Rudolph, Tübingen 1961, 97–108.

Hillers, D. R.: *Bĕrît ᶜām:* "Emancipation of the People": JBL 97, 1978, 175–182.

Hillyer, N.: The Servant of God: The Evangelical Quarterly 41, 1969, 143–160.

Hitchcock, F. R. M.: The "Servant" in Isaiah and the New Testament: The Expositor 8th ser., vol. 14, 1917, 309–320.

Hoad, J.: Some New Testament References to Isaiah 53: ET 68, 1956/57, 254f.

Hoepers, M.: Der neue Bund bei den Propheten, Freiburg i. Br. 1933.

Hoerschelmann, W.: Summary and Evaluation of Bultmann's View on the Use of Isaiah 53 by Jesus and the Early Church: Indian Journal of Theology 20, 1971, 98–108.

Homerski, J.: Cierpiący Wybawca i orędownik (Analiza egzegetyczno-teologiczna perykopy Iz 52, 13–53, 12): Roczniki Teologiczno-Kanoniczne 24, 1977, 75–90.

Hontheim, J.: Bemerkungen zu Isaias 42: ZkTh 30, 1906, 745–761.

Hooker, M. D.: Jesus and the Servant. The Influence of the Servant Concept of Deutero-Isaiah in the New Testament, London 1959.

Hoonacker, A. van: L'ébed Iahvé et la composition littéraire des chapitres XL ss. d'Isaïe: RB n. s. 6, 1909, 497–528.

Hoonacker, A. van: Questions de critique littéraire et d'exégèse touchant les chapitres XL ss. d'Isaïe: RB n. s. 7, 1910, 557–572; 8, 1911, 107–114. 279–285.

Hoonacker, A. van: The Servant of the Lord in Isaiah 40ff.: The Expositor 8th ser., vol. 11, 1916, 183–210.

Hruby, K.: Die rabbinische Exegese messianischer Schriftstellen: Judaica 21, 1965, 100–122.

Humbert, P.: Le Messie dans le Targum des Prophètes, Lausanne 1911.

Hyatt, J. Ph.: The Sources of the Suffering Servant Idea: JNES 3, 1944, 79–86.

Jakubiec, Cz.: Wyzwolenie z niewoli babilońskiej – „Sługa Jahwy": Stare i Nowe Przymierze, Warszawa 1961, 143–158, bes. 151–156.

Jeremias, J.: Erlöser und Erlösung im Spätjudentum und Urchristentum, in: E. Pfennigsdorf (Hrsg.), Der Erlösungsgedanke: Deutsche Theologie 2. Bd., Göttingen 1929.

Jeremias, J.: ἀμνὸς τοῦ ϑεοῦ – παῖς ϑεοῦ: ZNW 34, 1935, 115–123.

Jeremias, J.: Zum Problem der Deutung von Jes. 53 im palästinischen Judentum, in: Aux sources de la tradition chrétienne, Mélanges M. Goguel, Neuchâtel 1950, 113–119.

Jeremias, J.: παῖς ϑεοῦ: ThWNT V (1954) 676–713.

Jeremias, J.: παῖς (θεοῦ) im Neuen Testament, in: Abba, Göttingen 1966, 191–216.

Jeremias, Jörg: *mišpāṭ* im ersten Gottesknechtslied (Jes 42,1–4): VT 22, 1972, 31–42.

Johansson, N.: Parakletoi. Vorstellungen von Fürsprechern für die Menschen vor Gott in der alttestamentlichen Religion, im Spätjudentum und Urchristentum, Lund 1940.

Johnston, G.: The Servant Image in the New Testament: Theology Today 15, 1958, 321–332.

Junker, H.: Der Sinn der sogenannten Ebed-Jahwe-Stücke: TrThZ 79, 1970, 1–12.

Kaiser, O.: Der königliche Knecht. Eine traditionsgeschichtlich-exegetische Studie über die Ebed-Jahwe-Lieder bei Deuterojesaja, Göttingen 1959.

Kapelrud, A. S.: The Identity of the Suffering Servant, in: H. Goedicke (Hrsg.), Near Eastern Studies in Honor of W. F. Albright, Baltimore 1971, 307–314 (= 1971a).

Kapelrud, A. S.: Second Isaiah and the Suffering Servant, in: Hommage à André Dupont-Sommer, Paris 1971, 297–303 (= 1971b).

Keller, B./R. Voeltzel: Les «Serviteurs» dans le livre d'Esaïe: RHPhR 59, 1979, 413–426.

Kehnscherper, G.: Der 'Sklave Gottes' bei Deuterojesaja: Forschungen und Fortschritte 40, 1966, 279–282.

Kennett, R. H.: The 'Servant of the Lord', London 1911.

Kerrigan, A.: Echoes of themes from the Servant Songs in Pauline Theology, in: Stud. Paul. Congr. Internat. Cath. 1961, vol. 1, 217–228 = Anal. Bibl. 17–18, Rom 1963.

Kida, K.: Second Isaiah and the Suffering Servant. A New Proposal for a Solution: Annual of the Japanese Biblical Institute 5, 1979, 45–66.

Kittel, R.: Jesaja 53 und der leidende Messias im Alten Testament. Akademische Antrittsrede an der Universität Leipzig 5. November 1898, in: Zur Theologie des Alten Testaments. Zwei akademische Vorlesungen, Leipzig 1899, 15–31.

Kittel, R.: Gestalten und Gedanken in Israel (389–431: Deutero-Jesaja und der große Blutzeuge), Leipzig o. J. = 1925.

Kittel, R.: Geschichte des Volkes Israel, 3. Bd., 1. Hälfte (222–257), Stuttgart 1927.

Klausner, J.: Die Messianischen Vorstellungen des jüdischen Volkes im Zeitalter der Tannaiten, Berlin 1904.

Kleinknecht, K. T.: Der leidende Gerechtfertigte, Tübingen 1984.

Koch, K.: Messias und Sündenvergebung in Jesaja 53-Targum: Journal for the Study of Judaism 3, 1972, 117–148.

Koch, R.: Der Gottesgeist und der Messias. § 2. Der Gottesgeist und der Gottesknecht: Bb 27, 1946, 376–403.

Koch, R.: Geist und Messias, Wien 1950, 99–127.

Köhler, L.: Deuterojesaja (Jesaja 40–55) stilkritisch untersucht, BZAW 37, 1923.

König, E.: Deuterojesajanisches: Neue Kirchl. Zeitschr. 9, 1898, 895–935. 937–997.

Koenig, J.: L'allusion inexpliquée au roseau et à la mèche (Isaïe 42, 3): VT 18, 1968, 159–172.

Komlosh, Y.: The Countenance of the Servant of the Lord, was it Marred?: The Jewish Quarterly Review 65, 1974/75, 217–220.

Kooij, A. van der: Die alten Textzeugen des Jesajabuches, Freiburg CH/Göttingen 1981.

Kooy, V. H.: The Servant Image: The Reformed Review 12, 1959, 30–40.

Kosmala, H.: Form and Structure in Ancient Hebrew Poetry: VT 14, 1964, 423–445; 16, 1966, 152–180, bes. 157–167.

Kosters, W. H.: Deutero- en Trito-Jezaja: Theol. Tijdschr. 30, 1896, 577–623, bes. 588–599.

Kränkl, E.: Jesus der Knecht Gottes. Die heilsgeschichtliche Stellung Jesu in den Reden der Apostelgeschichte, Regensburg 1972.

Krinetzki, L.: Der Einfluß von Is 52, 13–52, 12Par auf Phil 2, 6–11: ThQ 139, 1959, 157–193. 291–336 (auch als Sonderdruck erschienen).

Kruse, H.: Carmina Servi Jahve: Verbum Domini 29, 1951, 193–205. 286–295. 334–340.

Kutsch, E.: Sein Leiden und Tod – unser Heil. Eine Auslegung von Jesaja 52, 13–53, 12, Neukirchen 1967.

Lagrange, M.-J.: Le Messianisme chez les Juifs, Paris 1909.

Lagrange, M.-J.: Le Judaïsme avant Jésus-Christ, Paris [2]1931 (368 bis 381).

Larcher, C.: L'actualité chrétienne de l'Ancien Testament d'après le Nouveau Testament, Paris 1962.

Lassalle, St.: Le grand-prêtre Onias est-il le «Serviteur» d'Isaïe?: Bulletin du Cercle Ernest Renan 73, juin 1960, 1–4.

Lassalle, St.: Y-a-t-il dans Isaïe un cinquième chant du Serviteur?: Bulletin du Cercle Ernest Renan 98, avril 1963, 3f.

Lau, G./M. Marcil: The Songs of the Servant of Yahweh: Coll. Theol. Univ. Fujen 15, 1973, 17–36 (chines.).

Laue, L.: Die Ebed-Jahwe-Lieder im II. Teil des Jesaia, Diss. Halle-Wittenberg, Wittenberg 1898.

Laue, L.: Nochmals die Ebed-Jahwe-Lieder im Deuterojesaja: ThSK 77, 1904, 319–379.

Lauha, A.: „Der Bund des Volkes", in: Beiträge zur Alttestamentlichen Theologie = Fs. Walther Zimmerli, Göttingen 1977, 257–261.

Leeuw, V. de: De koninklijke verklaring van de Ebed-Jahweh-Zangen: EThL 28, 1952, 449–471.

Leeuw, V. de: Le Serviteur de Jahvé: figure royale ou prophétique?, in: L'attente du Messie, Bruges 1954, 51–56.

Leeuw, V. de: De Ebed Jahweh-Profetieën, Assen 1956.

Lennox, R.: The Servant of Yahweh in the Old Testament: Theology Today 15, 1958, 315–320.

Leveen, J.: *jzh* in Isaiah LII. 15: JJS 7, 1956, 93f.

Ley, J.: Die Bedeutung des „Ebed-Jahwe“ im zweiten Teil des Propheten Jesaia mit Berücksichtigung neuerer Forschungen: ThSK 1899, 163–206.

Ley, J.: Zur Erklärung der Bedeutung des Knechtes Jahwe in den sogenannten Ebed-Jahwe-Liedern: ThSK 74, 1901, 659–669.

Liagre Böhl, F. M. Th. de: Profetisme en Plaatsvervangend Lijden in Assyrie en Israël: Nederl. Theol. Tijdschr. 4, 1949, 81–91. 161–176; dt.: Prophetentum und stellvertretendes Leiden in Assyrien und Israel: Opera Minora, Groningen 1953, 63–80.

Liao Yong-hsiang: The Servant of the Lord. On the Suffering Servant in Second Isaiah: Coll. Theol. Univ. Fujen 21, 1974, 317–352; 22, 1974, 325–346 (chines.).

Lindblom, J.: The Servant Songs in Deutero-Isaiah: A New Attempt to Solve an Old Problem, Lund 1951 (= 1951a).

Lindblom, J.: Die Ebed Jahwe-Orakel in der neuentdeckten Jesajahandschrift DSIa: ZAW 63, 1951, 235–248 (= 1951b).

Lindhagen, C.: The Servant Motif in the Old Testament. A Preliminary Study to the ‘Ebed-Yahweh Problem’ in Deutero-Isaiah, Uppsala 1950.

Lindonk, W. J. van: De Ebed Jahwe: Nederl. Theol. Tijdschr. 13, 1958/1959, 10–26.

Lindsey, F. D.: The Call of the Servant in Isaiah 42, 1–9: Bibliotheca Sacra 139, 1982, 12–31.

Lindsey, F. D.: The Commission of the Servant in Isaiah 49, 1–13: Bibliotheca Sacra 139, 1982, 129–145.

Lindsey, F. D.: The Commitment of the Servant in Isaiah 50, 4–11: Bibliotheca Sacra 139, 1982, 216–229.

Lindsey, F. D.: The Career of the Servant in Isaiah 52, 13–53, 12: Bibliotheca Sacra 139, 1982, 312–329; 140, 1983, 21–39.

Livingston, G. H.: The Song of the Suffering Servant: The Asbury Seminarian 24, 1970, 34–44.

Lofthouse, W. F.: Some Reflections on the Servant Songs: JThS 48, 1947, 169–176.

Lohfink, N.: „Israel“ in Jes 49, 3, in: Wort, Lied und Gottesspruch = Fs. Joseph Ziegler, II, Würzburg 1972, 217–229.

Lohmeyer, E.: Gottesknecht und Davidssohn, Göttingen [2]1953 (unveränderter Nachdruck von [1]Kopenhagen 1945).

Lohse, E.: Märtyrer und Gottesknecht. Untersuchungen zur urchristlichen Verkündigung vom Sühntod Jesu Christi, Göttingen (1955) [2]1963.

Lugt, P. van der: De strofische structuur van het derde Knechtslied (Jes 50, 4–11): Fs. J. L. Koole, Kampen 1978, 102–117 (s. Grosheide).

Lundborg, M.: Begreppet Herrens Tjänare hoc Andre-Esaias, Lund 1901.

MacRae, A. A.: The Servant of the Lord in Isaiah, Bibliotheca Sacra 121, 1964, 125–132. 218–227.

Maecklenburg, A.: Über die Auffassung der Berufstätigkeit des Ebed-Jahwe nach den Ebed-Jahwestücken 42,1–7; 49,1–9: Zeitschr. f. wiss. Theologie 48, 1905, 313–343.

Maecklenburg, A.: Über die Auffassung des Berufsleidens des Ebed-Jahwe in Jes 52,13–53,12: Zeitschr. f. wiss. Theologie 48, 1905, 483–517.

Maggioni, B.: Le troisième chant du Serviteur de Yahvé. Is 50, 4–9a: Assemblées du Seigneur 19, 1971, 28–37.

Mailhiot, M.-D.: Quelques remarques sur la littérature catholique récente concernant les chants du Serviteur de Yahvé: Revue de l'Université d'Ottawa, Section spéciale, 30, 1960, 5–20.

Manson, T. W.: The Servant-Messiah, Cambridge 1953.

Marcus, R.: The 'Plain Meaning' of Isaiah 42,1–4: Harvard Theological Review 30, 1937, 249–259.

Mamorstein, A.: Zur Erklärung von Jes 53: ZAW 44, 1926, 260–265.

Martin-Achard, R.: Israel et les nations. La perspective missionnaire de l'Ancien Testament, Neuchâtel 1959.

Martin-Achard, R.: Trois études sur Isaïe 53: Revue de Théologie et de Philosophie 114 (= N. S. 32) 1982, 159–170.

Massi, P.: Legame tra i racconti della cena e i carmi del servo di Jahweh: Rivista Biblica 7, 1959, 97–125. 193–207.

Massi, P.: Teologia del Servo di Jahvé e suoi riflessi nel Nuovo Testamento, in: Il Messianismo: Atti della XVIII Sett. Bibl., Brescia 1966, 105–134.

Maurer, Chr.: Knecht Gottes und Sohn Gottes im Passionsbericht des Markusevangeliums: ZThK 50, 1953, 1–38.

May, G. H.: The Righteous Servant in Second Isaiah's Songs: ZAW 66, 1954, 236–244.

Mees, M.: *Ps* 22 (21) und *Is* 53 in frühchristlicher Sicht: Istit. Patr. August. 22, 1982, 313–335.

Melugin, R. F.: The Formation of Isaiah 40–55, BZAW 141, 1976.

Ménard, J.: Pais Theou as messianic title in the book of Acts: CBQ 19, 1957, 83–92.

Mennekes, F.: Verachtet und gepriesen. Die vier Gottesknechtslieder des Jesaja in der Gemeinde ausgelegt, Stuttgart 1985.

Merendino, R. P.: Jes 49,1–6: ein Gottesknechtslied?: ZAW 92, 1980, 236–248.

Merendino, R. P.: Der Erste und der Letzte. Eine Untersuchung von Jes 40–48, Leiden 1981.

Mesters, C.: Die Botschaft des leidenden Volkes, übersetzt (aus dem Portugiesischen) von H. Brandt, Neukirchen 1982.

Mettinger, T. N. D.: Die Ebed-Jahwe-Lieder. Ein fragwürdiges Axiom: ASTI 11, 1978, 68–76.

Mettinger, T. N. D.: A Farewell to the Servant Songs. A Critical Examination of an Exegetical Axiom, Lund 1983.

Michel, D.: Deuterojesaja: TRE 8, 1981, 510–530, bes. 521–530.
Miguéns, M.: Is. 53 en el Nuevo Testamento. Nota exegética: Studi sull'Oriente e la Bibbia = Fs. Rinaldi, Genova 1967, 337–347.
Millard, A. R.: Isaiah 53:2: Tyndale Bulletin 20, 1969, 127.
Miller, J. W.: Prophetic Conflict in Second Isaiah. The Servant Songs in the Light of Their Context, in: Wort – Gebot – Glaube = Fs. W. Eichrodt, Zürich 1970, 77–85.
Minn, H. R.: The Servant Songs, Christchurch, New Zealand, 1966.
Mitchell, T. A.: Christ as the Ebed Yahweh: The Irish Theological Quarterly 36, 1969, 245–250.
Moffat, R. M.: The Servant of the Lord: ET 13, 1901/02, 7–10. 67–69. 174–178.
Monteith, J.: A New View of Isaiah LIII: ET 36, 1924/25, 498–502.
Moor, J. C. de: Knechten van Goden en de Knecht van JHWH: Fs. J. L. Koole, Kampen 1978, 127–140 (s. Grosheide).
Morgenstern, J.: The Suffering Servant – A New Solution: VT 11, 1961, 406–431.
Morgenstern, J.: Two Additional Notes to "The Suffering Servant – A New Solution": VT 13, 1963, 321–332.
Morgenstern, J.: Isaiah 49–55: HUCA 36, 1965, 1–35.
Mowinckel, S.: Der Knecht Jahwäs, Gießen 1921 (zugleich Beiheft 2 zu Norsk Teologisk Tidsskrift).
Mowinckel, S.: Zur Komposition des deuterojesajanischen Buches: ZAW 49, 1931, 87–112. 242–260.
Mowinckel, S.: Til uttrykket „Jahvaes tjener". Streiflys fra Ugarit II.: Norsk Teologisk Tidsskrift 43, 1942, 24–26.
Mowinckel, S.: Han som kommer, Kopenhagen 1951 = He That Cometh, Nashville/New York 1956 (Zit. nach dieser Ausg.).
Müller, H.-P.: Ein Vorschlag zu Jes 53,10f.: ZAW 81, 1969, 377–380.
Nakazawa, K.: The Suffering Servant – Studies in Is. 53 (japan., engl. summary), Tokyo 1954, [2]1964, [3]1975.
Nakazawa, K.: Studies in Deutero-Isaiah (japan., engl. summary), Tokyo 1962, [5]1977.
Nakazawa, K.: A New Proposal for the Emendation of the Text Isaiah 53:11: Annual of the Japanese Biblical Institute 2, 1976, 101–111.
Nakazawa, K.: Some disputed Phrases in the latter half of Isaiah 53: The Study of Bible Translating No. 22, Juni 1984, 32–39 (japan.).
Neyrey, J. H.: The Thematic Use of Isaiah 42,1–4 in Matthew 12: Bb 63, 1982, 457–473.
Njarackatt, J. V.: The Servant of God in Isaiah: Indian Ecclesiastical Studies 11, 1972, 38–47.
North, C. R.: Who was the Servant of the Lord in Isaiah LIII?: ET 52, 1940/41, 181–184. 219–221.
North, C. R.: The Suffering Servant in Deutero-Isaiah. An Historical and Critical Study, London 1948, [2]1956.

Núnez Regodón, J.: El universalismo de los Cantos del Siervo, in: Palabra y vida, Fs. J. A. Díaz, hrsg. von A. Vargas-Machucu und G. Ruiz, Madrid 1984, 67–76.
Nyberg, H. S.: Smärtornas man. En studie till Jes. 52,13–53,12: SEÅ 7, 1942, 5–82.
Nygren, A.: Jes. 53 als Schlüssel zum Verständnis der Taufe, in: Solange es „Heute" heißt. Fs. Rudolf Hermann, Berlin 1957, 210–213.
Oberholzer, J. P.: „Die Kneg van Jahwe" in Deuterojesaja: Hervomde Teologiese Studies 22, 1966, 11–37.
O'Donnell, R. E.: A Possible Source for the Suffering of the Servant in Isaiah 52,13–53,12: The Dunwoodie Review 4, 1964, 29–42.
Oosterhoff, B. J.: Tot een licht der volken: Fs. J. L. Koole, Kampen 1978, 157–172 (s. Grosheide).
Orelli, C. von: Der Knecht Jahve's im Jesajabuche, Berlin 1908.
Orlinsky, H. M.: The So-Called "Suffering Servant" in Isaiah 53, Cincinnati 1964 (= The Goldenson Lecture 1964, wieder abgedruckt in H. M. Orlinsky ed., Interpreting the Prophetic Tradition = The Goldenson Lectures 1955–1966, New York 1969, 225–273).
Orlinsky, H. M.: The So-Called "Servant of the Lord" and "Suffering Servant" in Second Isaiah, in: Studies on the Second Part of the Book of Isaiah, Leiden 1967, 1–133 (erweiterte Fassung von 1964) (= 1967a).
Orlinsky, H. M.: "Israel" in Isa. XLIX, 3: A Problem of Methodology of Textual Criticism, in: Eretz-Israel 8, 1967, 42*–45* (= 1967b).
Orlinsky, H. M.: "A Light to the Nations" (Is 49, 6): A Problem in Biblical Theology: Jewish Quarterly Review, 75th Anniv. Vol., 1967, 409–428 (in einer "reworked version" Bestandteil von 1967a, 97–117) (= 1967c).
Osborne, Th. P.: Guide Lines for Christian Suffering: A Source-Critical and Theological Study of 1 Peter 2, 21–25: Bb 64, 1983, 381–408.
Pákozdy, L. M. von: Der Ebed Jahweh in der Theologie Deuterojesajas. Deuterojesajanische Studien II, Debrecen (Ungarn) 1942. Ungarisch mit deutscher Zusammenfassung.
Palache, J. L.: The ᶜEbed-Jahveh Enigma in Pseudo-Isaiah. A New Point of View, Amsterdam 1934.
Palmarini, N.: Notula critica in tertium Carmen Servi Jahwe (Is. 50, 4): Verbum Domini 31, 1953, 209–211.
Palsterman, J.: Jésus Serviteur de Dieu d'après le Nouveau Testament: Collectanea Mechliniensia 41 (N. S. 26), 1956, 577–596.
Payne, D. F.: The Servant of the Lord: Language and Interpretation: The Evangelical Quarterly 43, 1971, 131–143.
Peake, A. S.: The Problem of Suffering in the Old Testament, London 1904 (bes. 34–72 und 180–193).
Peake, A. S.: The Servant of Yahweh and other Lectures, Manchester 1931.
Peirce, F. X.: The Problem of the Servant in Is. 40–66: The Ecclesiastical Review 92, 1935, 83–95.

Phillips, A.: The Servant – Symbol of Divine Powerlessness: ET 90, 1978/79, 370–374.
Pidoux, G.: Le serviteur souffrant d'Esaïe 53: Revue de Théologie et de Philosophie 6, 1956, 36–46.
Pipal, B.: The Lord's Ebed in the Exile: Communio Viatorum 13, 1970, 177–180.
Plămădeală, I. A.: Cîteva probleme în legătura cu Ebed Yahve in Deutero-Isaia: Mitropolia Banatului 20, 1970, 70–98. 284–305.
Ploeg, J. van der: Les chants du Serviteur de Jahvé dans la seconde partie du livre d'Isaïe, Paris 1936.
Ploeg, J. van der: Art. Ebed-Jahweh profetieën: Bijbels Wordenboek, Roermond/Maaseik [2]1954/57, 391–397.
Ploeg, J. van der: Dienaar: Bijbels Woordenboek, Roermond [3]1966/69, 287–291.
Ploeg, J. van der: De Dienaar van JHWH en de Psalmen: Fs. J. L. Koole, Kampen 1978, 173–177 (s. Grosheide).
Porúbčan, Št.: Il patto nuovo in Is. 40–66, Rom 1958.
Praetorius, F.: Bemerkungen zu den Gedichten vom Knechte Jahwes: ZAW 36, 1916, 8–20.
Praetorius, F.: Nachträge und Verbesserungen zu Deutero-Jesaias, Halle 1927.
Press, R.: Der Gottesknecht im Alten Testament: ZAW 67, 1955, 67–99.
Procksch, O.: Jesus der Gottesknecht, in: In Piam Memoriam Alexander von Bulmerincq. Abhandlungen der Herder-Gesellschaft und des Herder-Instituts zu Riga, 6. Bd. Nr. 3, Riga 1938, 146–165.
Reicke, B.: The Knowledge of the Suffering Servant, in: BZAW 105, 1967 (= Fs. Leonhard Rost) 186–192.
Reiterer, V.: Das geknickte Rohr zerbricht er nicht. Die Botschaft vom Gottesknecht: Heiliger Dienst 35, 1981, 162–179.
Reiterer, V.: Stellvertretung – Leid – Jenseitshoffnung. Die Botschaft des vierten Gottesknechtsliedes: Heiliger Dienst 36, 1982, 12–32.
Renkema, J.: De Verkondiging van het eerste lied van de knecht: Fs. J. L. Koole, Kampen 1978, 178–187 (s. Grosheide).
Rese, M.: Überprüfung einiger Thesen von Joachim Jeremias zum Thema des Gottesknechts im Judentum: ZThK 60, 1963, 21–41.
Ricciardi, A.: Los cantos del siervo de Yavé: Cuadernos de Teología 4, 1976, 124–128.
Richards, H. J.: The Bible and the People. The Suffering Servant: The Clergy Review 50, 1964, 292–298.
Riesener, I.: Der Stamm *ᶜbd* im Alten Testament: BZAW 149, 1979.
Rignell, L. G.: Den s.k.andra Ebed-Jahvesången Jes 49, 1–(7)13: Svensk Teologisk Kvartalskrift 28, 1952, 26–32.
Rignell, L. G.: Jesaja Kap. 50: Svensk Teologisk Kvartalskrift 29, 1953, 108–119.
Rignell, L. G.: Jes 52, 13–53, 12: VT 3, 1953, 87–92.

Ringgren, H.: König und Messias: ZAW 64, 1952, 120–147, bes. 139–147 = Messias Konungen, Uppsala 1954 = The Messiah in the Old Testament, London 1956.

Ringgren, H.: Zur Komposition von Jesaja 49–55, in: Fs. Walther Zimmerli, Göttingen 1977, 371–376.

Robert, A.: Médiation (dans l'Ancien Testament): DBS V (1957), 997–1020, bes. 1011–1015 (Le Serviteur de Yahweh).

Robinson, H. W.: The Cross of the Servant, London 1926, wieder aufgenommen in: Ders., The Cross in the Old Testament, London 1955, 55–114 (zit. nach dieser Ausg.).

Robinson, H. W.: The Hebrew Conception of Corporate Personality, in: Werden und Wesen des Alten Testaments = BZAW 66, 1936, 49–62.

Robinson, T. H.: Note on the Text and Interpretation of Isaiah LIII, 3. 11: ET 71, 1959/60, 383.

Roodenburg, P. C.: Israel, de knecht en de knechten. Een onderzoek naar de betekenis en de functie van het nomen in Jesaja 40–66. Diss. Amsterdam, Meppel 1974.

Rosenberg, R. A.: Jesus, Isaac, and the "Suffering Servant": JBL 84, 1965, 381–388.

Roth, W. M. W.: The Anonymity of the Suffering Servant: JBL 83, 1964, 171–179.

Rothstein, J. W.: Rezension von Sellin (1901): ThSK 75, 1902, 282–324 (= 1902a).

Rothstein, W.: Die Genealogie des Königs Jojachin und seiner Nachkommen in geschichtlicher Beleuchtung. Nebst einem Anhange: Ein übersehenes Zeugnis für die messianische Auffassung des „Knechtes Jahwes", Berlin 1902 (= 1902b).

Rowley, H. H.: The Suffering Servant and the Davidic Messiah: Oudtestament. Studiën 8, Leiden 1950, 100–136 = The Servant of the Lord and other Essays on the Old Testament, Oxford 1952, 63–93 (zit. nach dieser Ausgabe).

Rowley, H. H.: The Servant Mission: Interpretation 8, 1954, 259–272.

Roy, H.: Israel und die Welt in Jesaja 40–55. Ein Beitrag zur Ebed-Jahwe-Frage (Beigabe zum Bericht des theologischen Seminariums der Brüdergemeinde in Gnadenfeld), Leipzig 1903.

Rubinstein, A.: Isaiah LII, 14 – *mišḥat* – and the DSIa Variant: Bb 35, 1954, 475–479.

Rubinstein, A.: The Theological Aspect of Some Variant Readings in the Isaiah Scroll: JJS 6, 1966, 187–200.

Ruckstuhl, E.: Jesus als Gottessohn im Spiegel des markinischen Taufberichts, in: Fs. Eduard Schweizer, Göttingen 1983, 193–220.

Rudolph, W.: Der exilische Messias. Ein Beitrag zur Ebed-Jahwe-Frage: ZAW 43, 1925, 90–114.

Rudolph, W.: Die Ebed-Jahwe-Lieder als geschichtliche Wirklichkeit: ZAW 46, 1928, 156–166.

Ruppert, L.: Der leidende Gerechte. Eine motivgeschichtliche Untersuchung zum Alten Testament und zwischentestamentlichen Judentum, Würzburg 1972 (= 1972a).

Ruppert, L.: Jesus als der leidende Gerechte?, Stuttgart 1972 (= 1972b).

Ruppert, L.: Der leidende Gottesknecht: Concilium 12, 1976, 571–575.

Salguero, J.: Vestigios de la doctrina de Is. 53 en el Antiguo Testamento: Cultura Bíblica 22, 1965, 67–86.

Sauer, G.: Deuterojesaja und die Lieder vom Gottesknecht, in: G. Fitzer (Hrsg.), Geschichtsmächtigkeit und Geduld. Fs. der Ev.-theol. Fakultät der Univ. Wien (Sonderheft EvTh), München 1972, 58–66.

Saydon, P. P.: The Literary Structure of Isaias 40–55 and the Servant Songs: Melita Theologica 6, 1953, 1–15.

Seidelin, P.: Der ᶜEbed Jahwe und die Messiasgestalt im Jesajatargum: ZNW 35, 1936, 194–231.

Sekine, S.: Die Theodizee des Leidens im deuterojesajanischen Buch – unter redaktionsgeschichtlichem Gesichtspunkt: Annual of the Japanese Biblical Institute 8, 1982, 50–112.

Sellin, E.: Serubbabel. Ein Beitrag zur Geschichte der messianischen Erwartung und der Entstehung des Judentums, Leipzig 1898.

Sellin, E.: Studien zur Entstehungsgeschichte der jüdischen Gemeinde nach dem babylonischen Exil. I. Der Knecht Gottes bei Deuterojesaja, Leipzig 1901.

Sellin, E.: Das Rätsel des deuterojesajanischen Buches, Leipzig 1908.

Sellin, E.: Mose und seine Bedeutung für die israelitisch-jüdische Religionsgeschichte, Leipzig/Erlangen 1922.

Sellin, E.: Hosea und das Martyrium des Mose: ZAW 46, 1928, 26–33.

Sellin, E.: Tritojesaja, Deuterojesaja und das Gottesknechtsproblem: Neue Kirchl. Zeitschr. 41, 1930, 73–93. 145–173.

Sellin, E.: Die Lösung des deuterojesajanischen Gottesknechtsrätsels: ZAW 55, 1937, 177–217.

Sevenster, J. N.: Jezus en de Ebed Jahwe: Nederlands Theol. Tijdschr. 13, 1958/59, 27–46.

Seybold, K.: Thesen zur Entstehung der Lieder vom Gottesknecht: Bibl. Notizen 3, 1977, 33f.

Sicre, J. L.: La mediación de Ciro y la del Siervo de Dios en Deuteroisaias: Estudios Eclesiásticos 50, 1975, 179–210.

Skehan, P. W.: The Text of Isaias at Qumran: CBQ 17, 1955, 158–163.

Skemp, A. E.: 'Immanuel' and 'The Suffering Servant of Jahweh': ET 44, 1932/33, 94f.

Smart, J. D.: A New Approach to the ᶜEbed-Yahweh Problem: ET 45, 1933/34, 168–172.

Smith, M. S.: *Bĕrît ᶜam/bĕrît ᶜôlām:* A New Proposal for the Crux of Isa 42, 6: JBL 100, 1981, 241–243.

Smith, S.: Isaiah Chapters XL–LV. Literary Criticism and History = The Schweich Lectures 1940, London 1944.

Snaith, N. H.: The So-called Servant Songs: ET 56, 1944/45, 79–81.
Snaith, N. H.: The Servant of the Lord in Deutero-Isaiah, in: Studies in O. T. Prophecy (ed. H. H. Rowley), Edinburgh 1950, 187–200.
Soggin, J. A.: Tod und Auferstehung des leidenden Gottesknechtes Jesaja 53, 8–10: ZAW 87, 1975, 346–355.
Sonne, I.: Isaiah 53, 10–12: JBL 78, 1959, 335–342.
Suggs, M. J.: Wisdom of Solomon 2^{10} – 5: A Homily Based on the Fourth Servant Song: JBL 76, 1957, 26–33.
Swartzentruber, A. O.: The Servant Songs in Relation to their Context in Deutero-Isaiah: A Critique of Contemporary Methodologies, Diss. Princeton 1970.
Szczurek, T.: Trzcina zgnieciona i gasnąca lampa z Iz 42, 3: Akta Kongresu Biblistów w Krakowie 1972, Kraków 1974, 30–41.
Scharbert, J.: Stellvertretendes Sühneleiden in den Ebed-Jahwe-Liedern und in altorientalischen Ritualtexten: BZ NF 2, 1958, 190–213.
Scharbert, J.: Heilsmittler im Alten Testament und im Alten Orient (bes. 178–212), Freiburg i. Br. 1964.
Scharbert, J.: Die prophetische Literatur: EThL 44, 1968, 346–406 (ad rem: 383f.).
Schelhaas, J.: De Lijdende Knecht des Heeren (Het Ebed-Jahwe-Probleem), Groningen 1935.
Schian, M.: Die Ebed-Jahwe-Lieder in Jes. 40–66. Diss. Leipzig 1894.
Schildenberger, J.: Die Gottesknecht-Lieder des Isaiasbuches. Ein Höhepunkt messianischer Weissagung: Erbe und Auftrag 35, 1959, 92–108.
Schmidt, H.: Gott und das Leid im Alten Testament, Gießen 1926.
Schmidt, W. H.: Die Ohnmacht des Messias: Kerygma und Dogma 15, 1969, 18–34.
Schoors, A.: I Am God Your Saviour. A Form-Critical Study of the Main Genres in Is. XL–LV, Leiden 1973.
Schuermans, Y.: De Lijdende Dienaar van Yahweh volgens Isaias XL–LV: Collectanea Mechliniensia 41, 1956, 561–578.
Schwarz, G.: „... zum Bund des Volkes"? Eine Emendation: ZAW 82, 1970, 279–281.
Schwarz, G.: „... wie ein Reis vor ihm"?: ZAW 83, 1971, 255f.
Schwarz, G.: „... sieht er ... wird er satt ..."?: ZAW 84, 1972, 356–358.
Schwarz, G.: Jesaja 50, 4–5a. Eine Emendation: ZAW 85, 1973, 356f.
Schweizer, E.: Erniedrigung und Erhöhung bei Jesus und seinen Nachfolgern, Zürich 1962.
Schweizer, H.: Prädikationen und Leerstellen im 1. Gottesknechtslied (Jes 42, 1–4): BZ 26, 1982, 251–258.
Staerk, W.: Bemerkungen zu den Ebed Jahwe-Liedern in Jes. 40ff.: Zeitschr. für wiss. Theologie 51, 1909, 28–56.
Staerk, W.: Die Ebed Jahwe-Lieder in Jesaja 40ff. Ein Beitrag zur Deuterojesaja-Kritik, Leipzig 1913.
Staerk, W.: Zum Ebed Jahwe-Problem: ZAW 44, 1926, 242–260.

Staerk, W.: Zur Exegese von Jes 53 im Diasporajudentum: ZNW 35, 1936, 308.
Stamm, J. J.: Berît ᶜam bei Deuterojesaja, in: Fs. G. von Rad, München 1971, 510–524.
Stanley, D. M.: The Theme of the Servant of Yahweh in Primitive Christian Soteriology, and its Transposition by St. Paul: CBQ 16, 1954, 385 bis 425.
Steck, O. H.: Aspekte des Gottesknechts in Deuterojesajas „Ebed-Jahwe-Liedern": ZAW 96, 1984, 372–390.
Steck, O. H.: Aspekte des Gottesknechts in Jes 52,13–53,12: ZAW 97, 1985, 36–58.
Steichele, H.-J.: Der leidende Sohn Gottes. Eine Untersuchung einiger alttestamentlicher Motive in der Christologie des Markusevangeliums, Regensburg 1980.
Steinmann, J.: Le livre de la consolation d'Israël et les prophètes du retour de l'exil, Paris 1960.
Strakowski, H.: Ofiara Sługi Jahwe: Roczniki Teologiczno-Kanoniczne 7, 1960, 71–79.
Strakowski, H.: Problemy pieśni Sługi Jahwe: Pastori Magistro, Fs. Bischof Petrus Kalwa, Lublin 1966, 103–122.
Stuhlmueller, C.: Deutero-Isaiah: Major Transitions in the Prophet's Theology and in Contemporary Scholarship: CBQ 42, 1980, 1–29.
Thyen, H.: Studien zur Sündenvergebung im Neuen Testament und seinen alttestamentlichen und jüdischen Voraussetzungen, Göttingen 1970.
Tidwell, N. L.: My Servant Jacob, Is. 42,1: VTSuppl. 26, 1974, 84–91.
Tournay, R. J.: Les chants du Serviteur dans la seconde partie d'Isaïe: RB 59, 1952, 355–384. 481–512.
Tournay, R.: Siervo de Yahweh, in: Enciclopedia de la Biblia Vol. 6, Barcelona 1965, 666–669.
Treves, M.: Isaiah 53: VT 24, 1974, 98–108.
Tyloch, W.: Pieśni Sługi Jahwy w drugiej części księgi Izajasza: Ruch Biblijny i Liturgiczny 11, 1958, 273–291.
Vaccari, A.: I vaticini del «servo di Jahve» in Isaia, in: La Redenzione. Conferenze bibliche tenute nell'anno giubilare 1933 . . ., Rom 1934, 1–34.
Velge, N.: Le livre de la consolation ou le mystère du Messie souffrant: Bible et vie chrétienne 68, 1966, 76–89.
Vellas, B. M.: Ὁ παῖς τοῦ κυρίου, Athen 1969.
Vischer, W.: Der Gottesknecht, in: Jahrbuch der Theologischen Schule Bethel, hrsg. von Th. Schlatter, Bethel bei Bielefeld 1930, 59–115.
Vogt, E.: Die Ebed-Jahwe-Lieder und ihre Ergänzungen: Estudios Eclesiásticos 34, 1960, 775–788.
Volck, W.: Jes. 52, 13ff.–K. 53: Theol. Literaturblatt 23, 1902, 1f. 17–19. 25–30.
Volz, P.: Jesaja 53, in: BZAW 34, 1920 (= Fs. Karl Budde) 180–190.

Waldow, H.-E. von: Anlaß und Hintergrund der Verkündigung des Deuterojesaja, Diss. Bonn 1953.

Waldow, E. von: The Servant of the Lord, Israel, the Jews and the People of God, in: Intergerini parietis septum = Fs. Markus Barth, Pittsburgh 1981, 355–369.

Walsh, J. E.: Making Sense of Our Suffering. The Suffering Servant of Isaiah: A call to justice: Bible Today 96, 1978, 1622–1627.

Ward, J. M.: The Servant Songs in Isaiah: Review and Expositor (Louisville) 65, 1968, 433–446.

Ward, J. M.: The Servant's Knowledge in Isaiah 40–55, in: Israelite Wisdom = Fs. Samuel Terrien, New York 1978, 121–136.

Waterman, L.: The Martyred Servant Motif of Is. 53: JBL 56, 1937, 27–34.

Welshman, H.: The Atonement effected by the Servant: Biblical Theology 23, 1973, 46–49.

Westermann, C.: Sprache und Struktur der Prophetie Deuterojesajas, in: Forschung am Alten Testament: Theol. Bücherei 24, München 1964, 92–170 (bes. 162f.).

Whitley, C. F.: Textual Notes on Deutero-Isaiah: VT 11, 1961, 457–461.

Whybray, R. N.: Thanksgiving for a Liberated Prophet. An Interpretation of Isaiah Chapter 53, Sheffield 1978 (= Journal for the Study of the Old Testament Suppl. Ser. 4).

Widengren, G.: The Gathering of the Dispersed: SEÅ 41f., 1976f., 224–234.

Wijngaards, J. N. M.: The world-wide Mission of God's Humble Servant: Jeevadhara 4, 1974, 137–143.

Williams, P. H., Jr.: The Poems About Incomparable Yahweh's Servant in Isaiah 40–55: Southwestern Journal of Theology 11, 1968, 73–87.

Williamson, H. G. M.: *DA*ᶜ*A*Ṯ in Isaiah LIII 11: VT 28, 1978, 118–122.

Wilshire, L. E.: The Servant-City: A New Interpretation of the "Servant of the Lord" in the Servant Songs of Deutero-Isaiah: JBL 94, 1975, 356–367.

Winton Thomas, D.: A Consideration of Isaiah LIII in the Light of Recent Textual and Philological Study: EThL 44, 1968, 79–86.

Wittenberg, M.: Zum jüdischen Verständnis des Gottesknechts: Evang.-Luth. Kirchenzeitung 11, 1957, 310–313.

Wocken, Ä.: Der Reiche im Alten Testament. Ein Beitrag zu Isaias 53, 9: TrThZ 62, 1953, 52–58.

Wodecki, B.: Heilsuniversalismus im Buch des Propheten Jesaja, in: J. Reindl (Hrsg.), Dein Wort beachten, Leipzig 1981, 76–101 (bes. 91–94).

Wolff, H. W.: Wer ist der Gottesknecht in Jesaja 53?: EvTh 22, 1962, 338–342.

Woude, A. S. van der: De Liederen van de Knecht des Heren: Homiletica en Biblica 24, 1965, 1–6. 25–31. 49–51.

Yalon, H.: *ld*ᶜ*t l*ᶜ*wt* ᵓ*t j*ᶜ*p dbr* (Jes 50, 4): Lešonenu 30, 1965/66, 248f.

Young, E. J.: The Interpretation of *jzh* in Isaiah 52, 15: The Westminster Theol. Journal 3, 1941, 125–132 (= 1954, 199–206).
Young, E. J.: The Origin of the Suffering Servant Idea: Westminster Theol. Journal 13, 1950/51, 19–33 (= 1954, 127–141).
Young, E. J.: Isaiah Fifty-Three. A Devotional and Expository Study, Grand Rapids 1952.
Young, E. J.: Studies in Isaiah, Grand Rapids 1954.
Zillessen, A.: Israel in Darstellung und Beurteilung Deuterojesajas (40–55): ZAW 24, 1904, 251–295.
Zillessen, A.: Jesaja 52, 13–53, 12 hebräisch nach LXX: ZAW 25, 1905, 261–284.
Zimmerli, W.: παῖς θεοῦ: ThWNT V (1954) 653–676.
Zimmerli, W.: Zur Vorgeschichte von Jes 53: VTSuppl. 17, 1969, 236–244.
Zorell, F.: Das vierte ᶜEbed-Jahwe-Lied: Is 52, 13–53, 12: BZ 14, 1917, 140–146.

I. BERICHTE ZUR GESCHICHTE DER AUSLEGUNG UND FORSCHUNG

Es sollen hier Berichte zur Geschichte der Auslegung und Forschung genannt werden, die seit dem Ende des 19. Jh. vorgelegt wurden. Teils sind sie umfassend, teils beschränken sie sich auf eine bestimmte Periode oder auf die jüdische Auslegung[1].

Berichte zur jüdischen Auslegung

Hier sind die Berichte, die sich auf *alle vier Lieder* (und andere verstreute Fragmente) beziehen, von jenen zu unterscheiden, die sich nur mit der Auslegung von *Jes 53* befassen.

a) Einen Überblick über die jüdische Auslegung *aller vier Lieder* bietet FISCHEL (1944). Er erfaßt den gesamten Zeitraum von der LXX bis zu den jüdischen Auslegern des 20. Jh. und bringt am Schluß eine zweiseitige Tabelle über die von den behandelten Autoren vorgenommenen Identifikationen des Ebed. Eine Übersicht über die jüdischen Kommentare des MA unter besonderer Berücksichtigung von RASCHI (1040–1105), IBN ESRA (1093–1168), DAVID QIMHI (1160–1235) und ABRAVANEL (1437–1508) geben DE WILDE (1929, ohne ABRAVANEL), HUTTERER (1938) und RUPRECHT (1972, 60–73; s. u. 2).

b) Zwei bis heute grundlegende Werke haben sich in der 2. Hälfte des 19. Jh. zum Ziel gesetzt, die jüdische Exegese von *Jes 53* darzustellen: NEUBAUER/DRIVER (1876/77) und DALMAN (1888). NEUBAUER und DRIVER stellen – allerdings mit teilweise fragwürdiger Datierung – die Texte von der LXX bis zum 19. Jh. zusammen. Die Bilanz wird in einer Einführung vom Initiator des Werkes, E. B. PUSEY, gezogen (s. u. S. 52f.). Ein neues Vorwort, das R. LOEWE dem Nachdruck (1969) beigegeben hat, führt die Geschichte der jüdischen Exegese bis zur Gegenwart weiter.

Obwohl DALMAN sich auf das 1. christliche Jt. beschränkt, mit viel bescheidenerem Aufwand arbeitet und die Fragestellung dahin

[1] Die hier genannten Berichte finden sich – mit wenigen Ausnahmen (FELDMANN, FISCHER, DE LEEUW, VOLZ) – im 1. Teil des Literaturverzeichnisses aufgelistet, die darin behandelten Autoren im 3. Teil.

einengt, wann und warum die Vorstellung eines leidenden und sterbenden Messias bei den jüdischen Auslegern erscheint, versteht er seine Darstellung als kritische Ergänzung zu NEUBAUER/DRIVER, vor allem im Hinblick auf die Datierung und historische Auslegung der Quellenstücke und durch vermehrten Einbezug der synagogalen Liturgie.

Mit DALMAN sachlich mehr oder weniger identisch ist BRIERRE-NARBONNE (1940; s. u. III. 1.a). Er geht dem Thema des leidenden Messias von der Mischna bis zur Kabbalah nach. Einen Gang durch die jüdische Auslegung von Jes 53 seit den Anfängen bis zum 16. Jh. veranstaltet SOLOFF (1967).

Allgemeine Gesamt- und Teilberichte

Eine *umfassende* und noch immer hilfreiche „Geschichte der Auslegung in der jüdischen und christlichen Exegese" bietet FELDMANN (1907, 3–41), eine gedrängte Gesamtübersicht auch VOLZ (Komm. 1932, 182–195). DE LEEUW (1956) widmet dem Thema den ganzen 1. Hauptteil seines Buches (5–106). Als der konkurrenzlose Klassiker jedoch wird sich wohl noch auf lange Jahre hinaus NORTH bewähren (1948, 6–116; [2]1956 mit einem Zusatzkapitel, s. u. S. 156f., und Nachträgen zur Bibliographie).

Zu den hier behandelten Perioden liegt eine Reihe von *Einzelberichten* vor. Das Verständnis der EJL im Urchristentum und in der alten Kirche untersuchen WOLFF (1942/52) und H. HAAG (1984). Mit den Autoren der 2. Hälfte des 19. und des beginnenden 20. Jh. setzt sich FISCHER eingehend auseinander (1916, 3–17, ergänzt 1922, IX–XVI). CORNILL (1900) erfaßt das letzte Jahrzehnt des 19. Jh., ähnlich NIKEL (1902), LINDHAGEN (1932) den Zeitraum 1900–1930, ähnlich VACCARI (1934), MOWINCKEL (1938) versteht seinen Bericht als „Ergänzungen und Berichtigungen zu LINDHAGEN" (29), EISSFELDT (1943) bespricht WOLFF (1942), VON PÁKOZDY (1942) und NYBERG (1942), ROWLEY (1952) stellt die Periode von 1920 bis 1950 dar ([2]1965 mit Ergänzungen), ungefähr den gleichen Zeitraum erfaßt LINDHAGEN (1955/56). Über die Zeit von 1932 bis 1970 hat FOHRER (1951, 1952, 1962, 1980) systematische Jahrzehntberichte vorgelegt. – Nicht unerwähnt bleiben soll das Referat von ROTH (1903), das sich auf Jes 53 beschränkt[2].

Der Bericht von NORTH wurde für die folgenden zehn Jahre

[2] MARGOLIOUTH (1908) stellt SELLIN (1901), GRESSMANN (1905) und FELDMANN (1907) vor.

(1948–1958) weitergeführt von H. HAAG (1959). KRUSE (1978) knüpft ebenfalls an NORTH an und erfaßt die wichtigsten Beiträge bis 1975: ZIMMERLI (1954), TOURNAY (1952), ROWLEY (1952), GINSBERG (1954), PIDOUX (1956), SCHARBERT (1958), GUILLET (1959), WOLFF (1962), MORGENSTERN (1961, 1963), CHAVASSE (1964), ROTH (1964), ROSENBERG (1965), WARD (1968), ORLINSKY (1969), WESTERMANN (1966, engl. 1969), KAPELRUD (1971), TREVES (1974), WILSHIRE (1975). – Eine gedrängte Übersicht über die Periode von 1964–1979 bietet RICHTER (1981). PAYNE (1979, nur zu Jes 53) setzt sich vor allem mit den Qumran-Varianten und den Arbeiten von DRIVER (1968), WINTON THOMAS (1968), CLINES (1976) und WHYBRAY (1978) auseinander. Für die japanische Leserschaft hat NAKAZAWA (^{3}1975) seine mit 1954 beginnenden Jahrzehntberichte als Anhang aufgenommen. Ein Rückblick auf 30 Jahre erschien von ihm auf japanisch in ›Kirisuto kyō Gaku‹ (Christian Studies) 23, 1981 und 25, 1983, auf englisch in ›Orient‹ 18, 1982.

Über die skandinavische Forschung, die ein gewisses Eigenleben entwickelt hat, orientiert C. R. NORTH in einem "Postscript" zur 2. Aufl. von ›The Suffering Servant in Deutero-Isaiah‹ (1956, 220–239). Im besonderen über die schwedische Exegese seit Beginn des 19. Jh. berichtet C. LINDHAGEN (1952, mit Bibliographie von 1800 bis 1950), FJÄRSTODT (1971) behandelt NYBERG, RINGGREN und ENGNELL.

Die Heidelberger Dissertation (Betreuer: C. WESTERMANN) von RUPRECHT (1972) umfaßt die Geschichte der jüdischen und christlichen Auslegung bis Bernhard DUHM. Gegenüber der einseitigen Fragestellung „Wer ist der Ebed?“ möchte RUPRECHT einen problemorientierten Forschungsbericht vorlegen, indem er „nach dem methodischen Zugang der einzelnen Ausleger fragt, nämlich auf welchem Wege des Denkens einer zu seiner Deutung der Texte gekommen ist“ (V). Das bedeutet auch, daß im Unterschied zur überzogenen Bevorzugung, die Jes 53 in der Forschung erfahren hat, die ersten beiden Lieder in ihrer Bedeutung für das hellenistisch-jüdische und das altkirchliche Missionsverständnis gesehen werden (VI). Einer der Vorzüge der Arbeit ist, daß der Einfluß der jüdischen auf die christlichen Ausleger starke Beachtung findet. Es ist zu bedauern, daß sie nicht gedruckt ist.

II. LITERARKRITISCHE FRAGEN

1. Zahl und Abgrenzung der EJL

Es wird für alle Zeiten das Verdienst DUHMS bleiben, nicht nur Jes 56–66 Dtjes abgesprochen und einem „Tritojesaja“ zugeschrieben, sondern auch die vier Perikopen vom GK als selbständige literarische Größen, aber mit gemeinsamer Thematik, aus dem Buch Jes 40–55 herausgelöst und einem eigenen, später lebenden Verfasser zuerkannt zu haben. Er hat auch für die vier Perikopen die Bezeichnung „Ebed-Jahwe-Lieder“ eingeführt, die sich seither weithin eingebürgert hat (s. u. IV. 1). In der Einleitung zu seinem Jes-Komm. von 1892 erklärt DUHM:

„In die nachexilische Zeit kommen wir mit dem Dichter der Ebed-Jahve-Lieder c. 42, 1–4; 49, 1–6; 50, 4–9; 52, 13–53, 12. Er lehnt sich an Jeremia, Deuterojesaja und das B. Hiob an und scheint seinerseits von Tritojesaja und dem Vf. des B. Maleachi gelesen zu sein, schreibt also wahrscheinlich in der ersten Hälfte des 5. Jahrh. und zwar inmitten der jüdischen Gemeinde“ (XVII).

Damit war die entscheidende Ausgangsbasis für die neuere EJ-Forschung geschaffen.

a) Zahl der Lieder

Nur vereinzelt wurde eine kleinere oder eine größere Zahl von EJL vorgeschlagen. Einerseits wurden an der Zugehörigkeit von Jes 50, 4–9 zum EJ-Zyklus gelegentlich Zweifel laut, andererseits wollten manche Autoren zu diesem noch Jes 42, 5–9; 42, 19–21; 48, 14–16; 49, 7–13; 50, 10f.; 51, 4/6–8; 51, 9/12–16; 61, 1ff. hinzuschlagen. Näheres darüber bei VACCARI (Ber. 1934) 217–224; VAN DER PLOEG (1936) 201–208; NORTH (1948) 127–138; HAAG (Ber. 1959) 184f. Hier sollen nur einige typische Abweichungen vor allem jüngeren Datums vermerkt werden.

α) Weniger als vier Lieder

Ein paar Autoren rechnen mit nur *drei* EJL. Es sei nochmals CAZELLES (1955) erwähnt (vgl. HAAG Ber. 1959, 198), der auf nur drei

EJL kommt, indem er das 3. und 4. (50, 4–9a und 52, 13–53, 12) als *ein* Lied betrachtet, das der Redaktor des Dtjes-Buches in seine beiden logischen Teile auseinanderbrach und getrennt einfügte. Auch Coppens, der 1959a die „klassische" Einteilung der EJL übernahm, zählt 1971/72 nur noch drei Lieder: 42, 1–4; 49, 1–6; 52, 13–53, 12 (mit "additions" 42, 5–7; 49, 7–9a) und rechnet Jes 50, 4–9 zur Dtjes-Sammlung. Ebenso spricht Ricciardi das 3. Lied dem EJ-Zyklus ab, da hier ein Prophet spreche, während in den drei übrigen der Ebed als König (= Israel, repräsentiert durch den König) verstanden werde.

Mit ursprünglich nur *drei* EJL rechnet auch Merendino (1980). Nach ihm würde das jetzige 2. Lied 49, 1–6 auf ein früheres Kyroslied zurückgehen, das die V. 1. 2b. 3. 5a α. 6 umfaßt und demnach gelautet hätte:

> Höret, ihr Inseln, auf mich; merket auf, ihr Nationen, von der Ferne!
> Jahwe: vom Mutterschoß hat er mich gerufen; vom Inneren meiner Mutter hat er meinen Namen genannt.
> Ja, er machte mich zu einem glatten Pfeil – in seinem Köcher versteckte er mich!
> Er sprach zu mir: 'Mein Knecht bist du, in dir verherrliche ich mich!'
> Jetzt aber spricht Jahwe: 'Wenig ist's, daß du mir Knecht bist,
> Um Jakobs Stämme aufzurichten und die Bewahrten Israels zurückzuführen.
> Ich mache dich zum Licht der Völker, zu bestehen meine Rettung bis ans Ende der Erde.'

Dieser Text wäre, vermutlich zusammen mit 42, 1–4; 50, 4–9; 52, 13–53, 12 in das dtjes Korpus eingebaut, dabei durch Ergänzung von V. 2a. 4a. 5aβγ zu einem vierten EJL umgeformt und schließlich durch Hinzufügung von *jśrᵓl* in V. 3, von V. 4b. 5aδ. 5b und *wjᵓmr* in V. 6aα als Wort des personifizierten Israel verstanden worden.

β) Mehr als vier Lieder

Zahlreicher sind die Autoren, die mehr als vier Lieder herausfinden. Besonderer Beliebtheit erfreut sich der Versuch, Jes 42, 1–9 (diesen Umfang hat nach manchen Autoren das 1. Lied) in zwei Lieder aufzuteilen: Jes 42, 1–4 und 42, 5–9. Auf diesem Weg kommt z. B. A. Weiser[1] auf *fünf* Lieder. Gerleman (1980) findet noch ein *fünftes* Lied in Jes 42, 10–43, 13.

[1] Einleitung in das Alte Testament, Göttingen [6]1966.

Auf *sechs* bringt es KOSMALA (1966), indem er Jes 49, 1–6 in zwei Lieder teilt (V. 1–2 und 3–6) und noch 51, 4–8 als EJL ansieht. Auch FOHRER macht sechs EJ-Sprüche aus, „von denen die ersten vier solche des Knechtes Jahwes sind: 42, 1–4. 5–7; 49, 1–6; 50, 4–9, die beiden letzten dagegen Worte über ihn: 50, 10–11; 52, 13–53, 12“ (1969, 413f.; vgl. 1970, 286). Mit sechs Einheiten geht auch S. SANDMEL[2] um. Er spricht von Jes 41, 8–10; 42, 1–4; 44, 21–23; 49, 1–6; 50, 4–9 "and possibly 52, 13–53, 12" als von "servant passages" mit der Bemerkung: "I interpret the servant passages as integral to Second Isaiah" (170), und von 50, 4–11; 52, 13–53, 12 als von "Suffering Servant poems", "two rather brief fragments preserved from a lost larger work" (190). Diese beiden Stücke haben weder zeitlich noch inhaltlich etwas mit Dtjes zu tun, "we do not know where or when they were written" (ebd.). Merkwürdig ist, daß SANDMEL Jes 50, 4–9 und 52, 13–53, 12 bei beiden Zyklen aufführt.

Der Vollständigkeit halber sei daran erinnert, daß sich GRESSMANN (1914, 1929) sogar *sieben* Lieder zu eigen macht: 42, 1–4; 42, 5–9; 49, 1–6; 49, 7; 49, 8–13; 50, 4–10; 52, 13–53, 12.

Sehr oft wurde gefragt, ob in Jes 61, 1ff. ein EJL zu finden sei. Von den Älteren bejahen dies TORREY (Komm. 1928), CANNON (1929), PROCKSCH (1938)[3], in neuerer Zeit LASSALLE (1963; nur 61, 1. 2aα).

b) Abgrenzung der Lieder

Von den Autoren, die DUHMS Vierzahl übernehmen, wird die von DUHM getroffene Abgrenzung am häufigsten beim 1. und 3. Lied überschritten, gelegentlich auch beim 2.; hingegen herrscht über den Umfang des 4. Liedes volle Einmütigkeit. Beliebt ist beim 1. Lied die Abgrenzung 42, 1–9 (ohne Anspruch auf Vollständigkeit: von den Älteren SELLIN 1922, von den Neueren KAISER 1959, STEINMANN 1960, VELLAS Komm. 1969, LEUPOLD Komm. 1971, LINDSEY 1982/83). Die gleichen Autoren begrenzen fast ausnahmslos das 3. Lied auf Jes 50, 4–11. Für das 1. Lied legen sich einzelne Autoren aber auch auf Jes 42, 1–7 fest (unter den Älteren MOWIN-

[2] The Hebrew Scriptures, New York 1963, [2]1979.

[3] PROCKSCH erwähnt als Vertreter überdies: HENGSTENBERG (Christologie 1829/35), DELITZSCH (Komm. 1866), VON ORELLI (Komm. 1904), CHEYNE (1895/97).

ckel 1921, Lagrange 1931, unter den Neueren Ringgren 1956, Behler 1969). Als 2. Lied nehmen Leupold (Komm. 1971) Jes 49,1–7 an; Sellin (1922), Lagrange (1931), Ringgren (1956), Behler (1969) Jes 49,1–9(a).

Indes herrscht weitgehende Übereinstimmung darüber, daß die umstrittenen Verse, um die die Lieder von manchen gegenüber Duhm verlängert werden (42, 5–7/9; 49,7–9; 50,10f.), *Übergänge* darstellen, die vom Einsatz der Lieder in das Dtjes-Buch herrühren. Schon Duhm hatte beim 1. und 3. Lied mit „Zusätzen von später Hand" gerechnet (42, 5–7; 50,10f.), während für ihn 49,7ff. mit dem 2. EJL „gar nichts zu tun" hat ([1]343 = [4]371). Die Zusätze zum 1. und 3. Lied schreibt Duhm dem zu, der die Lieder in das Dtjes-Buch eingesetzt hat und für den er das 2. Jh. ins Auge faßt. Schon bald nach Duhm wurde immer beharrlicher mit verbindenden Stücken gerechnet, die dem Bemühen entspringen, die beim Einschub der EJL in den Dtjes-Text entstandenen Härten zu glätten (s. u. IV.2). Auf eine ganz neue Basis wurde die Diskussion um die Übergänge durch Elliger (1933) gestellt, der sie der Tätigkeit und teilweise auch der Autorschaft des Tritojes zuschreibt, den er auch für den Verfasser des 4. EJL hält:

„Das 4. EJL hat Trtjes. zum Verfasser. Die übrigen drei stammen von Dtjes., aber Trtjes. hat jedes mit einer Fortsetzung versehen. Während er sich bei dem 3. Liede mit einem kurzen, ganz auf ihn selbst zurückzuführenden Mahnspruch (50,10) begnügt, hat er an die beiden anderen in sich geschlossene dtjes. Stücke angefügt, die er auf den Ebed deutete, und diese durch Einsätze 42, 6b; 49,7 (außer aα), 8aαbαβ bereichert" (66).

In jüngerer Zeit hat vor allem Vogt (1960) diesen Ergänzungen seine Aufmerksamkeit geschenkt. Er soll deshalb etwas ausführlicher zu Wort kommen. Nach Vogt gehören zu den eigentlichen EJL: Jes 42,1–4; 49,1–4. 5b; 50, 4–9a; 52,13–53,12. Als Ergänzungen sind anzusehen: Jes 42, 5–7; 49, 8–9a und 49, 5a. 6f.; 50,10f.

Die saubere Trennung zwischen den authentischen Liedern und den Ergänzungen, die der Einfügung der Lieder in das Dtjes-Buch zuzuschreiben sind, ist wichtig. „Durch die Unterscheidung von ursprünglichen Teilen und Erweiterungen wird nämlich einmal das *Gemeinsame* verständlich, das sie verbindet; beide sprechen vom Ebed, auch die Erweiterungen, denn die entscheidenden Ausdrücke ‚Bund des Volkes' und ‚Licht der Nationen' meinen sicher den Ebed. Zugleich versteht man auch die *Besonderheiten*, die sie unterscheiden und trennen; sie sprechen nämlich in verschiedener Weise vom Knecht, sowohl was Stil als auch was Inhalt angeht" (781).

Bei den Zusätzen zum 2. Lied ist die Umstellung 49, 8–9a und 49, 5a. 6f vorzunehmen. „Denn in V. 5a. 6 sagt Gott, daß die Wiederaufrichtung Israels eine für den Ebed zu geringe Aufgabe sei und daß er ihm deshalb eine größere Aufgabe auftrage, nämlich ‚Licht der Nationen‘ zu sein. Somit hat nach dieser Aussage die Beschreibung der Wiederaufrichtung Israels in Vv. 8–9a keinen rechten Sinn mehr; sie kommt zu spät“ (784).

Der Hauptunterschied zwischen Liedern und Ergänzungen liegt darin, daß die Lieder das Hauptgewicht auf die geistige Arbeit des Ebed *für die Völker* legen. „Ganz anders der Ergänzer. Bei aller Anerkennung der Größe der Sendung an die Heiden steht für ihn das Wirken des Ebed für das *Volk* im Vordergrund, das Volk und sein Schicksal lag ihm viel mehr am Herzen und war ihm auch greifbarer. Darum kommt er immer wieder auf das Volk zu sprechen (42, 6; 49, 5s. 8s.) und schließt in 49, 7 mit einem Gotteswort an das Volk selbst ab. Man bekommt den Eindruck, daß der Verf. der Zusätze gerade die in den Liedern fehlende ausdrückliche Näherbestimmung der Aufgabe des Ebed am Volk ergänzen wollte“ (786).

Hier ist auch Festorazzi (1969) zu erwähnen, der zwischen einem « livret du Serviteur de Yahvé » und einem « livre de la Consolation » unterscheidet. Die Übergänge (wie Jes 42, 5–7) rühren seiner Meinung nach daher, daß « l'insertion du ‹livret du Serviteur de Yahvé› dans le ‹livre de la Consolation› a été faite par une main habile qui a su unir harmonieusement et avec art les deux compositions » (37f.).

2. *Sprache und Stil*

a) Sprache

Um die Sprache der EJL besser würdigen zu können und unnötige Textkorrekturen zu vermeiden, wird in jüngster Zeit gefordert, das Ugaritische stärker zu berücksichtigen.

Dahood (1971), der den Verf. von Jes 52, 13–53, 12 für einen in Phönikien lebenden Diasporajuden hält, findet im Text eine Reihe von typisch phönikischen Elementen, die entsprechende Textkorrekturen überflüssig machen. Er vermerkt viererlei Eigentümlichkeiten:

(1) *Scriptio defectiva:* 53, 3 *ḥšbnhw; mstr* (Part. Hi.); 53, 4 *ḥšbnhw; ḥljnw;* 53, 5 *pšᶜnw*; 53, 10 *śm*; 53, 12 *ḥṭᵓ*.

(2) *-j* als Suffix 3. ps. sg.: 52, 13 *ᶜbdj*; 52, 14 *ᶜlj* (zur Konsonantentrennung s. Kap. V ad 52, 14); 53, 8 *ᶜmj*; 53, 9 *bmtj*; 53, 10 *hḥlj*; 53, 11 *ᶜbdj*.

(3) Morphologie: 53, 3 *ᵓīšīm*.

(4) Parallelismus: 53, 2 *šōrešltōʾar* (s. Kap. V ad 53, 2).

FREZZA (1971) beklagt, daß das Ugaritische noch keineswegs systematisch für ein besseres Verständnis des Jes herangezogen worden sei, wie es DAHOOD für die Pss getan habe (Anchor Bible). Er tut es für 42, 1–4 (s. Kap. V zu 42, 1–4).

b) Stil

Nach KÖHLER (1923) wurde die sorgfältigste sprach- und stilkritische Untersuchung der EJL von ELLIGER (1933, 6–66) vorgelegt. Er setzte sich zum Ziel, auf diesem Weg die Verfasserfrage der EJL zu klären (s. u. II. 4. c; IV. 3). Als Ergebnis verbucht er, daß das 4. Lied Tritojes zum Verfasser hat, die übrigen drei von Dtjes stammen (s. o. II. 1. b).

Dazu bemerkt NORTH (1948), es gebe in den EJL etwa 46 Wörter und Ausdrücke, die in Dtjes nicht vorkämen. Da es sich jedoch teils um sehr häufig gebrauchte, teils um seltene Termini handele, könne ein bestimmter Schluß für die Autorschaft daraus nicht gezogen werden. Deshalb folgert NORTH: "It is not permissible, on grounds of vocabulary, to assert that the passage *is* by Deutero-Isaiah, but neither is it permissible to deny it" (169).

NORTH stellt auch ELLIGERS aus sprachlich-stilistischen Beobachtungen gewonnene Erkenntnis in Frage, wonach das 4. EJL von Tritojes stammen müsse:

"All things considered, the verdict must be that Elliger's theory that the last Song is the work of 'Trito-Isaiah' is unproven. It is based almost entirely upon literary statistics, and although the argument from statistics may have its uses . . . it can easily be overdone. I do not insist that 52, 13–53, 12 *must*, on grounds of language, be assigned to Deutero-Isaiah. All I claim is that there is nothing in the language that is inconsistent with his authorship, and that the passage has definite points of contact with his writing, indeed more in common with his work than with that of any other writer known to us" (177).

In jüngster Zeit ist zur Stilkritik der Beitrag von H. SCHWEIZER (1982) beachtenswert. Er zeigt anhand des 1. EJL, wie die sprachliche Übermittlung eines Sachverhalts auf die Sprechintention des Verfassers schließen läßt. Die ganze, von Generationen von Exegeten geführte Diskussion um die Identität des Ebed sei veranlaßt durch eine „Unbestimmtheitsstelle" in den vier Liedern: die Anonymität des Knechts. Sie sei aber nicht die einzige „Unbestimmtheitsstelle"; schon im 1. Lied gebe es deren mehrere. Vor allem falle die „Ortlosigkeit" des Textes auf. Weder lokal noch temporal werde der Leser auf einen festen Punkt verwiesen. Solche Leerstellen seien beabsichtigte Unruheherde.

„Sie regen zum Suchen an. Und sie laden auch ein, *selbst* solche Stellen auszufüllen ... Ich bin sicher, daß in dieser besonderen literarischen Struktur ein Grund liegt, warum dieser kurze Text theologisch und spirituell als besonders bedeutsam überliefert wurde. Er lädt den Hörer ein, sich selbst ins Spiel zu bringen" (258).

3. *Text*

a) Vor Qumran

Über die Qualität des überlieferten Textes der EJL liegt keine umfassende Studie vor, wenn auch zu Einzelstellen ungezählte Äußerungen und Korrekturvorschläge gemacht wurden (s. V. Einzelstellen). Umfängliche Arbeiten zur Textkritik und Metrik verdanken wir PRAETORIUS (1916, mit „Nachträgen und Verbesserungen" 1927) und BEER (1918). FISCHER (1922) schickt der Übersetzung jedes Liedes eine textkritische Diskussion voraus, in der er wiederholt die Richtigkeit des tradierten Textes in Frage stellt. Unschwer ist jedenfalls zu sehen, daß sich die Abnützungserscheinungen gegen Ende des 4. Liedes mehren. Dennoch hat es nicht an Stimmen gefehlt, die die Annahme des MT in seiner vorliegenden Form fordern. So nimmt NYBERG (1942) gegenüber dem MT eine beinahe fundamentalistische Haltung ein, und GERLEMAN (1980) urteilt: „Wir müssen und können getrost damit rechnen, daß die Masoreten den Text einleuchtend gefunden haben" (39). Umgekehrt weist KOSMALA (1966) auf viele Textverderbnisse, Wiederholungen, Auslassungen, Unebenheiten, kommentierende Zusätze vor allem im 3. und 4. Lied hin und mokiert sich, anläßlich „Israel" in Jes 49, 3, über die Fundamentalisten, die auf die Richtigkeit und Verbindlichkeit des MT schwören (163).

Dieser MT, den alle Bearbeiter der EJL zugrunde legen, liegt seit der 3. Auflage von KITTELS Biblia Hebraica (1929/37 = BH^3) in der Gestalt des Leningrader Codex B 19^A (1008) vor. BH^3 und vor allem ihr textkritischer Apparat hat die widersprechendsten Würdigungen erfahren. So urteilte A. VACCARI:

« 'novum opus ex veteri'; tanto profondi sono stati i cambiamenti, ossia (diciamolo pur subito) i miglioramenti introdotti! ... per un complesso di pregi, scientifici e pratici insieme, questa edizione della Bibbia ebraica merita di rimanere il testo classico nelle scuole» (Bb 20, 1939, 417–419).

Aber im gleichen Jahrgang von Bb war auch zu lesen (hinsichtlich Jes 52, 8):

„Das ist nur ein Beispiel aus vielen Hunderten, die zeigen, mit welch mangelndem philologischem Verständnis, mit welcher Unkenntnis der biblischen Textgeschichte und mit welcher Willkür dieser Apparat angefertigt ist, über den sich leicht ein ganzes Buch von ansehnlichem Umfang schreiben ließe" (C. Peters, ebd. 292).

Noch ungnädiger fiel das Urteil von H. M. Orlinsky aus:

"There is scarcely a line in this apparatus which does not swarm with serious errors of commission and omission, and this is true especially of those books, such as the Book of Isaiah, which Kittel himself edited. Kittel never mastered the discipline of lower textual criticism" (HUCA 25, 1954, 86).

Neue Einsichten in den Textbefund sind von den Biblia Hebraica Stuttgartensia (1967/77 = BHS), die den Leningrader Codex mit minutiöser Genauigkeit einschließlich der Schreibfehler wiedergeben, nicht zu erwarten. Innerhalb der EJL findet sich im Konsonantenbestand als Variante die *plene*-Schreibung *jjḥjlw* in Jes 42, 4 (gegenüber *jjḥlw* in BH^3).

Was BH^3 unermüdlich vorgeworfen wurde, ist der großzügige Umgang mit Korrekturvorschlägen im 2. Apparat. Es mußte deshalb erwartet werden, daß BHS diesbezüglich größere Zurückhaltung üben würden. In den EJL wird diese Erwartung enttäuscht. Zwar wurde im 1. Lied zu Jes 42, 3 der unbegreifliche Vorschlag von BH^3, *lᵉʾĕmet* in *lāʾummōt* zu ändern, in BHS aufgegeben. Während aber in Jes 42, 4 beide Ausg. *jārūṣ* in *jērōṣ* korrigieren (s. u.), in Jes 49, 5 beide *lōʾ* in *lō*, in Jes 49, 6 beide *wajjōʾmer* in Frage stellen und BH^3 zum unmöglichen *wnṣjjrj* weitergehende Korrekturvorschläge machen, möchten BHS andererseits in 49, 5 *jēʾāsēf* zu *ʾeʾĕsōf* machen.

Eine ähnliche Situation haben wir im 3. Lied. In 50, 4 stellen beide Ausgaben *lāʿūt* und das erste *jāʿīr* in Frage; BHS möchten aber außerdem das zweite *babbōḵer* entfernen. Im 4. Lied wurde zu Jes 52, 13 der schlechte Vorschlag von BH^3, *ʿbdj* in *ʿbd JHWH* zu ändern, in BHS aufgegeben. In der Beanstandung von *ʿālēkā* und *mišḥāt* in 52, 14 und *jazzeh* in 52, 15 sind sich beide Ausg. einig. In 53, 2 wird die (unnötige) Korrektur von *lᵉpānājw* in *lᵉpānēnū* der BH^3 von BHS wiederaufgenommen, nicht aber die Angleichung von *wᵉnehmᵉdēhū* an die LXX. In 53, 4 schalten beide Ausgaben ein *hūʾ* ein, ebenso erwägen in 53, 5 beide die Änderung von *mᵉḥōlāl* zu *mᵉḥullāl.* Neu ist in BHS 53, 7 der Vorschlag, *hūʾ wᵉnaʿăneh* statt *wᵉhūʾ naʿăneh* zu lesen. In 53, 8 verzichten BHS auf die (überflüssige) Änderung von *dōrō* in *darkō;* V. bβ finden beide Ausgaben nicht in Ordnung. Neu schlagen BHS in 53, 9 die Änderung von *wajjittēn* zu *wajjuttan* vor; V. 9aβ wird von beiden in Zweifel gezogen. Zu 53, 10a haben BH³ zwei, BHS drei Korrekturvorschläge. Im Unterschied zu BH³ lehnen BHS in 53, 11, trotz Bestätigung durch Qᵃ und Qᵇ, die Einfügung von *ʾōr* ab; ebenso wird auf die Änderung von *bᵉdaʿatō* zu *bᵉrāʿātō* verzichtet. Neu ist in 53, 12 BHS die Beanstandung von *wᵉlappōšᵉʿīm.*

Das im Besitz des Jewish Theological Seminary New York befindliche Jes-Fragment mit babylonischer Punktation (12. Jh.), das A. DIEZ-MACHO zugänglich gemacht hat[4], enthält das 1. EJL und bestätigt für 42, 4 die von BH³ und BHS vorgeschlagene Korrektur von *jārūṣ* zu *jērōṣ* (vgl. ELLIGER Komm. 1978, 198f.).

Eine handliche polyglotte Ausgabe der EJL: MT, LXX, Tg Jonatan, Peschitta, Vg (LXX, Tg und Pescher-Text je mit lateinischer Übersetzung), kritischem Apparat zur LXX und den drei jüngeren Griechen sowie den Zitaten der EJL im NT verdanken wir P. BOCCACCIO und G. BERARDI (1958).

b) Nach Qumran

Die Handschriftenfunde in der Wüste Juda eröffneten seit 1949 die Möglichkeit, gewisse textkritische Fragen zu den EJL auf einer neuen Basis zu diskutieren. Global gesprochen haben, wie man weiß, diese Funde einerseits die Zuverlässigkeit des MT bestätigt, so daß sich manche früher vorgenommene Textkorrekturen nun erübrigen. Andererseits liegen in den Qumran-Hss. Abweichungen nicht nur gegenüber dem MT vor, sondern auch zwischen verschiedenen Hss. desselben biblischen Buches, was auf verschiedene frühjüdische Textformen schließen läßt (vgl. P. W. SKEHAN, DBS IX, 807f.).

Das Jes-Buch ist in Qumran durch 18 Hss. vertreten. Nur eine davon (früher 1QIsᵃ, jetzt Qᵃ) ist vollständig und enthält demnach

[4] A New Fragment of Isaiah with Babylonian Pointing: Textus 1, 1960, 132–143.

auch den vollen Text der EJL. In einer zweiten, unvollständigen Rolle aus der 1. Höhle (früher 1QIs^b, jetzt Q^b) sind die EJL vertreten mit dem 2. Lied (mit Lücken), dem 3. Lied von Jes 50, 7 an (mit Lücken) und dem 4. Lied (mit Lücken). Fragmente von weiteren 16 Hss. wurden in der 4. Höhle gefunden (Siglum 4QIs^{a-q}, vgl. SKEHAN 1955, 158). *Ausg.:* Q^a: M. BURROWS, The Dead Sea Scrolls of St. Mark's Monastery, vol. I, New Haven 1950; J. C. TREVER, Scrolls from Qumran Cave I, Jerusalem 1972, 1974; Q^b: E. L. SUKENIK, The Dead Sea Scrolls of the Hebrew University, Jerusalem 1955 (hebr. Ausgabe schon 1954); 4QIs^a: J. MUILENBURG, Fragments of another Isaiah Scroll: BASOR 135, 154, 28–32. Die Varianten sämtlicher Fragmente von 4QIs: F. J. MORROW, The Text of Isaiah at Qumran, University Microfilms, Ann Arbor 1973. Zu diesen Fragmenten bemerkt P. W. SKEHAN (DBS IX, 810f.), sie würden mit den beiden großen Hss. aus der 1. Höhle und mit der LXX übereinstimmen, Näheres s. u.

Die Eigenart von Q^a und Q^b und ihre Varianten gegenüber dem MT sind mehrfach dargestellt worden[5]. Das Hebräisch von Q^a hat E. Y. KUTSCHER untersucht[6] (Diskussion bei VAN DER KOOIJ 1981, 74–81). Die orthographischen und grammatikalischen Varianten erklärt KUTSCHER mit der Beeinflussung des Schreibers durch den hebräischen Dialekt seiner Zeit und das Aramäische. Gegenüber KUTSCHER, der fast alle Varianten unter sprachlichem Gesichtspunkt behandelt, möchte VAN DER KOOIJ eine Reihe von interpretativen Varianten feststellen (81–94), in welchen sich zeigen würde, „daß der Verfasser nicht nur ein Kopist, sondern vor allem ein *Schriftgelehrter* war" (95). Er ist in die Zeit zwischen 160 und 135 v. Chr. anzusetzen, ja „mit dem (ersten) Lehrer der Gerechtigkeit gleichzusetzen" (96). Die Hs. selbst datiert VAN DER KOOIJ um 140 v. Chr. (109–111), wie auch die LXXJes. Beide Texte seien von den gleichen Prinzipien geprägt: „sie adaptieren die Sprache des Textes, aktualisieren seinen Inhalt und nehmen sich dabei die Freiheit, Buchstaben und Worte ihrer Vorlage auszulassen, hinzuzufügen oder zu ändern" (112). Die Vorlagen beider Texte, LXXJes und Q^a, gehörten zum gleichen Texttyp, und ihre Übereinstimmung mit dem MT sei sehr groß (116). Deshalb stimme Q^a auch weitgehend mit dem MT überein. Dennoch sei der textkritische Wert sowohl

[5] Zu Q^a siehe z. B. G. R. DRIVER, JThS N. S. 2, 1951, 17–30.

[6] The Language and Linguistic Background of the Isaiah Scroll (1QIsa^a), Leiden 1974.

von Q^a wie von LXXJes dadurch bestimmt, „daß sie die ältesten Zeugen des Jesajabuches darstellen“ (119). Eine vollständige Liste der Abweichungen der Hs. Q^a vom MT in den EJL bietet LINDBLOM (1951)[7]. Für die Erörterung der orthographischen und dialektalen Varianten ist auf ihn zu verweisen. Zu den bemerkenswerten interpretativen Varianten s. III. A. 1. c; weitere sinnverändernde Varianten s. Kap. V.

Die neueste Besprechung von Q^b bietet VAN DER KOOIJ 120–124 (mit früherer Lit.). Die Hs. „wurde wahrscheinlich zu Beginn des 1. Jh. n. Chr. in Qumran verfaßt“ (ebd. 123). Über ihre Eigenart urteilt SKEHAN (1955, 160): “The Text ... is an excellent ancient witness to the integrity of transmission, within extremely narrow limits, of the consonantal text of Isaias as we now know it.”

Die Varianten von Q^b gegenüber dem MT und Q^a finden sich aufgelistet bei SUKENIK (a. a. O. 31–34), S. LOEWINGER[8] und, nach sachlichen Gesichtspunkten geordnet, bei VAN DER KOOIJ 120–123. Innerhalb der EJL sind zwei Varianten bemerkenswert: Jes 49, 6 für MT *lhḳjm ᵓt* hat Q^b . . *b ᵓt* (vermutlich – so VAN DER KOOIJ 121 – *lhšjb*; in BHS nicht vermerkt); Jes 53, 11 hat Q^b, wie Q^a, die Einfügung *ᵓwr*.

Aus 4QJes sind für die EJL folgende Varianten bemerkenswert[9]:

4QJes[d]:

Jes 53, 8 *ᶜmw* (mit Q^a, gegen MT und Q^b *ᶜmj*);
Jes 53, 10 *tśm* (MT *tśjm*); *whᵓrjk* (MT und Q^b *jᵓrjk*; Q^a *wjᵓrk*);
Jes 53, 11 *jrᵓh* ᵓ[wr] (mit Q^a und Q^b, gegen MT *jrᵓh*);
Jes 53, 12 *ḥṭᵓj* (mit Q^a und Q^b, gegen MT *ḥṭᵓ*); *wlpšᶜjh[m]* (mit Q^b; MT *wlpšᶜjm*; Q^a *wlpšᶜjhmh*).

4QJes[h]:

Jes 42, 4 *wltrtw* (mit MT *wltwrtw* gegen Q^a *wltwrtjw*); *jḥjlw* (gegen MT BHS *jjhjlw*, BH³ *jjḥlw*, s. o.; Q^a *jnḥjlw* „ist sinnlos und wohl als Schreibfehler zu beurteilen“, LINDBLOM 1951, 237).
Jes 42, 6 *lbrjt ᶜwlm* (gegen MT und Q^a *lbrjt ᶜm*).

[7] Eine erste kurze Bilanz hat H. HAAG (Ber. 1959, 179–182) zu ziehen versucht.

[8] The Variants of DSI II: VT 4, 1954, 155–163.

[9] Briefl. Mitteilung von A. VAN DER KOOIJ (vgl. ders. 1981, 123) und J. A. SANDERS.

4. Verhältnis der EJL zu Deuterojesaja, Verfasser, Datierung

Die Bestimmung des Verhältnisses der EJL zum Dtjes-Buch und die Frage nach ihrem Verfasser und ihrer Entstehungszeit hängen so unlöslich zusammen, daß sie, sollen Wiederholungen vermieden werden, nur in einem Zug behandelt werden können. In der durch DUHM (Komm. 1892) geschaffenen Ausgangslage galten die EJL als eine von Dtjes unabhängige literarische Einheit. „Ob diese Dichtungen als besonderes Buch existirt haben oder nur zu dem Buch Dtjes.s hinzugedichtet wurden, das ist nicht mit Sicherheit zu entscheiden, jedoch die erstere Annahme wahrscheinlicher" (285). Den Verfasser setzt DUHM ins 5. Jh. an, zwischen Dtjes und Tritojes, und lokalisiert ihn in Judäa. Was die Einfügung der Lieder in die Schrift des Dtjes veranlaßt haben mag, darüber spricht sich DUHM nicht aus; jedenfalls stellt er sich diese, wie wir sehen werden (u. S. 103), sehr mechanisch vor. DUHM fühlte sich in seiner Auffassung dadurch bestärkt, daß die Lieder „nur zum Theil einige Beziehung zu ihrer Umgebung" haben und „durch ihre Entfernung keine Lücke hinterlassen" würden (284).

a) Deuterojesaja als Verfasser der EJL

DUHMS These wurde sehr bald vor allem durch MARTI (Komm. 1900) widersprochen, der die EJL als ursprünglichen Bestandteil der Trostschrift des Dtjes betrachtet (s. u. IV. 2):

„Wenn man sagt, daß man diese Stücke leicht aus dem Zusammenhang herausnehmen könne, so ist zu bemerken, daß dies auch von andern ebenso gilt[10], daß man aber damit Dtjes das Herz ausbricht und den ganzen Aufbau seiner Trostschrift auf das Empfindlichste schädigt" (361).

Zur literarischen Einheit der Lieder mit der Schrift des Dtjes mußten von vornherein die Autoren neigen, die, wie MARTI, den Ebed mit Israel identifizieren. Zu ihrem Sprecher macht sich ein Vierteljahrhundert später KÖNIG (Komm. 1926), wenn er erklärt: „Nach alledem kann ich nur für die Einheit von Dtjes. stimmen" (452). Wenn aber KÖNIG als Bundesgenossen nicht nur Anhänger der kollektiven Deutung wie MARTI, GIESEBRECHT und BUDDE anführt, sondern auch der autobiographischen (HALLER), individuel-

[10] Dies hatte allerdings auch DUHM eingeräumt.

len (FÜLLKRUG, SELLIN 1922) und messianischen (CONDAMIN Komm. 1905), so zeigt dies, daß die *Zuweisung der Lieder zu Dtjes* weite Kreise zog und sich als die *vorherrschende* durchsetzte. Wir werden sehen, daß diese Vorstellung der jüdischen Überlieferung nicht fremd ist. Unter den mittelalterlichen Auslegern wurde sie von IBN ESRA vertreten (s. S. 57), unter den modernen von BUBER und anderen (s. III. A. 2. c). Sie ist unter den modernen christlichen Auslegern sehr verbreitet (namentlich den zahlreichen Vertretern der *autobiographischen* Deutung, s. IV. 3.4) und weithin Gemeingut der skandinavischen Exegese (s. IV. Exkurs Skandinavier).

Ist für die *kollektive* Deutung die dtjes Autorschaft der EJL von vornherein plausibel, so sehen sich die Vertreter der *individuellen* Deutung, die die EJL Dtjes zuweisen, vor die nicht leichte Aufgabe gestellt zu begründen, wie Dtjes dazu kam, in den Liedern einen von seinen übrigen Reden völlig verschiedenen Ebed-Begriff zu entwickeln. In der Regel werden dafür Wandlungen in der Laufbahn des Propheten und in seiner inneren Entwicklung verantwortlich gemacht, die sich unter dem Druck äußerer Ereignisse vollzogen. VISCHER (1930) erklärt die Tatsache, „daß die Lieder sich einerseits durch ihren besonderen Klang deutlich vom übrigen Dtjes abheben und andererseits doch wieder sprachlich und sachlich aufs engste zu ihm gehören", damit,

> „daß sie *persönliche* Offenbarungen enthalten, durch die der Prophet gestärkt worden ist, und daß er diese persönlich an ihn gerichteten Gottesworte zwar selbst aufgezeichnet, aber seiner Botschaft nicht selbst eingefügt hat. Das taten wahrscheinlich erst nach seinem Tode seine Freunde in der richtigen Erkenntnis, daß diese Aufzeichnungen die notwendige Begründung der Botschaft des Propheten enthalten. Für diese Ansicht sprechen vor allem 49,1–6 und 50, 4–9, die sich so am einfachsten verstehen lassen" (83f.).

Schon KITTEL (1925) hatte die EJL als Bestandteil einer *Sonderverkündigung* des Dtjes betrachtet, die erst nachträglich in das Buch Jes 40–55 eingearbeitet wurde. „Aber sie stammen von Dtjes selbst, wie meines Erachtens neben anderen Erwägungen besonders die stilistische Einheitlichkeit der Ebedstücke und des Buches zwingend beweist" (416). Unter den Neueren möchte WEISER[11] die Eigenart des EJL aus ihrer Eigenbestimmung erklären. Die von Dtjes stammenden, aber erst nachträglich in das Buch eingefügten Texte waren „nicht zur öffentlichen Verkündigung, sondern für einen

[11] Einleitung (Anm. 1).

kleinen Kreis, vielleicht für die Jünger des Propheten bestimmt" (183).[12]

Verschiedene Autoren führen die innere Wandlung, die sich in Dtjes vollzog, auf seine Enttäuschung über Kyros zurück, in dem er zunächst den erwarteten messianischen Heilbringer sah, der sich aber Marduk statt Jahwe zuwandte. So ist nach HEMPEL (1929) der EJ für Dtjes, den Autor der Lieder, eine konkrete Gestalt aus seiner Umgebung, „der sich nach der Enttäuschung über Kyros seine Sehnsucht und seine Glaubenshoffnung zuwandte" (658, s. IV. 3).

HEMPEL stellt hierbei die Frage, warum Dtjes denn nach diesen Erfahrungen seine hoffnungsvollen Kyros-Weissagungen nicht unterschlagen habe. „Die einzig mögliche Erklärung für diesen merkwürdigen Tatbestand scheint mir die zu sein, daß das Buch der Kyroslieder bereits veröffentlicht war und seinen selbständigen Weg eingeschlagen hatte, als von fremder Hand eine zweite Sammlung von Liedern desselben Dichterpropheten, eben unsere GKL, mit ihm vereinigt wurde" (659).

Im gleichen Sachverhalt findet VOLZ (Komm. 1932) die Begründung für seine autobiographische Deutung der ersten drei Lieder (vgl. S. 128). Er entwirft von den Erfahrungen des Propheten dieses Bild:

„Die Wiederaufrichtung in Palästina, an der er zunächst mitarbeitete, machte Schwierigkeiten; auch von der eschatologischen Überwindung des Heidentums war nichts zu sehen. Wie so mancher im Lauf der Gottesgeschichte mußte auch Dtjes. erkennen, daß Gottes Wille nicht das eschatologische Wunder war. Aber Dtjes. war nicht der Mann, der sich durch Enttäuschungen bezwingen ließ. Er war ein Adler im Hoffen, lernbegierig wie ein Schüler; er war von Cyrus begeistert gewesen, aber in ihm selbst lebte die gleiche und eine noch viel gewaltigere Eroberungslust. So kam plötzlich die göttliche Erkenntnis über ihn, daß die Aufrichtung der Gottesherrschaft auf Erden nicht eschatologisch geschehe, sondern durch menschliche Arbeit, und daß er, Dtjes, der Berufene sei. Nicht Cyrus, er selbst sollte Welteroberer sein; nicht Israel, er selbst sollte Gottes Zeuge werden" (167).

Hier ist auch NORTH (1940/41, 1948) zu nennen, der in den unerfüllten auf Kyros gesetzten Erwartungen den Anlaß dafür sieht, daß Dtjes schrittweise die EJL verfaßte (vgl. S. 132)[13].

[12] Hier wären auch die unter IV. 4 genannten Autoren zu erwähnen, die aus der fortschreitenden Theologie der Lieder auf eine innere Entwicklung im Propheten schließen.

[13] FEUILLET (1975) nimmt diese Enttäuschung bei einem späteren Verfasser der Lieder an.

Allerdings bereitet den Autoren, die die EJL Dtjes zuschreiben, die Frage, nach welchem Prinzip er oder ein anderer sie in die Sammlung seiner Reden einfügte, einiges Kopfzerbrechen. Es fehlt nicht an Stimmen, die im Buch, einschließlich der EJL, einen planmäßigen Aufbau sehen wollen. So BRUNOT (1961):

« Les liens de pensée et de vocabulaire avec le contexte immédiat portent à croire que leur place naturelle est celle qu'ils occupent dans la trame du livre. Ces quatre chants supposent le même arrière-plan historique, le même déroulement des pensées et ils usent des mêmes procédés que le reste du Deutéro-Isaïe » (8).

Ähnlich fordert KISSANE (Komm. 1943), die Lieder im Sinne des Kontextes zu verstehen, in den der Planer des Gesamtwerkes sie einfügte:

"Each fragment must therefore be interpreted in the light of the context in which it has been placed by the writer who planned the work" (LXV).

Nach SAYDON (1953) darf sich die Berücksichtigung des Kontextes nicht auf die unmittelbare Umgebung der Lieder beschränken, vielmehr gilt es, den Gesamtkontext von Jes 40–55 im Auge zu haben. Unter der Voraussetzung, daß Jes 42,1–43,13 hinter Kap. 48 gestellt wird, bekommen wir zwei gleichmäßig aufgebaute Zyklen:

"announcement of deliverance, confirmation of deliverance, confirmation of promise in the first cycle, and the Servant's mission and its failure, promise of success and assurance of success in the other cycle" (15).

SCHILDENBERGER (1959) findet in Jes 40–55 einen „einheitlichen Aufbau", und die als „geschlossene Einheit" verstandenen Lieder sind nach ihm nachträglich an sehr passender Stelle eingefügt worden (93 f.). STUHLMUELLER (1980) nimmt im Dtjes-Buch folgende chronologische Ordnung vor: Kap. 41–48; 49–55; EJL; Kap. 40. Alle Teile sind nach Autorschaft und Anordnung das Werk des Dtjes.

Das entgegengesetzte Extrem vertritt etwa VOLZ (Komm. 1932). Er bezeichnet als „die schwierigste und fast unlösbare Frage" die,

„warum die vier Ebedlieder 42,1–4. 5–9; 49,1–6; 50, 4–9, die wohl ursprünglich eine Einheit gebildet haben, auseinandergerissen und in der jetzigen Weise über das Buch verstreut sind, vollends schwierig, wenn Dtjes selbst der Verfasser der vier Lieder war. Innerhalb der Ebedlieder ist ein gewisser Aufbau, auch ein Fortschritt von 42,1–4. 5–9 zu 49,1–6 und zu 50, 4–9 nicht zu verkennen, auch muß mit der Möglichkeit gerechnet werden, daß uns nur ein Teil der Ebedlieder erhalten geblieben ist. Aber davon kann ich mich nicht überzeugen, daß die Ebedlieder sinngemäß in den Zusammenhang des Gesamtbuches eingereiht wären, oder daß die Zusatzverse 50,10f. (auch 42,9) mit ihrer Umgebung sinngemäß verflochten wären. Was man da an Ähnlichkeiten zwischen Ebedlied und jetzt benachbartem Text heranzieht, ist nur künstlich" (XXXVIf.).

Die Auffassung, die Lieder seien ungeschickt und an völlig unpassender Stelle in das Buch eingefügt worden, ist mehrfach zu hören. So Rudolph 1925 (auch 1928): Der Verfasser der vier Lieder ist „mit größter Wahrscheinlichkeit" Dtjes selbst (111). Er hat die Lieder später komponiert; ihre Einfügung in das Buch Dtjes besorgte ein anderer; Dtjes selbst hätte sie besser in den alten Text eingearbeitet.

„Die Einfügung ist ganz lose: die Lieder werden einfach dazwischengeschoben ohne Rücksicht darauf, daß sie nun eng Zusammengehöriges auseinanderreißen; zur Herstellung einer Verknüpfung mit dem alten Text geschieht nichts, nur beim dritten Lied wird ein verbindender Vers (50,10) eingeschaltet" (112).

b) Herkunft der EJL aus dem Jüngerkreis des Deuterojesaja

Mit der Tatsache, daß die EJL an unpassender Stelle stehen, kommen jene besser zurecht, die sie einem Jünger des Deuterojesaja zusprechen. Am ausführlichsten hat sich in diesem Sinn Mowinckel (1931) geäußert. Das im Dtjes-Buch waltende Ordnungsprinzip stellt er sich so vor:

„Der Sammler des Buches hat die einzelnen selbständigen Gedichte nach *Assoziationen der Ähnlichkeit* geordnet. Diese Assoziationen sind in den meisten Fällen so zustande gekommen, daß irgend ein mehr oder weniger hervortretender Begriff oder Wort in dem einen Gedicht ein anderes ins Gedächtnis gerufen hat, in dem derselbe Begriff oder dasselbe Wort eine Rolle spielte oder in irgendeiner Weise hervortrat. So sind die einzelnen Gedichte nach *Stichwörtern* aneinandergereiht." Aber auch *sachlich-inhaltliche* Assoziationen können mitgewirkt haben: „Gedichte, die einen verwandten Inhalt hatten oder sich in irgendeinem inhaltlichen Punkte stärker berührten oder von einem gemeinsamen Gegenstand, etwa Kyros, handelten, sind aneinandergereiht worden" (242).

In diesem Zusammenhang widmet Mowinckel den „Liedern von dem Knecht Jahwäs" ein eigenes Kapitel (245–257). Für das 1. Lied stellt er fest, daß es keinerlei Anschluß weder an die vorhergehende (41,21–29) noch die nachfolgende (42, 5–9) Textgröße hat. Beide handeln aber von Kyros, und das Lied wurde an diese Stelle gesetzt, „weil man eine ganz falsche Beziehung zwischen ihm und der Umgebung gefunden hat. Entweder weil man den Knecht auf Kyros deutete, oder weil man die beiden Kyrossprüche 41,21–29 und 42, 5–9 auf den GK umdeutete, ist das Stück zwischen die beiden Kyrosstücke gesetzt worden" (245). In gleicher Weise untersucht MOWINCKEL auch für die anderen drei Lieder ihr Verhältnis zum Kontext und kommt „zu folgendem sehr bemerkenswerten Ergebnis: während sonst im Buche Dtjes das eine Stück deutlich je an das Vorhergehende Anschluß gefunden hat, so daß die Stelle der einzelnen Stücke nach der des jeweilig Vorhergehenden bestimmt ist, so verhält es sich bei den Knecht-Jahwäs-Stücken beinahe umgekehrt; sie haben nie oder nur gelegentlich und undeutlich an die jeweilig vorhergehenden Stücke, um so deutlicher aber an die jeweilig nachfolgenden Anschluß; ihre jeweilig meistens durchaus unpassende Stelle ist nach formellen und inhaltlichen Assoziationen mit dem jeweilig nachfolgenden Stücke bestimmt. Dabei haben wir gefunden, daß die zugrundeliegende Deutung der umgebenden Stücke mehrmals eine falsche und eine sekundäre Umdeutung ist, die anscheinend noch nicht der erste Sammler des Buches geteilt hat" (248).

Es besteht aber auch „hinsichtlich der Gattungen und Formelemente ein tiefgehender Unterschied zwischen den Knecht-Jahwäs-Liedern und den anderen Dichtungen im Buche" (248).

„Aus diesen beiden Erkenntnissen läßt sich nur eine Folgerung, und das eine sehr bedeutsame, ziehen: Die Knecht-Jahwäs-Lieder sind nicht gleichzeitig mit den anderen Stücken und nicht von dem eigentlichen Sammler des Buches aufgenommen, sondern sind später anderswoher in das fertige Buch interpoliert worden, was auch einige andere Interpolierungen und Glossierungen nach sich gezogen hat" (248).

Für die Identifizierung des Ebed bedeutet dies, „daß jede Deutung der Gestalt des Knechtes in diesen Liedern prinzipiell von Dtjes und seiner Gedankenwelt absehen muß. Die vier Lieder müssen zunächst ganz für sich betrachtet werden. Daß zwischen ihnen und dtjes Gedanken Verbindungen bestehen, muß erst *bewiesen* werden" (249). Auch kann Dtjes nicht die von ihm später gedichteten Lieder selbst in „sein" Buch aufgenommen haben; „denn dann müßte er der Hauptmasse seiner eigenen Orakel einen ganz anderen Sinn als den ursprünglichen gegeben haben und sowohl seine Auffassung über Israel als ‚Knecht Jahwäs' wie seine Verkündigung von Kyros als Jahwäs Heilsinstrument ganz verworfen haben" (249). Vielmehr werden wir für die Herkunft auf den uns aus Tritojes bekannten dtjes Jüngerkreis verwiesen (252).

Mit dieser Stellungnahme hat MOWINCKEL zwei wichtige Entscheidungen getroffen: Die EJL stammen nicht von Dtjes, sondern aus seinem Jüngerkreis, und sie sind von einem noch Späteren in die Sammlung der dtjes Reden eingefügt worden. Im Grund befinden wir uns wieder bei DUHM.

Dabei macht MOWINCKEL gegen die dtjes Autorschaft der EJL neben anderen auch Gesichtspunkte der Doktrin geltend. Auch andere Autoren warnen davor, das Verhältnis Dtjes/EJL einseitig mit Hilfe sprachlicher und stilistischer Kriterien zu bestimmen. So ist LOFTHOUSE (1947) überzeugt, daß die Frage nach der Identität des Knechts und nach Verfasser und Datum der Lieder nicht unabhängig von deren religiösem Gedankengut beantwortet werden kann. Unter diesem Gesichtspunkt ist aber unschwer zu sehen, daß Dtjes und die Lieder zwei verschiedene Welten darstellen. Und zwar haben wir es nicht nur mit zwei abweichenden Knechtsvorstellungen zu tun, sondern mit zwei verschiedenen Formen religiösen Denkens. Gilt dies für die ersten drei Lieder, so hat das vierte nochmals sein Eigengepräge, im Unterschied sowohl zu Dtjes als auch zu den anderen drei Liedern. Dieses beruht auf der Vorstellung der *Stellvertretung,* "which is central in IV but absent from the other three" (174). Diese Interpretation seines Leidens gibt nicht der Knecht selbst (wie sich im 3. Lied zeigt, wo er lediglich sein Leiden beschreibt und seine Zuversicht auf den Beistand Gottes ausspricht), sondern der „Chor", das heißt der Dichter des 4. Liedes. Dieses ist ein erratischer Block, für den es weder ein Datum noch eine Parallele vorzuschlagen gibt.

c) Verschiedene Verfasser der EJL

Spricht man den Liedern die Einheitlichkeit der Thematik und der Verfasserschaft ab, so muß auch ihr Verhältnis zu Dtjes differenzierter gesehen werden. Immer wieder meldeten sich Stimmen, die das 4. Lied gegen die ersten drei abgrenzen wollten. Wir begegnen ihnen schon alsbald nach DUHM, etwa bei SCHIAN (1894), KOSTERS (1896), CHEYNE (1895, 1897, 1899), ZILLESSEN (1904). Unter den folgenden Autoren war es vor allem VOLZ (1920), der das 4. Lied von den anderen drei abtrennte; er schrieb es einem „der Führer des nachexilischen Judentums" zu (189). Auch STAERK (1913) kam auf zwei verschiedene Verfasser, da die ersten drei Lieder ein prophetisches Messiasideal verträten, das 4. ein königliches (s. u. IV. 2). Für STAERK sind allerdings alle vier Lieder vor-dtjes, und Dtjes hätte sich von den ersten drei inspirieren lassen[14]. Ande-

[14] In eine ähnliche Richtung zielt die eigenartige Auffassung von CASPARI (1934). Für ihn ist der persönliche Dtjes „eine Zimmerpflanze auf

rerseits kam neue Bewegung in die Verfasser- und Datierungsfrage, als mit SELLIN (1930) und ELLIGER (1931, 1933) mehrere Autoren das 4. Lied dem Jüngerkreis des Dtjes zuwiesen (s. u. IV. 3). Diese Auffassung hat ihre grundsätzlichen Vertreter bis in unsere Tage. So schreibt FOHRER (1970):

„Die beiden letzten Sprüche 50,10–11 und 52,13–53,12 blicken auf das abgeschlossene Leben und Wirken des Knechtes zurück und setzen seine Hinrichtung nach einem Gerichtsverfahren voraus. Sie unterscheiden sich auch stilistisch von den anderen Sprüchen, die deutlich vom Stil Dtjes' geprägt sind. Daher stammen die beiden letzten Sprüche wohl von anderen und verschiedenen Verfassern, die zu einer jeweils neuen Deutung des Lebens, Leidens und Sterbens des Ebed gelangt sind" (286)[15].

Und Bezug nehmend auf seine Auslegung von Jes 53,10e, wonach die Heimkehr der verbannten Israeliten aus Babylonien bereits Geschichte ist (s. Kap. V z. St.), läßt BLANK (1979) das 4. Lied „nach 538 v. Chr. entstanden sein, nach dem Erlaß des Kyros . . . Umgekehrt ist damit auch gesagt, daß Dtjes selbst das Eintreffen des Kyros in Babel nicht mehr erlebt hat; er war schon längere Zeit davor (wohl zwischen 544–540 v. Chr.) gestorben" (47). Zur ähnlichen Position SEKINES s. u. S. 26f.

DION 1970 (vgl. bes. 162f.) stellt sich den Werdegang von Jes 40–55 so vor: Auf ein Grundstratum, zu dem der Hauptbestand von Jes 40–55 zu rechnen ist, folgen die drei ersten EJL (Jes 42,1–4; 49,1–6; 50, 4–9a), « œuvre relativement tardive du Deutéro-Isaïe ». Das 4. EJL (Jes 52,13–53,12) wäre das Werk eines Dtjes-Schülers, die Anhänge zu den drei ersten Liedern: Jes 42,5–9; 49,7. 8–11 (12); 5010f. stammten vom Verfasser von Jes 61,1–3, das heißt von Jes 60–62; Jes 51,4–6 wäre das « œuvre d'un interpolateur encore plus tardif ».

SEYBOLD (1977) datiert die ersten drei Lieder in die Lebenszeit des Dtjes (das dritte in seine letzten Lebensjahre), das vierte „kann nicht

dem Gelehrten-Schreibtische" (244), Jes 40–55 eine Sammlung eigenständiger Lieder und Gottessprüche, deren Einheit durch Zusammensetzung und Zwecke bedingt ist. Die Stücke 49,1–6 (7); 50, 3–11; 53 „passen am wenigsten von allen in die sonst hoffnungsfrohe Grundstimmung der Sammlung . . . Also müssen sie als Andenken an die trübsten Jahre Babyloniens . . . stehen geblieben sein" und „dürfen für die ältesten in die Sammlung eingetretenen gelten" (96).

[15] Ähnlich Einleitung in das Alte Testament, Heidelberg [12]1979. Mit der Annahme verschiedener Verf. und getrennter Einfügung in das Dtjes-Buch sympathisiert auch WESTERMANN (1964, Komm. 1966).

lange nach dem Tode des Knechts entstanden sein, als es galt, ihn zu rehabilitieren. Jes 53 steht noch ganz unter dem Eindruck des Geschehens". Mit Verweis auf ELLIGER (1933) spricht auch HERMISSON (1981, 1982) das 4. Lied einem intimen Kenner der Verkündigung des Dtjes zu, einem Schüler, der diesem näherstand als Tritojes (1982, 283).

d) «Relecture»

Eine intime innere Verbindung zwischen Dtjes und den EJL, ohne die letzten dem Propheten selbst zuzuschreiben, stellen jene Autoren fest, die in den Liedern eine «relecture» oder Neuinterpretation von Jes 40–55 sehen möchten, wie CAZELLES (1955), COPPENS (1959), MAGGIONI (1971). CAZELLES umschreibt diesen Vorgang so:

«Il y a une telle parenté littéraire que l'on comprend les commentateurs pour lesquels l'auteur des poèmes est le Deutéro-Isaïe lui-même complétant son œuvre, par exemple après le désappointement qui suivit l'édit de Cyrus. Les espérances brûlantes du second Isaïe ne s'avéraient-elles pas vaines? Non, répondait l'auteur ou son disciple; ce que Cyrus n'avait pas réalisé, quoique oint de Yahvé (XLV, 1), devait se réaliser par une autre figure, un nouveau David. Reprenant la théologie la plus profonde du second Isaïe, perspectives sur le don de la Torah aux nations et l'appel de tous les peuples à participer aux grâces de David, l'auteur dégageait par là ce qu'il y avait à retenir du message» (1955, 49).

COPPENS (1959a) verweist auf die unterschiedlichen (Zukunft der Völker und Israels, verschiedene Rollen des Ebed), aber auch auf die gemeinsamen Züge in den EJL und im übrigen Dtjes. Das bedeutet nicht notwendig, daß mit dem Ebed im einen und im anderen Fall eine verschiedene Größe gemeint sein muß. Vielmehr streifte eine «relecture» des Dtjes vom Ebed alle nationalistisch-politischen Züge ab, um einer neuen, geistigen und universalen Aufgabe des Ebed Platz zu machen (255). Damit stimmt überein, daß in den Liedern Israel nicht das nach Palästina heimgekehrte Volk ist, sondern die Diaspora. Das bedingt für Dtjes und die EJL zwei verschiedene Verfasser. 1959b faßt COPPENS seine Position nochmals zusammen:

«Les poèmes seraient donc l'œuvre d'un prophète anonyme qui a relu le message deutéro-isaïen, et qui lui a donné, par l'insertion des poèmes, une portée nouvelle, supérieure, plus spirituelle et plus missionnaire» (435).

Zusammenfassend kann gesagt werden, daß für das Verhältnis der EJL zu Dtjes und ihre entsprechende Datierung fünf Varianten denkbar sind:

(1) Die Lieder sind älter als Dtjes und wurden von diesem übernommen.
(2) Sie stammen von Dtjes und wurden von ihm in die Sammlung seiner Reden aufgenommen.
(3) Sie stammen von Dtjes, wurden aber erst von (einem) späteren Bearbeiter(n) in das Dtjes-Buch eingefügt.
(4) Sie stammen von einem späteren Verf. und wurden von diesem dem Dtjes-Buch einverleibt.
(5) Sie stammen von einem späteren Verf. und wurden von einem noch späteren Bearbeiter mit dem Dtjes-Buch verbunden.

Ohne Anspruch auf Vollständigkeit werden diese Varianten von folgenden Autoren vertreten:

(1) STAERK, CASPARI[16].
(2) MARTI, KÖNIG, GIESEBRECHT, BUDDE, FÜLLKRUG, SELLIN, CONDAMIN, BUBER, mehrere SKANDINAVIER, (NORTH), BRUNOT, SCHILDENBERGER.
(3) KITTEL, VISCHER, HEMPEL, RUDOLPH, (VOLZ), (NORTH), (DION), SEYBOLD, (WESTERMANN).
(4) (VOLZ), LOFTHOUSE, (FOHRER), (DION), CAZELLES, COPPENS, MAGGIONI, FEUILLET, (SEYBOLD), HERMISSON.
(5) DUHM, MOWINCKEL.

5. *Literarkritik, Traditionskritik, Redaktionskritik*

Wenn auch schon immer in den einzelnen EJL mit Zusätzen und Glossen gerechnet wurde, so wurden sie dennoch weitgehend als intakte literarische Größen betrachtet. Auch wurde von jeher nach den traditionsgeschichtlichen Wurzeln einzelner Motive, etwa der Stellvertretung, gefragt. Es ist jedoch, wenn ich richtig sehe, das Verdienst von E. HAAG, den ersten durchgreifenden Versuch einer literar-, traditions- und redaktionsgeschichtlichen Behandlung der EJL gewagt zu haben.

[16] Mit der Möglichkeit der Übernahme der Lieder durch Dtjes rechnet auch DE BOER (1956; s. u. S. 138).

a) Literarkritik

E. HAAG (1983) unterscheidet zwischen (1) einer Grundschicht, (2) deren durchgehender Bearbeitung, die (3) ihrerseits wieder Zusätze und Ergänzungen erfahren hat.

(1) Zur Grundschicht würden gehören:
Jes 42,1–3a. 4a
Jes 49,1–3 (ohne *jśrʾl*). 4. 5a. 6 (ohne *wjʾmr*)
Jes 50, 5b–6. 7b. 9b
Jes 53,1–2 (ohne *wnrʾhw*). 3–7a^{a}. b. 8a^{a}b^{a}. 9b. 10b^{b}

(2) Zur durchgehenden Textbearbeitung zählen:
Jes 42, 3b. 4b. 5–9
Jes 49, 3 (*jśrʾl*). 5bc. 6 (*wjʾmr*). 7–13
Jes 50, 4. 7a. 8–9a. 10–11
Jes 52,13. 15; 53,11a^{a}. b^{a}. 12ab

(3) Als Zusätze und Ergänzungen sind anzusehen:
Jes 50, 4b. 5a
Jes 52,14; 53, 2 (*wnrʾhw*). 7a^{b}. c. 8a^{b}. b^{b}. 9a. 10ab^{a}. 11a^{b}. b^{b}. 12c

Nach HAAG stellt die Grundschicht der ganzen EJ-Dichtung eine Redekomposition aus sieben Strophen zu je zehn Stichen dar. Die Strophen sind: 42,1–3a. 4a; 49,1–3; 49, 4. 5a. 6; 50, 5b–6. 7b. 9b; 53,1–3; 53, 4–6a; 53, 6b. 7a^{a}. b. 8a^{a}. b^{a}. 9b. 10b^{b}.

Das Ergebnis seiner Untersuchung faßt E. HAAG wie folgt zusammen:

„Die EJ-Dichtung enthält demnach die Verheißung eines zukünftigen Heilsmittlers, der den mit der Gerichtsverfallenheit dieser Welt verbundenen Widerstand gegen seine Sendung durch den stellvertretenden Einsatz seines Lebens erfolgreich überwindet und der so kraft der durchgehaltenen Konsequenz des Heilsplanes Jahwes und der damit verbundenen Schöpfermacht Gottes die ursprüngliche Bestimmung seines Auftrages zum Heil der Menschen erreicht“ (176).

b) Traditionskritik

E. HAAG (1977a) bringt in die bisherige Diskussion einen neuen Akzent, indem er den Ebed von der Vorstellung der charismatischen Rettergestalt der vorköniglichen Zeit her verstehen will.

„Die Untersuchung der EJ-Stücke hat bisher gezeigt, daß die Gestalt des GK zwar in Einzelheiten königliche und prophetische Züge aufweist, daß aber die Gesamtdarstellung sich weder an dem Amt des Königs noch des Propheten, sondern am Dienst der charismatischen Führer Israels orientiert" (87).

Allerdings ist insofern eine bemerkenswerte Steigerung wahrzunehmen, als „sein Auftrag sich nicht mehr auf Israel allein, sondern darüber hinaus auf die ganze Menschheit erstreckt" (87f.). Auch hinter der Aussage Jes 53,12 „Er trat für die Frevler ein" steht nicht die Vorstellung von der prophetischen Fürbitte, sondern die in der Rettertradition entwickelte Vorstellung von dem Totaleinsatz des prophetischen Mittlers im Krieg Jahwes gegen sein eigenes Volk (von HAAG „umgekehrter Jahwekrieg" genannt) (97). Die Zuversicht, daß sein Opfer stellvertretende und sühnende Kraft haben werde, kommt dem Ebed aus der gewonnenen Einsicht, daß Gott selbst es so verfügt habe (97f.).

1983 präzisiert E. HAAG, daß bei der einleitenden Rede Jahwes, aber auch an hervorgehobener Stelle in den Reden des GK und des Volkes das dtr Davidbild erkennbar ist, in den Äußerungen des GK über seine Berufung durch Jahwe wie auch in der Stellungnahme des Volkes zum Leidensschicksal des Ebed hingegen das spezifische Verständnis von Jeremia und seiner Sendung als Prophet, das sich wiederum an der im Dtn entworfenen Idealvorstellung des Mose orientiert (189–193).

c) Redaktionskritik

Einige redaktionskritische Arbeiten wurden im Hinblick auf die daraus gezogenen Folgerungen für die Verf.-Frage schon im vorangehenden Abschnitt (II. 4) behandelt, so DION (1970). Sich sowohl mit Max WEBER (Das antike Judentum, 1923) als auch mit der Redaktionskritik von DION auseinandersetzend, stellt SEKINE (1982) die These auf: Wir haben es in Jes 40–55 mit drei auf Dtjes zurückgehenden Grundschichten zu tun: Grundschicht A Jes 40,1–41, 29; 42,10–48,22: Werk des Dtjes vor 539; Grundschicht B 49,13–50,3; 51,1–52,12; 54,1–55,13: Werk des Dtjes nach 539; Grundschicht C die drei ersten EJL Jes 42,1–4; 49,1–6; 50,4–9: Werk des Dtjes in seinen späteren Lebensjahren (60). Das 4. EJL Jes 52,13–53,12 und die von SEKINE Appendices genannten Stücke 42, 5–9; 49,7–12; 50,10–11 stammten von einem Schüler des Dtjes, 51,4–6 von einem späteren Interpolator. In Anwendung auf drei Theologumena: Heil, Sünde und Universalismus findet SEKINE seine These bestätigt. Das Ergebnis ist, daß der Verfasser des 4. Liedes die Unheilstheodizee des Dtjes in eine Theodizee des Leidens umgewandelt hat (94).

Die Redaktionskritik E. HAAGS (1983) ist ein Stück seiner Gesamtschau vom Werdegang des EJL. Sie wird von ihm so dargestellt:

„Bei der Redaktion der Prophetie des Dtjes hat die EJ-Dichtung ihre ursprüngliche Gestalt und Aussage verloren. Ohne Rücksicht auf die von dem Verf. der EJ-Dichtung entworfene Zuordnung der Redeanteile Jahwes, des GK und des Volkes hat der Redaktor den ihm vorliegenden Text in vier ungleiche Einheiten (Jes 42, 1–4; 49, 1–6; 50, 5–9; 53, 1–10) aufgeteilt und durch die Eingliederung in neu geschaffene Textzusammenhänge mit einer entsprechend veränderten Aussage versehen. Gezielt eingefügte Zusätze (Jes 49, 3; Israel) und größere Erweiterungen (Jes 50, 10f.; 52, 13. 15; 53, 11 f.) haben dabei auf ihre Art die Maßnahmen des Redaktors abgerundet und gestützt. Die wichtigste Veränderung jedoch, welche die EJ-Dichtung im Verlauf dieser Redaktion erfahren hat, ist bei der Konzeption des GK zu vermerken; denn hier hat der Redaktor die ursprünglich individuell gezeichnete Person des Mittlers konsequent zu einem Repräsentanten des Kollektivs Israel gestaltet. Er hat aber diese Deutung des GK, wie sowohl die Erweiterung im Text der EJ-Dichtung als auch die Eingliederung ihrer Bestandteile in andere Textzusammenhänge verraten, nicht auf Israel schlechthin bezogen, sondern nur auf jenes Gottesvolk, das sich nach dem Exil als den von Jahwe geretteten Rest Israels verstanden hat“ (195).

Diese Umdeutung hat schon Dtjes im Exil vorbereitet, indem er Israel als zwar in der Vergangenheit versagenden, aber doch erwählten Knecht bezeichnete; entscheidend, daß sie sich durchsetzte, war, daß man nach dem Exil die Verheißung an David (2 Sam 7, 1–16) auf die Heimkehrergemeinde von Jerusalem übertrug.

6. Gattung

Die Frage nach der literarischen Gattung der EJL wird nach RUPRECHT (1972) erstmals zögernd im ausgehenden 18. Jh. gestellt. C. F. STÄUDLIN (1791) faßt Jes 53 als Klagelied auf den Märtyrertod Jesajas unter Manasse auf, C. G. SCHUSTER (1794) folgert aus der Beobachtung, daß von Jes 52, 13 an verschiedene Sprecher zu Wort kommen, „daß der Prophet, um seiner Rede größeres Gewicht zu geben, dies Stück mit verteilten Rollen dramatisch darstellen ließ“ (RUPRECHT 125f.). „Aber hiermit sind die Versuche, nach der Redeform zu fragen und diese aus einem situationsbedingten

Redevorgang zu erklären, bereits genannt. Diese Fragestellung blieb Episode; sie wurde im 19. Jh. von niemandem wieder aufgenommen" (ebd. 126).

Aber auch in dem hier ins Auge gefaßten Zeitraum ab 1892 setzen die Äußerungen zur Gattung der Lieder eher mühsam ein. DUHM spricht ganz allgemein von EJ-Liedern oder Dichtungen, von ihrem Verfasser als Dichter (so auch noch in der 4. Aufl. 1922), ohne die Gattung der einzelnen Lieder näher zu bestimmten. GRESSMANN (1914) legt dann aber Wert auf die Feststellung, daß die EJL keinen Gattungsbegriff bezeichnen, daß sie vielmehr nur zu Zwecken der Untersuchung zu einer Einheit zusammengefaßt werden. In den (für ihn) sieben Liedern gibt es Verheißungen (42, 1–4. 6–7; 49, 5f. 7. 8–12; 52, 13–15), Hymnen und hymnenähnliche Motive (42, 5. 8–9; 49, 7. Schluß 13), eine Mahnung (50, 10). 53, 1–12 enthält einen Bußpsalm; 49, 1–4; 50, 4–9 sind Klagelieder des Ebed (296f.).

Für VOLZ (1920) sind die Lieder ein *Gleichnis.* „Um den neuen Glauben [nämlich: daß das Leiden des Frommen stellvertretende Sühne sei] der Gemeinde recht anschaulich zu machen, stellt ihn der göttliche Mann nicht in der abstrakten Form eines Lehrsatzes, sondern *in der Form einer Lebensgeschichte* dar. Die Rätsel erhoben sich ja fortwährend in der Form von Lebensführungen, also mußte die Lösung ebenfalls in dieser Weise gestaltet werden. Zudem liebten die großen Männer Israels diese Art zu reden und zu schreiben; die Erzählungen des Jahwisten, die Geschichte vom frommen Hiob, das Büchlein von Jona, die Gleichnisgeschichten Jesu beweisen, daß diese *Darstellung einer Idee in der Form einer persönlichen Geschichte* die beliebteste, faßlichste, natürlichste und kunstvollste Form war, mochte ein persönlicher Stoff als Vorlage gegeben sein oder nicht. Unser Dichter machte sich also zur Aufgabe, den Lebenslauf eines leidenden Frommen zu beschreiben" (186).

GUNKEL, der Vater der Gattungsforschung, schweigt sich in seiner ersten Äußerung zum Thema (RGG¹ 1912) über die Gattung der Lieder völlig aus. In RGG² 1929 bezeichnet er das 3. Lied als Klagelied „ähnlich denen, wie sie im Gottesdienste die Leidenden und Kranken zu singen pflegten und wie sie schon Jeremias selber angestimmt hatte", und er findet dadurch seine Auffassung bestätigt, „daß auch hier ein Prophet von sich selber redet"; das Mittelstück des 4. Liedes bezeichnet GUNKEL als Leichenklage (1102).

Genauere Auskunft erhalten wir von GUNKELS Schüler und geistigem Erben BEGRICH (1938 bzw. 1963). Er sieht in Jes 49, 1–6 ein

Danklied (140), in 50, 4–9 ein monologisch verlaufendes Klagelied des einzelnen (54), in 52, 13–53, 12 ein von zwei Jahwesprüchen gerahmtes Danklied des einzelnen, das sich allerdings vom Danklied des üblichen Stils dadurch unterscheide, „daß nicht der Gerettete selber redet, sondern daß andere von ihm erzählen“ (65).

Schon früher hatte sich RUDOLPH (1925) zum Wort gemeldet. Das 1. Lied faßt er als Jahweorakel auf. Das 2. Lied ist zweiteilig. Während wir in Jes 49,1–4. 5b ein Klage- und Vertrauenslied finden, haben wir in V. 5a. 6 ein verheißendes Jahweorakel.

Für ELLIGER (1933) ist Jes 49, 1–6 ein „prophetisches Vertrauenslied, ein Selbsttrostlied“ (51), 50, 4–9 ein „prophetischer Vertrauenspsalm“ (34), 52,13–53,12 eine „prophetische Liturgie“, d. h. eine Komposition, in der wechselnde Stimmen zu Worte kommen.

„Und zwar besteht die Liturgie aus drei Teilen; der erste (52,13–15) und der dritte (53,11b–12) sind Verheißungen, in denen Jahwe selbst redet; das Mittelstück ist eine Mischung von Leichenlied und Volksklagelied in der besonderen Form des Bußliedes“ (19).

ELLIGER sieht in dieser Erkenntnis eine neue Bestätigung seiner Zuweisung des 4. EJL an Tritojes (s. o. S. 9. 21 f.):

„Steht der Charakter der Liturgie fest, so ist damit ein neues Moment gewonnen, im Verf. des 4. EJ-Liedes Trtjes. und nicht Dtjes. zu sehen. Denn während unter Dtjes.s Liedern sich keine einzige Liturgie findet, hat Trtjes. sich offenbar gern dieser Gattung bedient“ (22)[17].

Für das 1. Lied (Jes 42,1–4) läßt es ELLIGER bei der Bezeichnung „Botschaft ohne Einleitungsformel“ bewenden (62).

In den ausgehenden 40er und in den 50er Jahren äußern sich skandinavische Forscher zum Thema. ENGNELL (1948) bezeichnet das 3. Lied als “a royal psalm of confidence” (70), während er vom 4. Lied erklärt:

“Judging from the change of speaking subjects the song is, conceivably, a *liturgy*, though, owing to its peculiarity as regards both motif and situation, it cannot be ranked with any of Gunkel's usual categories” (75).

[17] VACCARI (Ber. 1934, 228) stellt die Frage, warum ELLIGER nicht auch die drei anderen Lieder in die Liturgie einbeziehe. Er hält die Bezeichnung „Liturgie“ für das 4. Lied auch deshalb für unberechtigt, weil es kaum für eine öffentliche Verwendung in einer kultischen Versammlung bestimmt gewesen sei.

Besondere Aufmerksamkeit hat LINDBLOM (1951) der literarischen Gattung der EJL gewidmet[18]. Wie später zu zeigen sein wird (s. S. 164), betrachtet er die Bilder als allegorische und symbolische Lieder, die die Lage Israels in der Gefangenschaft und die ihm von Gott gegenüber der Heidenwelt übertragene Aufgabe darstellen. Traditioneller hört sich wieder MOWINCKEL (1944, 1956) an. Seiner Meinung nach ist das 1. Lied ein Jahweorakel über die Berufung des Propheten, das 2. Lied kann sowohl mit einem königlichen Einsetzungsbericht wie mit einem prophetischen Berufungsbericht verglichen werden, das 3. Lied ist eine individuelle Klage nach Art der Klagepsalmen des einzelnen, allerdings mit dem Unterschied, daß sich in den Pss die Klage an Gott, hier an Menschen richtet, das 4. ein von einer Verheißung eingerahmtes Leichenklagelied mit Elementen der Bußpsalmen[19].

KAISER (1959) betrachtet das 1. Lied als himmlische Vorstellung des Königs, das 2. als Selbstrühmungshymne, das 3. als prophetischen Vertrauenspsalm (mit ELLIGER), das 4. als Heilsorakel.

WESTERMANN (Komm. 1966) hält – auch im Hinblick auf die Verfasserfrage – die Feststellung für wichtig, daß die vier EJL unter sich nicht einer und derselben Gattung angehören, keines von ihnen aber einer der sonst von Dtjes verwendeten Redeformen.

„42,1–4 ist die Designation des Knechtes durch Gott, der Designation eines Königs ähnlich. 49,1–6 verbindet einen prophetischen Selbstbericht mit Psalmenmotiven (an das berichtende Lob anklingend). 50, 4–9 ist in seinem Aufbau dem Vertrauenspsalm eines Einzelnen nahe; 52,13–53,12 ist in ein Gotteswort (52, 13–15 und 53, 11b–12) gerahmter Bericht (53,1–11a) der durch das Schicksal des Knechtes Gewandelten“ (20)[20].

Eigene Wege geht BALTZER (1971), der als Ergebnis seiner Untersuchung der „Gottes-Knecht-Texte“ (er lehnt die Bezeichnung „Lieder“ ab) verbucht, „daß sie sich als Teile einer Biographie verstehen lassen“ (42). Das 1. Lied wäre ein Einsetzungsbericht, das 2. eine Antrittsrede (die aber ab V. 4 schon ins Biographische im modernen Sinn des Wortes übergeht), das 3. eine Autobiographie, das 4. ein Bericht über das Schicksal des Knechtes und das Urteil

[18] Vgl. die ausführliche Besprechung von R. TOURNAY in RB 59, 1952, 428–430.

[19] VON WALDOW (1953, 52–57) sieht bei aller Vielfalt der Gattungen das Gemeinsame darin, daß die Lieder (abgesehen von Jes 42,1–4) deutlich einen Gegensatz zwischen Volk und Ebed erkennen lassen.

[20] Die Druckfehler im Text sind hier stillschweigend korrigiert.

Gottes. „Eine konsequente individuelle Deutung ist möglich" (42). Bei der Einfügung in das Dtjes-Buch wurde das individuelle Verständnis jedoch in ein kollektives umgewandelt.[21]

Van der Ploeg (1978) stellt fest, es gebe zwischen den EJL und den Pss keine literarische Verwandtschaft. Inhaltlich stehe Ps 22 den EJL am nächsten, unterscheide sich von ihnen jedoch dadurch, daß im Psalm der Leidende nicht stirbt und daß sein Leiden auch nicht als stellvertretend verstanden wird.

Aus dem Rahmen fällt Morgenstern (1961), der die vier Lieder als geschlossenes *Drama* betrachtet, das am Mazzenfest aufgeführt wurde. Dieses älteste Drama Israels sei unter griechischem Einfluß um 450 v. Chr. entstanden (s. u. S. 65).

In dieser Vielfalt von Vorschlägen ist ein weitgehender *Konsens* vor allem für das 1. und für das 4. Lied festzustellen. Das *1. Lied* wird von einer Reihe von Autoren als königliches Designationsorakel (Beuken 1972) oder Präsentationswort verstanden (Zimmerli 1954, Muilenburg Komm. 1956, Jörg Jeremias 1972, Elliger Komm. 1978, Dijkstra 1978). Dijkstra untersucht *ex professo* die Charakterisierung von Jes 42, 1–9 als Präsentationswort.

Die historischen und lyrischen Texte des AT geben wenig her, um auf eine Präsentation als festen Bestandteil des Königsrituals zu schließen (2Kön 11, 4 ist Ausnahme unter besonderen Umständen), und ob Dtjes die einschlägigen außerbiblischen Texte gekannt hat, bleibt unsicher. Indes kann für das Verständnis von Jes 42, 1–9 von 41, 21–29 nicht abgesehen werden, wo die stummen Götzen in ihren wertlosen Bildern die angeredete Ratsversammlung bilden. Diesen Götzen, die nichts vorstellen, stellt Jahwe seinen Knecht vor (49). Die Gerichtsszene von Jes 41, 21–29, in der Dtjes die Tradition von Ps 22 fortsetzt, bildet das Vorspiel und den Rahmen von Jes 42, 1–9.

[21] E. Nielsen, Deuterojesaja. Erwägungen zur Formkritik, Traditions- und Redaktionsgeschichte: VT 20, 1970, 190–205, sieht im 1. Lied ein Installationsorakel, ebenso im 4. ein zu einer liturgischen Komposition ausgebautes Installationsorakel; das 2. Lied gibt eine prophetische Predigt wieder, das 3. persönliche Erfahrungen des Dtjes.

Auf der Eigenleistung des Propheten in der Handhabung traditioneller Gattungsformen insistiert Melugin (1976). Er findet in Jes 42, 1–4 (wie auch in 5–9) eine freie, wenn auch an traditionelle Redeformen der Beauftragung anknüpfende Schöpfung des Propheten, in 49, 1–6 einen von Dtjes seinen Zwecken angepaßten Beauftragungsbericht, in 50, 4–9 eine besondere Art von Vertrauenspsalm, in 52, 13–53, 12 eine vom Propheten geschaffene Form des Heilsorakels.

Dem widerspricht MERENDINO (1981). Nach ihm haben die Redaktoren

„anscheinend 42,1–4 in Verbindung mit 41,1–5. 21–29 gesehen und verstanden . . . Es handelt sich also nicht um ein Berufungswort, vielmehr um ein Ausweiswort Jahwes im Rahmen seiner Gerichtsrede. Jahwe präsentiert hier seinen Knecht nicht und beruft ihn auch nicht, sondern offenbart öffentlich in einer Gerichtsverhandlung, daß er einen Knecht hat, der die ihm zugewiesene Aufgabe erfüllt, verkündigend und vermittelnd. Daran, daß der Knecht Jahwes da ist, der Jahwes Entscheidung bekanntmacht und ausführt, soll Jahwes Gottheit in Abhebung zu der Nichtigkeit der Götzen bewiesen und sein Eingreifen zur Errettung seines Volkes anerkannt werden. Im Knecht weist sich Jahwe aus und dadurch beweist er, daß er Gott ist; denn er vermag durch seinen Knecht das zu vollbringen, was die Götter nicht vollbringen konnten. Unser Text rückt damit in die Nähe des Erweiswortes und kreist gedanklich um die Selbstprädikation Jahwes" (227).

Aus der auf GUNKEL und BEGRICH zurückgehenden Zuordnung des *4. Liedes* zur Gattung des individuellen Klage- und Dankliedes zieht J. BLANK (1979) Schlüsse für die Auslegung.

„Die Zuordnung zur literarischen Gattung des ‚individuellen Klage- und Dankliedes' ist auch für die Interpretation von Bedeutung. Wir müssen damit rechnen, daß in diesem Lied konventionelle Bilder und Vorstellungen verwendet werden, die auf das besondere Geschick des Knechtes Anwendung finden, und die man deshalb auch als konventionelle Redeweise verstehen muß, ohne daraus eindeutige Schlüsse ziehen zu können. Konventionell ist vor allem die Schilderung der Krankheit und Not als ‚Todesnot' und dementsprechend die Rettung aus solcher Not als ‚Wiederbelebung'" (31).

BLANK warnt deshalb vor einer „penetrant historisierenden Interpretation" der EJL: „Hier ist die Erkenntnis von Bedeutung, daß die Verf. genauso wenig rein hist. referieren wollten, wie die Evangelisten von der Passion Christi. Sie greifen vielmehr auf vorgegebene Formen zurück, um mit diesen das Bild des Knechtes zu zeichnen . . . Es ist zum richtigen Verständnis der GKL wohl doch wichtig, die Spannung zwischen der ‚historischen Ebene', die zweifellos im Hintergrund steht, und der Bedeutungs-Ebene, auf der sich die Texte bewegen und die alleine wir kennen, stehen zu lassen und sie nicht zugunsten einer absoluten Eindeutigkeit aufzulösen" (40f.).

Auch hier soll wieder E. HAAG gesondert zu Wort kommen, dessen Gattungskritik im Zusammenhang mit seiner Traditions- und Redaktionskritik (s. II. 5) zu sehen ist. 1977(a) charakterisiert er die einzelnen Lieder wie folgt. 42,1–4: „Der Abschnitt lehnt sich formal an die Designation des charismatischen Führers in Israel an (vgl. 1Sam 9,16f.)" (81). 49,1–6 hat den Charakter eines „prophetischen Selbstberichtes" (83). 50,4–9 ist nicht eine Klage des einzelnen (gegen BEGRICH), sondern eine Klage des Mittlers (mit WESTERMANN, Komm.), vgl. Mose, Gideon, Elija, vor allem aber Jeremia. 52,13–53,12 gleicht zwar einem Dankpsalm, mit zwei Unterschieden: die Errettung wird nicht vom Knecht selbst, sondern von anderen erzählt; und die Erzählenden sind solche, „denen das an dem GK und durch ihn Geschehene selbst zur Rettung wurde" (87).

1983 faßt HAAG die gattungskritischen Beobachtungen zusammen: „Man wird daher in der Grundschicht der EJ-Dichtung die Redekomposition als eine eigenständige literarische Größe ansehen dürfen. Diese Redekomposition hat die Struktur und den Charakter einer prophetischen Liturgie. Für diese Gestalt sind die drei Sprecherrollen in ihrer Zuordnung konstitutiv; denn in dem liturgischen Zusammenwirken Jahwes mit den von seiner Offenbarung Betroffenen erfährt die in der EJ-Dichtung enthaltene prophetische Botschaft erst ihre volle kerygmatische Kraft" (177).

Hingegen sind nach STECK (1984) die ersten drei EJL nach dem Grundmuster 1Kön 22,19–22 triadisch gestaltet: Auftrag, Art der Ausführung des Auftrags und Zusicherung des Gelingens (im 1. und 3. Lied bestimmt diese Trias sogar die Gliederung). Daraus ergeben sich Konsequenzen für die Frage der ursprünglichen Sonderstellung und separaten Sammlung dieser Texte. 1985 sieht STECK dieses Formprinzip auch im 4. Lied verwirklicht.

III. FORSCHUNG ZUR GESCHICHTE DER AUSLEGUNG BIS ZUM 19. JAHRHUNDERT

A. Die EJL im Verständnis des Judentums

1. Das frühe Judentum

Die christliche Forschung zum frühjüdischen Verständnis der EJL läßt sich sowohl von exegetischen als auch von apologetischen Interessen leiten. Einerseits soll geklärt werden, von welchem Horizont aus Jesus und die ntl Schriftsteller mit den EJL umgingen. Andererseits wird gefragt, ob und wieweit das jüdische Verständnis vom Widerspruch zum christlichen bestimmt ist[1].

a) Das palästinische Judentum

Mit welchen Augen las ein palästinischer Jude zur Zeit Jesu die EJL? Zu befragen sind vor allem die Bibel selbst und deren aramäische Übersetzungen, die Targume.

α) Als die ältesten Zeugen des frühjüd. Verständnisses der EJL werden allgemein *Bezugnahmen* in *späteren biblischen Texten* angesehen.

North (1948, 6) hält es für wahrscheinlich, daß die (vermutlich) nachträglichen Einfügungen Jes 42, 6b und 49, 8ba „Ich mache dich zum Bund für das Volk (und zum Licht für die Völker)“ das ursprünglich von Israel Gesagte auf den Ebed übertragen und diesen damit wahrscheinlich zum Individuum machen sollten. In den gleichen Zusammenhang bringt North Jes 50, 10f. und 61, 1ff. Wir hätten es in diesem Fall mit der ältesten *individuellen* Deutung der EJL zu tun. Daß man allerdings auch umgekehrt argumentieren kann, zeigt etwa Westermann (1966) zu Jes 42, 6. Daß das Wort „Israel“ in 49, 3, ob nun ursprünglich oder Glosse, ein *kollektives*

[1] Neuere Übersichten: North (1948, 6–28), de Leeuw (1956, 5–22), Bonnard (Komm. 1972, 46–53), Grelot (1981, 82–137. 190–224).

Verständnis des 2. Liedes bezeugt, wird mehrheitlich angenommen.

De Leeuw (1956) sieht in Jes 56–66 den ersten Kommentar zu den EJL. Jes 65, 8–15 und 66, 14 („Knechte" im Plural für den idealen Kern Israels) würden dann auf ein kollektives Verständnis hinweisen. Bei Sach 12, 10; 3, 8; 6, 12; 9, 9 hält de Leeuw eine Abhängigkeit von den EJL für fraglich.

Der Verweis auf Dan 12, 3 als Echo auf Jes 53, 11 ist alt. Nach Dalman (1888, 31) und Feldmann (1907, 5) ist die Beziehung der beiden Stellen zueinander offensichtlich – die Gesetzeslehrer als konkrete Erscheinung des GK (somit kollektives Verständnis).

In neuerer Zeit hat Ginsberg (1953) dem Passus Dan 11, 33–12, 10 eine kleine Studie gewidmet. Für ihn sind die *maśkīlīm* und die *maṣdīḳē hārabbīm* von Dan 12, 3 niemand anderer als der Ebed, von dem Jes 53, 11 gesagt wird: *jaṣdīḳ ᶜabdī lārabbīm,* was ein *kollektives* Verständnis des Ebed bedingen würde. De Leeuw steht der Argumentation Ginsbergs skeptisch gegenüber, auch deshalb, weil der Versöhnungsgedanke bei Dan fehle. Indes wird sie von Day (1980) nicht nur aufgenommen, sondern (mit Verweis auf D. Winton Thomas, JThS N. S. 6, 1955, 226) auf Dan 12, 4b ausgedehnt, wo ein deutlicher Bezug auf Jes 53, 11 vorzuliegen scheine (s. u. Kap. V zu Jes 53, 11). Damit wäre erneut bestätigt, daß Dan 12 im Ebed den *gerechten Rest in Israel* sieht. Für Soloff (Ber. 1967) ist Dan 12, 3 das einzige sichere altjüdische Zitat aus Jes 53.

Auch der Verweis auf Sir 48, 10 ist alt (Feldmann 1907, 4 f.). Die Abhängigkeit von Jes 49, 6 dürfte unbestritten sein und läßt, in Verbindung mit Mal 3, 23 f., auf eine messianische oder zumindest *individuelle* Deutung von Jes 49, 6 schließen.

Ausführlich geht Ruprecht (1972) auf die Bedeutung des Mischzitats aus Mal 3, 24 (Zusatz) und Jes 49, 6 in Sir 48, 10 ein. Danach belegt Sir 48, 10 „als ältester Kommentar, daß der wiederkommende Elia mit dem GK von Jes 49, 1 ff. zu identifizieren ist . . . Die Stelle bei Jesus Sirach läßt auch ahnen, wie Mal 3, 24 verstanden werden will: Wenn es die Aufgabe des GK, des Propheten der Endzeit ist, Israel zu sammeln, wird er vor allem die Parteiungen innerhalb des Volkes beseitigen und die ‚Väter mit den Kindern' versöhnen" (10).

Als *Bilanz* ergibt sich, daß schon in der ältesten jüdisch-palästinischen Auslegung das individuelle und das kollektive Verständnis der EJL nebeneinander hergingen, wobei jedoch das kollektive zu überwiegen scheint.

Jeremias (1954, 683ff.) registriert in der palästinisch-frühjüdischen Literatur für die insgesamt 19 EJ-Stellen bei Dtjes drei verschiedene Deutungen: die kollektive auf Israel (Jes 41, 8f.; 44,1f. 21; 45, 4; 48, 20; 49, 3), die individuelle auf Jesaja (vor allem 3. Lied; wiederholt begegnende Beziehungen auf andere Einzelpersonen seien ohne Bedeutung[2]) und die individuelle auf den Messias (42,1; 43,10; 49, 6; 52,13; 53,12, von den EJL somit vor allem das 1. und 4.). Als Quellen nennt er Sir 48,10 (mit Vorbehalt), TestBenj 3, 8; äthHen 37–71; Peschitta; Lk 23, 25: „Nachhall der messianischen Deutung von Jes 42,1 im Spätjudentum“ (687f.); Aquila; Theodotion; das Tg zu Jes und die rabbinische Literatur.

β) Das *Targum* zu Jes ist ein Teil des *Targum Jonathan* zu den Propheten[3]. Es ist von J. F. Stenning, The Targum of Isaiah, Oxford, 1949 (mit engl. Übersetzung) und A. Sperber, The Bible in Aramaic III, Leiden 1962, kritisch ediert worden. Die Aufmerksamkeit der Forschung galt vor allem dem in der Übersetzung sich artikulierenden Verständnis des 4. Liedes[4]. Daß es vom Tg *messianisch* gedeutet wird, ergibt sich schon aus der Einfügung „der Messias“ gleich zu Beginn (52,13). Indes machen wir die erstaunliche Feststellung, daß wir es bei Jes 52,13–53,12 nicht mit einer sinngemäßen Paraphrase zu tun haben, wie sie bei den Targumim an der Tagesordnung ist[5], sondern mit einer sinnwidrigen Umformulierung des hebräischen Textes, indem vom EJ (= Messias) systematisch alle Leidenszüge ferngehalten werden. Für diesen Sachverhalt

[2] Dagegen Black (1953), der auf Dtn 18,15 verweist.

[3] Die Bibliographie zu diesem findet sich bei B. Grossfeld, A Bibliography of Targum Literature, Cincinnati I (1972) 57–66; II (1977) 41–46. Die „klassische“ Untersuchung zum Propheten-Tg ist P. Churgin, Targum Jonathan to the Prophets, New Haven 1907 (erschienen 1927). Die neuere Sachlage erörtert van der Kooij (1981) 161–213. Seither siehe noch S. Leivy/M. Aberbach, Studies in Targum Jonathan to the Prophets, New York/Baltimore 1983 (hier auch Nachdruck von Churgin).

[4] Zur Tg-Deutung der ersten drei Lieder siehe Ruprecht (1972) 15–18. In 42,1 gibt das Tg selbst das Stichwort für das messian. Verständnis des 1. Liedes: „Siehe, mein Knecht, der Messias“. Für das 2. und 3. Lied bucht Ruprecht als Ergebnis seiner sorgfältigen Abwägung: „49,1–6 und 50, 4–9 sind also nach targumischem Verständnis nicht Weissagungen, sondern Rede des Propheten von sich selbst, der das Volk auf die messian. Zeit vorbereitet, wobei er alle übrigen Propheten mit einschließt“ (18). Das bedeutet also, daß das 1. und das 4. Lied vom Tg auf den Messias, das 2. und das 3. auf den Propheten bezogen werden.

[5] Vgl. A. Diez Macho, El Targum, Madrid ²1982, 7f.

sind in der Forschung verschiedene Begründungen geltend gemacht worden. Wir müssen auf das späte 19. Jh. zurückgreifen.

Das christliche Gespräch über das jüdische Verständnis von Jes 53 begann vor knapp hundert Jahren mit der grundlegenden und lange Zeit maßgeblichen Untersuchung von Dalman (Ber. 1888), des verdienstvollen Erforschers von Sprache und Heimat Jesu.

Darin „suchte Dalman die These zu erweisen, daß das Spätjudentum bis zum 3. Jh. n. Chr. nichts von einer messianischen Deutung von Jes. 53 und mithin nichts von einem leidenden Messias gewußt habe. Wie bei allen Arbeiten Dalmans steht auch bei diesem Frühwerk unausgesprochen ein dogmatisches Interesse im Hintergrund: er wollte durch seine These die Einzigartigkeit Jesu sicherstellen, der als Erster den verloren gegangenen Sinn des zentralen Kapitels des ganzen A. T.s wieder entdeckte" (Jeremias 1950, 113).

Nach Dalman kam die Vorstellung vom Messiasleiden erst nach dem Tg auf, das er ins 3. Jh. datiert; das 3. bis 6. Jh. ist „als die Zeit des Aufkommens der Lehre vom leidenden Messias zu betrachten", „das 7. bis 10. als die Zeit ihrer weiteren Entwicklung" (91)[6]. Die These Dalmans wurde von zahlreichen Autoren wie Lagrange (1909, 240, vgl. 1931, 386f.)[7], Humbert (1911, 5)[8], StB (I, 481–485; II, 273–299), Brierre-Narbonne[9] (Ber. 1940) über-

[6] Dem pflichtet J. Klausner, Die Messianischen Vorstellungen des jüdischen Volkes im Zeitalter der Tannaiten, Berlin 1904, bei: „In der ganzen messianischen Litteratur des tannaitischen Zeitalters ist keine Spur vom ‚leidenden Messias' zu finden. Sämmtliche vom leidenden Messias handelnde Stellen des rabbinischen Schrifttums, die von G. H. Dalman sorgfältig gesammelt wurden, gehören ohne Ausnahme in das nachtannaitische Zeitalter, wo christliche Einflüsse nicht mehr völlig ausgeschlossen sind" (14). Soloff (Ber. 1967) stellt fest: "Though Messianic references concerning Isaiah 53 begin to appear in Jewish sources of the third and fourth centuries, Christian influence, pro or con, cannot be proved before the fifth century" (Diss. Abstr. 28, 1967/68, 1896-A). – Zu beachten ist dabei, daß in der tannaitischen Literatur mit den „Leiden des Messias" *(ḥeblō šel māšīaḥ)* nicht die Leiden gemeint sind, die der Messias erdulden wird, sondern die seine Ankunft ankündenden Leiden.

[7] Dankbar erwähnt Lagrange, Dalman habe ihm das letzte Exemplar seiner « précieuse brochure » überlassen (239).

[8] Humbert erwähnt seinerseits wieder W. Bacher (Jew. Encycl. XII, 57–63) und Th. Nöldeke (Die semitischen Sprachen, Leipzig [2]1899, 38).

[9] Brierre-Narbonne rechtfertigt seine mit Dalman weithin identische Studie damit, daß Dalman unauffindbar sei.

nommen. Die sich unmittelbar anbietende Erklärung für die Umdeutung, die das Tg am hebräischen Text von Jes 53 vornimmt, kann dann nur die sein, daß dieser nicht mit dem „klassischen" jüdischen Messiasbild vereinbar war. Diese Anschauung ist von AYTOUN (1922) und vor allem von SEIDELIN (1936) ausgearbeitet und begründet worden. SEIDELIN bietet eine synoptische Übersetzung des hebräischen und des Tg-Textes mit Kommentar und kommt, nach Vergleich mit den übrigen jüdischen Exegesen (Midrasch, rabb. Literatur), zum Ergebnis:

„Das Messiasbild, das uns hier [sc. im Tg] begegnet, ist nicht anders als das übliche Messiasbild des Judentums . . . Damit bestätigt sich auch . . ., daß das Messiasbild in Targ. Jes 42,1–7 und namentlich 52,13–53,12 nicht durch Exegese der betreffenden Texte der hebräischen Bibel entstanden ist, sondern dadurch, daß die Texte einem in den Hauptzügen schon längst feststehenden Messiasbild angepaßt wurden" (224–226).

So standen die Dinge bis ungefähr zum Zweiten Weltkrieg. Es waren vor allem die Arbeiten von Joachim JEREMIAS, die eine neue Sachlage schufen. Im Gegensatz zu DALMAN und seinen Nachfolgern findet JEREMIAS (1929, 1950, 1954) die messianische Deutung von Jes 53 einschließlich der Vorstellung des Messiasleidens schon in *vorchristlicher* Zeit im palästinischen Judentum fest begründet. In Abwehr der christologischen Deutung der Kirche wurden jedoch seit dem Beginn des 2. Jh. n. Chr. die Leidensaussagen aus dem Kapitel entfernt, ein Prozeß, der sich im Tg widerspiegelt:

„Der Abschnitt Js 52,13–53,12 steht mit seiner auch für targumische Übersetzungstechnik ungewöhnlichen Freiheit der Paraphrase einzig da in dem sich sonst viel stärker an den hebräischen Text haltenden Abschnitt Tg Js 40–66. Für diese gewaltsame Umdeutung des Textes gibt es nur eine Erklärung: wir haben antichristliche Polemik vor uns . . . Der ganze Abschnitt wird zwar messianisch gedeutet, weil die messianische Deutung von Js 52,13–53,12 so fest eingebürgert war, daß Tg Js sich ihr nicht entziehen konnte, aber die Leidensaussagen werden in brüskem Widerspruch zum Urtext durch das geläufige Messiasbild ersetzt" (1954, 693).

Mit anderen Worten: Ursprünglich rechnete das Judentum mit einem leidenden Messias. In der Auseinandersetzung mit der frühen Kirche ließ es jedoch diese Vorstellung fallen. Erst nach und nach kehrte das rabbinische Judentum zu ihr zurück, und damit befinden wir uns an dem Punkt, bei dem DALMAN einsetzt.

JEREMIAS sieht seine Position durch die *rabbinische Literatur* bestätigt, weil in ihr die gleichen zwei Lieder wie im Targum, nämlich das erste und das letzte, messianisch gedeutet werden.

„Was Js 42,1 ff. anlangt, so ist wesentlich, daß uns eine andere Deutung des GK als die messianische für diese Stelle in der rabbinischen Literatur nicht bezeugt ist. Die messianische Deutung von Js 52,13–53,12 seitens der Rabbinen ist sowohl für die Hoheits- wie für die Leidensaussagen bezeugt" (1954, 693f.).

Nach vereinzelten Belegen aus dem 2.–4. Jh. mehren sich die Bezüge der Leidensaussagen auf den Messias in der nachtalmudischen Zeit, „bleiben jedoch nach wie vor aufs Ganze gesehen spärlich. Die Spärlichkeit der Belege erklärt sich aus dem Widerspruch dieser Messiasvorstellung zur landläufigen, vor allem aber aus dem Gegensatz gegen das Christentum" (695f.). Indes wird dieses Manko nach JEREMIAS aufgewogen durch die Feststellung, „daß sich eine sicher nicht-messianische Deutung von Js 53 in der rabbinischen Literatur des 1. Jt. n. Chr. nicht findet" (696).

JEREMIAS stützt sich für seine These auf die Arbeiten seines Schülers H. HEGERMANN, dessen Göttinger Dissertation ›Jesaja 53 in Targum und Peschitta‹ (1951) bereits vorlag und sich – unter Einbezug der Hexapla – im Druck befand (HEGERMANN 1954). HEGERMANN findet bei allen drei jüngeren griechischen Übersetzern die Deutung von Jes 53 auf den Messias (bei Symmachus, dem Judenchristen, auf den Messias Jesus),

„einhellig bezeugen sie, daß der Messias leidet und stirbt, wobei es sich um ein stellvertretendes Leiden für andere ... handelt ... Nur wenn die messian. Deutung von Jes 53 schon vor dem Auftreten der Nazarener feste Überlieferung war, ist zu verstehen, daß man trotz der christlichen Verwendung von Jes 53 an dieser Auslegung festhielt" (130).

Wir haben demnach nach HEGERMANN eine Tradition des palästinischen Judentums vor uns, die auch auf das griechische Judentum (LXX) und die Peschitta eingewirkt hat:

„Wenn man als Termin des Fixiertseins des LXX-Textes etwa 100 v. Chr. annehmen darf, so reichen diese Deutungstraditionen also bis in die Zeit des 2. Jhdts. v. Chr. zurück. Inhaltlich wurde bis in diese Zeit hinauf übereinstimmend die messianische Auslegung der Perikope bezeugt, und diese Auslegung erstreckte sich nicht nur auf Erhöhungsaussagen, sondern auch auf Aussagen über eine Niedrigkeit und ein Leiden des Knechtes; auch war zumindest in Pesch das Eintreten des Todes ausgesagt. Ebenfalls übereinstimmend wurde das Leiden des Messias als Stellvertretung für die Sünden Israels gedeutet" (131).

Eigene Wege geht lediglich das Tg. Hier stimmt HEGERMANN in der These von der bewußten, durch die christologische Deutung provozierten Verfälschung mit JEREMIAS überein. Er neigt dazu, diese Verfälschung im 3. Jh. n. Chr. anzusetzen (terminus ad quem 333 n. Chr.), glaubt jedoch nachweisen zu können, daß sie an einem bereits *schriftlich fixierten Text* vorgenommen wurde (bes. 121f.).

Hiermit kommt die *Datierung des Targums* ins Spiel. Bis in die dreißiger Jahre behauptete sich die „klassische" Datierung des Tg Jonathan, wonach dieses seine uns vorliegende Fassung im 5. Jh. n. Chr. in Babylonien erhielt[10], wobei immer auch mit einer längeren Entwicklungsgeschichte gerechnet wurde. So nimmt SEIDELIN (1936) an, die *mündlichen* Überlieferungen, die dem im 5. Jh. n. Chr. schriftlich fixierten Tg zugrunde liegen, seien schon im NT wahrnehmbar (194f.). Ähnlich urteilt STENNING:

"In its present form the Targum, of the Prophets like that of Onkelos, on which it is closely modelled, cannot be earlier than the fifth century A.D. A long period clearly elapsed between the first oral translation of the Hebrew and the final form of the written Targum, and during this period of development many changes took place" (IXf.).

In diese Richtung tendierte, wie sich zeigte, auch JEREMIAS (1954): „Die Geschichte der mündlichen Übersetzungstradition, deren Ergebnis Tg darstellt, reicht bis in vorchristliche Zeit zurück" (690f.)[11]. JEREMIAS kann sich neuestens durch E. LEVINE bestätigt sehen, nach welchem die Anspielungen in den offiziellen Targumen von der Herrschaft Johannes Hyrkans in Palästina (135–105 v. Chr.) bis zur Sassanidenherrschaft in Babylon reichen[12].

Grenzten diese Autoren die vorchristliche Herkunft des Tg auf die *mündliche* Überlieferung ein, so gab es immer schon – vor allem jüdischerseits – Gelehrte, die mit vorchristlichen *schriftlichen* Targumen rechneten. So urteilte L. ZUNZ schon 1832: „Geschriebene aramäische Übersetzungen der meisten biblischen Bücher hat es sicherlich schon unter den Hasmonäern gegeben"[13].

[10] S. H. LEVEY, The Date of Targum Jonathan to the Prophets: VT 21, 1971, 186–196, möchte jetzt sogar bis in die Zeit nach der arabischen Eroberung gehen.

[11] Vgl. auch J. JEREMIAS, Ein Anhalt für die Datierung der masoretischen Redaktion?: ZAW 67, 1955, 289f.

[12] The Biography of the Aramaic Bible: ZAW 94, 1982, 353–379, 365.

[13] Die gottesdienstlichen Vorträge der Juden, Berlin 1832. Die Auffassung von ZUNZ macht sich HUTTERER (1938, 4) zu eigen. Zur Redaktion des Prophetentargums erwähnt HUMBERT (1911) E. RENAN, «qui songe aux temps qui précédèrent ou suivirent de peu la naissance de Christ» (5).

Diese Sicht ist seit 1947 durch die Hss.-Funde in der Wüste Juda bestätigt worden. Nachdem in Qumran Tg-Fragmente (vor allem in Höhle 11 ein ansehnliches Stück eines Ijob-Tg [11QtgJob]) gefunden wurden, ist es zur Gewißheit geworden, daß es seit spätestens dem 2. Jh. v. Chr. *schriftliche* Targume gab[14]. So vermutet denn A. Diez Macho, der Habakuk-Pescher habe das Propheten-Tg gekannt[15].

Die neuesten Datierungen des Propheten-Tg sind wieder etwas zurückhaltender. Van der Kooij (1981) erteilt zwar der spätbabylonischen Abfassung eine radikale Absage, läßt aber das Tg erst um 132 n. Chr. in Palästina als Werk eines Einzelgelehrten entstanden sein, ohne auszuschließen, daß der Verfasser gewisse exegetische Traditionen kannte und benutzte (192–197). B. D. Chilton hingegen kehrt zu einem dreistufigen Werdegang zurück, der sich von der frühen tannaitischen bis zur amoräischen Zeit hingezogen hätte[16].

Fand somit die Frühdatierung des Tg durch Jeremias zunehmende Bestätigung, so stieß seine Interpretation des Befundes auf wachsende Kritik. Den Widerspruch eröffnete Fascher (1958). Gegenüber der These von Jeremias, das Tg habe im 2. Jh. aufgrund antichristlicher Polemik eine gewaltsame Umdeutung erfahren, gibt er zu bedenken, daß vor dem 2. Jh. n. Chr. keine jüdische Vorstellung eines leidenden Messias nachweisbar sei (19). Deshalb sei die Tg-Übersetzung auf jeden Fall Exegese, in der die traditionelle Auffassung des Textes stecke (25). Bestätigt werde dies durch das Unverständnis der Jünger gegenüber den Leidensandeutungen Jesu (13). Bei Justin dann gebe Tryphon zu, daß der Messias nach der Schrift *leiden* müsse, aber ein *Gekreuzigter* sei nach dem Gesetz (Dtn 21, 23) ein Verfluchter. Deshalb hält es Fascher – anders als

[14] Vgl. R. Le Déaut, Les études targumiques. Etat de la recherche et perspectives pour l'exégèse de l'Ancien Testament: EThL 44, 1968, 5–34 = De Mari à Qumran. Hommage Coppens, Gembloux 1969, 302–331. Siehe ferner die Übersicht von M. McNamara, Half a Century of Targum Study: Irish Biblical Studies 1, 1979, 157–168. Zum letzten Stand der Diskussion siehe E. Levine: "Some Aramaic translations of scripture may well have emerged 200 B.C.E., at the same time that the Septuagint emerged to serve the needs of Greek-speaking Jews" (a. a. O. 356).

[15] A. a. O. (Anm. 5) 93f., mit älterer Lit., in der aber P. Kahle, Die Kairoer Geniza, Berlin 1962, 208–210 nicht genannt ist.

[16] The Glory of Israel. The Theology and Provenience of the Isaiah Targum, Sheffield 1983.

Jeremias (1954, 695) – nicht für erwiesen, daß Justin gegen Tryphon deshalb so oft mit Jes 53 operiert, weil er diesen Text als gemeinsame Ausgangsbasis ansieht (25).

Nuanciert schon Fascher die Ergebnisse von Jeremias, so werden sie mit wachsendem Abstand zunehmend in Zweifel gezogen. Rese (1963) überprüft sie Punkt für Punkt. Er stellt fest, daß sich weder für die Peschitta noch für die drei jüngeren griechischen Übersetzungen ein messianisches Verständnis von Jes 53 zweifelsfrei nachweisen lasse. Aber auch das Tg gebe für das Alter des messianischen Verständnisses der Leidenszüge nichts her. „Bei der späten Fixierung des Tg (5. Jh. n. Chr.) kann sich in der langen Geschichte der Überlieferung vieles abgespielt haben, worin heute kein Einblick mehr zu gewinnen ist“ (39).

Dabei gehen die Autoren, wie es scheint, unbefangen von der Voraussetzung aus, daß im Tg mit dem Ebed-Messias ein Individuum gemeint ist. Kaum beachtet scheint der Hinweis von Hruby (1965) geblieben zu sein, wonach das 4. EJL vom Tg kollektiv-messianisch verstanden werde, eine Deutung, die sich schon durch den Kontext von Jes 52 nahelege:

„Gewiß interpretiert das Tg den Jesajatext im messianischen Sinn, aber es bezieht ihn in erster Linie auf das jüdische Volk als Ganzes, auf das Volk, das im Exil gelitten hat und dessen Verherrlichung in der Bestrafung der anderen Völker durch den Messias besteht, der die Züge eines siegreichen Feldherrn trägt“ (101).

In einer gründlichen Untersuchung hat K. Koch (1972) die Problematik um das Jes-Tg neu aufgerollt. Er trifft zunächst die Feststellung: „Bis zum Beweis des Gegenteils ist anzunehmen, daß der Prophetentargum mit der Hauptmasse seines Materials in vorchristliche Zeit zurückreicht“ (120f.)[17].

Ebenso entschieden verwirft aber Koch die These von Hegermann und Jeremias, die im Tg ursprünglich belassenen Leidensaussagen seien nachträglich durch antichristliche Polemik getilgt worden[18]. Nach Koch haben die genannten Autoren den Übersetzungsgrundsätzen des Tg nicht genügend Rechnung getragen.

[17] Auch Feuillet (1975) pflichtet bei, wenn er von der Anwendung von Jes 53 auf den Messias sagt: «Cette application est antérieure à l'ère chrétienne, car l'usage que faisaient les disciples du Christ de cette exégèse messianique n'aurait pu que détourner les Juifs de l'admettre» (162).

[18] Dieser Auffassung widerspricht auch Grelot (1981). Indes erklärt er

U. a. werden im Tg kollektive Singulare des hebräischen Texts pluralisch übersetzt, prophetische Metaphern durch die damit gemeinte Sache ergänzt oder ersetzt, verschlüsselte Andeutungen durch den Targumisten entschlüsselt, Anthropomorphismen getilgt. Das hat zur Folge, daß der aramäische Text von Jes 53 zwar wortreicher, aber dennoch „viel straffer aufgebaut ist als der hebräische. Aus dem Leben des GK, der als Messias verstanden wird, werden deutlich markierte Stationen hervorgehoben . . . Von allen Taten des Messias wird am nachdrücklichsten sein Wirken zur *Sündenvergebung* herausgestellt . . . Der Gedanke eines durch Wort und Tat sündenvergebenden Messias ist sonst in spätisraelitischer Zeit und nachher bei den Rabbinen nirgendwo mit Sicherheit zu greifen. Im NT freilich tritt er umso stärker hervor" (147f.). Zwar rechnet der Targumist vermutlich noch nicht mit dem gewaltsamen Tod des geweissagten Knechtes, aber er läßt diesen Ausgang doch offen. „So hindert nichts, die Notiz vom Sterben des Messias 4Esr 7, 29 ebenso von einer Auslegung unseres Targumkapitels abzuleiten wie die Bekenntnisformel 1Kor 15, 3 ‚Christus ist für unsere Sünden gestorben nach der Schrift'" (148).

Unabhängig von KOCH machte im gleichen Jahr 1972 RUPRECHT für die Tg-Übersetzung von Jes 53 jüdische Denkformen verantwortlich. Nach ihm galt Jes 53 im vorchristlichen Judentum als ein „dunkler" Text, der nicht zu den synagogalen Lesungstexten gehörte und für den es keine allgemein anerkannte Deutung gab. Unter der Voraussetzung, daß sich der Text auf den Messias beziehe, stelle die Umdeutung des Tg lediglich die äußerste für das damalige Judentum erträgliche Auslegung dar. „Es wäre falsch, in dieser gewaltsamen Umdeutung des Textes einfach nur polemische Boshaftigkeit zu sehen. Vielmehr handelt es sich um eine äußerste Möglichkeit, die nach dem Verständnis dieser Zeit durchaus noch im Rahmen legitimer Schriftauslegung blieb" (19).

Ergebnis. Nach dem Zeugnis des Tg scheint das palästinische Judentum zur Zeit Jesu das 1. und 4. EJL auf den Messias, das 2. und 3. auf den Propheten bezogen zu haben. Dabei ist jedoch das 4. Lied weniger an den Leiden als an der Verherrlichung des Messias interessiert. Daß dieser Messias als Einzelpersönlichkeit verstanden wurde, darf nicht als selbstverständlich angenommen werden.

die Tg-Fassung (die er in die Zeit der Amoräer datiert) aus dem Kontext des nach der Zerstörung des Tempels sich reorganisierenden Judentums und der Auseinandersetzung mit der christlichen Verkündigung (222f.).

Mit Alter und Intention des (mündlichen oder schriftlichen) Tg hängt natürlich auch die Frage zusammen, wieweit sich das Tg in Vorstellungen und Formulierungen des NT widerspiegelt. Mit einer Beeinflussung von Joh 12, 32. 34 durch Tg Jes 52, 13 rechnet CHILTON (1980).

b) Das hellenistische Judentum

Ist die christliche Erforschung des palästinischen Judentums an der Frage interessiert, welches Verständnis der EJL bei Jesus und den palästinischen Jüngergemeinden vorausgesetzt werden kann, so tangiert das Verständnis des hellenistischen Judentums die christliche Verkündigung in der jüdischen Diaspora.

Mehrere Autoren haben sich der Frage zugewandt, ob sich in *Weish* ein Kommentar zu Jes 53 finden läßt. E. König findet, daß Weish 4 „entschieden mit Jes. 52, 13–53, 12 parallel geht“ [19]. Großen Wert mißt vor allem Jeremias (1954) dem von Weish entworfenen Bild des Gerechten bei. In Weish 4, 20 ff. wird nach ihm „Zug um Zug auf Jes 52, 13 ff. angespielt... Der παῖς ϑεοῦ von Jes 52, 13 ff. gilt also der Sap als Typus des Gerechten. Offensichtlich war demnach dieser Schrift die kollektive Deutung von Jes 53 geläufig“ (682). Auch nach Suggs (1957) hätten wir es in Weish 2, 10–5, 23 mit einer Predigt zu tun, in der – allerdings ohne das Motiv der Stellvertretung – die Leiden des verfolgten Gerechten nach dem Vorbild des leidenden Knechts von Jes 53 beschrieben werden. Erheblich vorsichtiger sind North (1948, 8), de Leeuw (1956, 8) und Bonnard (Komm. 1972, 49).

Als der Zeuge *kat' exochen* für die im hellenistischen Judentum dominierende Deutung der EJL gilt indes die *Septuaginta* (LXX). Grundlegend, wenn auch nicht unbestritten, war die Untersuchung von Euler (1934). Er geht von Apg 8, 26 ff. aus und überlegt, daß Philippus dem Kämmerer gegenüber nicht aufgrund des hebräischen, sondern eines griechischen, möglicherweise des LXX-Textes argumentierte. Deshalb ist nach Euler zu fragen: „Welche Gedanken mußte sich ein Jude über Jes 53 machen, wenn er nur den LXX-Text von Jes 53 vor sich hatte und ihn allein nur lesen konnte?“ (1 f.)[20]. Indes bezieht Euler auch die drei jüngeren griechischen Übersetzungen in seine Untersuchung ein, weil sie uns helfen, über unsere christliche LXX der jüdischen LXX näherzukommen.

Euler geht dabei von der Annahme aus, die drei jüngeren Übersetzungen hätten nicht nur die LXX nach dem hebräischen Text korrigiert, sondern auch aus der LXX übernommen, was ihnen nicht korrekturbedürftig er-

[19] Die messianischen Weissagungen des Alten Testaments, Stuttgart ²1925, 330.

[20] Zu Jes 53 LXX siehe früher Zillessen (1905).

schien, so daß wir durch die gemeinsame Überlieferung der drei Griechen und der LXX zu einem älteren, uns nicht mehr bekannten LXX-Text geführt werden können.

Den Hauptunterschied zwischen der LXX und den drei Griechen sieht EULER darin, daß bei diesen der Ebed dem Kyrios gegenüber immer nur Mensch bleibe, während er in der LXX von Anfang an transzendente Züge annehme, die nach seinem Tod auf eine Gottessohnschaft hinführten. Andererseits werde die Deutung des Ebed auf Jesaja, mit der die LXX (wie Apg 8, 34 zeigt) rechnet, von den drei Griechen ausgeschlossen. Deren Deutung komme der rabbinischen nahe; ihre Auslegung sei nichts anderes als gräzisierter Rabbinismus.

Nach ZIMMERLI (1954) unterstreicht die Einfügung von Ἰακώβ Ἰσραήλ in 42, 1 für das 1. Lied die kollektive Deutung der LXX; das gleiche ist für 49, 1–6 anzunehmen (auch LXX hat in 49, 3 „Israel"). Für das 3. Lied „50, 4–9 gibt es keinen eindeutigen Hinweis für das Verständnis des Übersetzers. Dagegen dürfte 52, 13–53, 12 von der LXX auf eine Einzelperson gedeutet worden sein". Ja, es gibt Hinweise dafür, daß der griechische Übersetzer in dem Lied eine messianische Gestalt beschrieben findet, „auf deren Kommen er wartet. Auf letzteres kann die vom H(ebräischen) T(ext) deutlich abweichende Übertragung von 52, 14 f. durch Futura deuten", zudem in 53, 2 die Übersetzung von *jōnēḳ* durch das von Jes 9, 5 her messianisch belastete παιδίον (675 f.). Ferner muß das mehrfach (52, 13. 14b. 14c; 53, 2) anklingende Stichwort δόξα auffallen, das im hebräischen Text kein vollgültiges Äquivalent hat.

„Hier ist von einer Gestalt die Rede, die durch ihre Kindesnähe zu Gott eine heimliche δόξα besitzt. Vor Menschen allerdings erscheint der παῖς als eine erniedrigte und ehrlose Gestalt. An den menschlichen Maßstäben von Herrlichkeit gemessen, hat er keine Herrlichkeit. Durch ein Wort Gottes aber bekommt der παῖς das Wissen um seine Herrlichkeit – ja mehr als nur das Wissen. Durch seine Niedrigkeit und sein Sterben infolge des Unverständnisses der Menschen führt ihn Gott zur Erhöhung und Verherrlichung" (676). Zwar warnt ZIMMERLI davor, das δόξα-Moment überzubewerten. „Deutlich ist jedoch zu erkennen, daß auch LXX an ein Leiden des παῖς denkt, das bis in den Tod führt. Die auf diesen Tod folgende Erhöhung, deren Beschreibung mit dem Bildgut des HT geschieht, ist aber über die Aussagen des HT hinaus dadurch gekennzeichnet, daß an den Gottlosen zur Vergeltung für die Tötung des παῖς Gericht gehalten wird" (ebd.).

Mit großer Sorgfalt hat RUPRECHT (1972, 23–46) in Auseinandersetzung mit J. Ziegler[21], Euler (1934), Nyberg (1942), I. L. Seeligmann[22], Zimmerli (1954) und Hegermann (1954) die Diskussion um die LXX-Übersetzung von Jes 53 und die LXX-Deutung der EJL insgesamt wieder aufgegriffen.

Die *Qualität* der Übersetzung kann nach Ruprecht beim heutigen Stand der Forschung dahin gehend beurteilt werden, „daß die LXX nicht mechanisch übersetzt, sondern sich intensiv bemüht, zu verstehen und verständlich zu machen. Auch wo das eigene Denken des Übersetzers deutlich hervortritt, ist seine Deutung doch offenbar aus der Bemühung um den ihm vorliegenden Text herausgewachsen. So sehr er seiner Vorlage verpflichtet ist, scheut er dabei vor leichten Konjekturen nicht zurück . . . Gewaltsame Umdeutungen entgegen dem offenbaren Textsinn wie im Tg zu Jes 53 sind LXX fremd" (34). Diesem Urteil pflichtet Grelot (1981) bei, wenn er vom Übersetzer sagt: « il se comporte moins en traducteur exact qu'en adapteur, assez proche du livre sacré pour qu'on le taxe pas d'infidélité à son message, mais assez libre pour qu'il puisse devenir à son tour un ‹créateur de sens› » (114).

Zur *Auslegung* selbst läßt sich nach Ruprecht zusammenfassend sagen, „daß in den griechischen Übersetzungen von Jes 52, 13–53, 12 eigene Deutung nur in der Wahl der Tempora sicher nachweisbar ist. Durchgehend wird der Knecht als eine Gestalt gesehen, deren Leiden und Sterben in der Vergangenheit liegt, deren Verherrlichung vor aller Welt aber noch aussteht als ein Ereignis der Zukunft. Angesichts der fragmentarischen hexaplarischen Überlieferung läßt sich darüber hinaus nur für die LXX Sicheres sagen. Hellenistisch-jüdisches Denken zeigt sich in dieser Übersetzung deutlich in der Vorstellung, daß bei dem Tode des Knechtes seine Seele gen Himmel fuhr. Diesen Gedanken entnimmt LXX dem Text, ohne ihn zu vergewaltigen. Absichtliche Umdeutung ist überhaupt nirgends spürbar. Vielmehr spiegelt die LXX ein von den Denkvoraussetzungen des hellenistischen Judentums geprägtes besonderes Verständnis des Textes. In dem Knecht hat man anscheinend den Propheten selbst gesehen. Die Gemeinde der LXX hat sich selbst mit eingeschlossen in das Schuldbekenntnis, den Propheten und seine Botschaft verachtet zu haben und so mitzutragen an der Schuld derer, die das Leiden des Propheten verursachten. In 42, 1 dagegen will ein Zusatz die Deutung auf Israel und die missionarische Aufgabe der jüdischen Gemeinde sicherstellen. LXX hat sicherlich 49, 1–6 in gleicher Weise verstanden als Beauftragung Israels zur Proselytenmission. Einige Glossen im hebräischen Text erlauben die Vermutung, daß es sich bei der Deutung von 42, 1 ff. und 49, 1 ff. auf Israel um eine der LXX vorgegebene Auslegungstradition handelt, die sich verfolgen läßt bis in die Apostelgeschichte des Lukas" (44 f.). Für 50, 4–9 sind nach Ruprecht (39)

[21] Untersuchungen zur LXX des Buches Isaias, Münster 1934.
[22] The Septuagint Version of Isaiah, Leiden 1948.

keine deutenden Elemente erkennbar. Messianische Deutung hält er in 52, 13–53, 12 für ausgeschlossen[23].

In diesem Zusammenhang wird auch die Frage aufgeworfen, ob wir für die LXX des Jes-Buches mit *zwei* oder nur mit *einem Übersetzer* zu rechnen haben und ob hinter der Übersetzung eine geschlossene Konzeption zu suchen ist. Die Diskussion referiert VAN DER KOOIJ (1981, 31–65). Er läßt die Jes-LXX um 140 v. Chr. in Leontopolis entstanden sein (71–73), und zwar als Werk nur eines Übersetzers, der Schriftgelehrter und Priester war, Anhänger des hohenpriesterlichen Geschlechts der Oniaden (61–65). Gegenüber der These, die Exegese des Übersetzers sei atomistisch, wie sie vor allem von SEELIGMANN gegen EULER vertreten wurde, hält VAN DER KOOIJ an der thematischen Einheit der Jes-LXX fest. Die von RUPRECHT (42f.) nach L. DELEKAT[24] erwogene Möglichkeit, Jes-LXX könnte eine Sekundärübersetzung aus dem Aramäischen sein, schließt VAN DER KOOIJ (29–31) aus.

Ergebnis. Die uns in der LXX greifbare Auslegung der EJL durch das hellenistische Judentum zeigt für das 1. und das 2. Lied eindeutig ein kollektives Verständnis des Ebed, für das 3. läßt sich nichts Bestimmtes sagen. Das 4. Lied scheint individuell auf den Propheten bezogen worden zu sein.

c) Qumran

Zwar gehört auch die Sekte von Qumran zum Bereich des palästinischen Judentums. Im Hinblick auf ihre Sonderstellung empfiehlt es sich jedoch, sie getrennt zu behandeln. Es wäre nicht verwunderlich, im Gegenteil sogar zu erwarten, daß der „Lehrer der Gerechtigkeit" die EJL im individuellen oder die Gemeinde sie im kollektiven Sinn auf sich bezogen hätte. Davon hat sich jedoch bis heute in den Texten keine Spur gefunden. Wir besitzen aus Qumran zu den EJL keinen *Pescher*[25], 4QTest (eine Katene messianischer Texte) enthält keinen Text aus den EJL, und auch die üb-

[23] Indes mag man – im Anschluß an G. BERTRAM, Praeparatio evangelica in der Septuaginta, VT 7, 1957, 225–249, 237f. – in der Bevorzugung von παῖς gegenüber δοῦλος in den EJL (ausgenommen dem 3.) und bei Dtjes insgesamt durch die LXX messianische Intention erkennen.

[24] Ein Septuaginta-Targum: VT 8, 1958, 225–252.

[25] Siehe die Zusammenstellung sämtlicher bisher veröffentlichter Pescharim bei M. P. HORGAN, Pesharim: Qumran Interpretation of Biblical Books, Washington 1979.

rigen Qumranschriften, in denen sich das Selbstbewußtsein der Gemeinde ausspricht, etwa die Gemeinderegel oder die Loblieder, nehmen darauf nur spärlich Bezug[26]. Daß das Vorkommen der Titel „Knecht" oder „Erwählter" in sich noch nichts besagt, hat Grelot (1981, 127) betont. Der einzige Text, dem Grelot (ebd. 127f.) die Chance gibt, ein Echo auf die EJL (Jes 50, 4) zu sein, ist 1QH VIII, 35f.: „Aber die Zunge hast du gestärkt in meinem Mund ... eine [Jüng]erzunge [...] zu beleben den Geist der Strauchelnden und den Müden zu erquicken durch das Wort."

Wie die Qumrangemeinde die EJL verstanden hat, darüber können somit allein die beiden Jes-Hss. Q^a und Q^b dürftigen Aufschluß geben. Die einschlägigen Untersuchungen sind Barthélemy (1950, bes. 546–548), Lindblom (1951b), Brownlee (1953/54) und Rubinstein (1954).

Als interpretative Varianten kommen vor allem die folgenden in Frage:

Jes 42, 1

Q^a *mšpṭw* für MT *mšpṭ*.

Barthélemy 1950, 547: « Peut-être l'expression ‹*sa* religion› choquait-elle certains Sophérim, surtout placée comme elle est: en première ligne du chant.» B. weist allerdings darauf hin, daß MT in V. 4 kein Bedenken trug, von *tōrātō* des Ebed zu sprechen. Rubinstein (1955) äußert sich skeptisch zu dieser Spekulation. "Whether the Scroll reading *wmšpṭw* is original or not is a question which, in our opinion, does not admit of a definite answer, but in either case the tenor of the passage would not be radically affected" (200).

Lindblom (1951) liest mit der offiziellen Ausg. von M. Burrows u. a. (New Haven 1950) *mšpṭj* und bemerkt, ein Bedeutungsunterschied gegenüber dem MT liege nicht vor. „Durch das Suffix wird nur stärker betont,

[26] Es sei denn, man wolle mit Brownlee (1954) einen solchen in 1QS IV, 15–23 und (so schon Black 1953) in VII, 5–10 finden. Weitere Bezüge, aus denen hervorgehen würde, daß der Lehrer der Gerechtigkeit sich als EJ betrachtete, bei Brownlee 1956/57, 18–20. Bruce (1959, 50–56) hält es für erwiesen, daß nicht nur die Gemeinde als Ganze sich in der Rolle des EJ sah, sondern daß sie diese auch den beiden Messias zuerkannte. Hingegen findet Carmignac (1959/60) in den Hymnen lediglich sechs deutliche Bezüge auf die EJL und hält es – gegen Brownlee und A. Dupont-Sommer (Les écrits esséniens découverts près de la Mer Morte, Paris 1959, 371–377) – für unwahrscheinlich, « que l'auteur des *Hymnes* se considérait comme la réplique du ‹Serviteur de Yahwèh›» (393).

daß das in Frage kommende Recht Jahwes Recht ist. Hier kann man also eine verdeutlichende Tendenz spüren" (236).

Jes 42, 4

Q[a] *wltwrtjw* für MT *wltwrtw*.

LINDBLOM (1951) bringt die Variante mit der Herkunft des Ms. aus einer Brüderschaft in Verbindung: „Dem Schreiber erschien es in diesem Zusammenhang natürlicher, von *Gesetzen* als vom *Gesetze* zu reden" (237).

Jes 49, 3

Daß sowohl Q[a] als auch Q[b] das umstrittene *jśrʾl* haben, hat besonderes Aufsehen erregt. Zu seiner Interpretation siehe Kap. V. z. St.

Jes 49, 5

Q[a] *lw* für MT *lʾ* (Lücke in Q[b]).

LINDBLOM 1951, 239: „Bekanntlich haben mehrere gute Textzeugen *lw*, was auch LXX voraussetzt und von vielen Kommentatoren bevorzugt wird. Beide Lesarten geben einen guten Sinn, da das Verb *ʾsp* sowohl *versammeln* wie *wegraffen* bedeuten kann. Die Wahl ist schwer zu treffen. Wir müssen uns damit zufrieden geben, daß wir einfach feststellen, daß zwei ziemlich gleichwertige Texttraditionen vorliegen."

Jes 50, 6

Q[a] *mṭljm* für MT *mrṭjm*.

GUILLAUME (1957) denkt an *mṭl* (Metathese ohne Sinnveränderung): "In Arabic *maraṭa* and *malaṭa* are synonyms foir hairlessness", GUNDRY (1956/60) an *mṭl* "to beat or to strike" (wobei aber Mk 14, 65 die Form für ein Hi. von *ṭll* „zudecken" gehalten hätte). Nach HEMPEL (1964) läge Hi. von *ṭll* „fallen" vor: „Punktiere *limṭillim*", und demnach die Übersetzung: Meinen Rücken gab ich preis denen, die mich schlagen, und meine Backen denen, die mich zu Fall bringen.

KBL 359 verweist auf *ṭll* II Hi. „verletzen", CARMIGNAC (1968) nimmt eine ursprüngliche Wurzel *sṭr* an, die auf verschiedenen Wegen in Qumran zu *mṭl*, im MT zu *mrṭ* geworden wäre.

Q[a] *hsjrwtj* für MT *hstrtj*.

LINDBLOM 1951, 241: „Wir haben hier wieder zwei parallele Textformen, die beide einen guten Sinn geben."

Jes 52, 14

Q[a] *mšḥtj* für MT *mšḥt* (hingegen Q[b] = MT).

Eine lebhafte Diskussion provozierte BARTHÉLEMY (1950) mit seinem Vorschlag, dies als *māšaḥtī* zu lesen, « ce qui nous donne:

> Tandisque beaucoup demeuraient atterrés devant tes malheurs, Moi, par mon onction, je lui donnais une prestance plus qu'humaine, sa splendeur éclipsait les fils d'Adam » (546),

was der Stelle einen messianischen Sinn gäbe.

Am dezidiertesten machte sich BROWNLEE (1953) diesen Vorschlag zu eigen und begründete ihn mit dem Hinweis, daß die MT-Lesung *mšḥt (mišḥat)* als st. cstr. sowohl von *mišḥāh* „Salbung" wie auch von *mišḥāt* „Entstellung" verstanden werden könne. Die Qumrangemeinde habe diese Zweideutigkeit zugunsten der ersten Möglichkeit entscheiden wollen (10f.). Übersetzung demnach:

> As many were astonished at you –
> *I* so *anointed* his appearance beyond any one (else) and his form beyond that of (other) sons of men –
> So shall he sprinkle many nations because of himself . . .

Darüber kam es zu einem Duell zwischen BROWNLEE und J. REIDER[27]. BROWNLEE fand die Gefolgschaft von NOETSCHER[28], CHAMBERLAIN (1955, 369 Anm. 1) und SOGGIN[29] (sofern es sich nicht um einen bloßen Schreibfehler handele). SKEHAN (1955) sieht die Position von REIDER bestätigt durch die Jes-Fragmente aus Höhle 4: "*mošḥ*ᵃ*tî* is the form in Is 52, 14 DSIa, and it has nothing to do with anointing" (158). Auch für BROWN (1957, 76f.) steht die Argumentation BROWNLEES auf schwachen Füßen, ebenso für PAYNE (1971). Zu RUBINSTEIN (1954) und GUILLAUME (1957) siehe Kap. V. z. St.

Jes 53, 8f.

Hier hat Qᵃ interessante Varianten. In V. 8 liest sie *ᶜmw* für MT *ᶜmj* und *nwgᶜ* für MT *ngᶜ*.

LINDBLOM 1951, 245: „Meiner Meinung nach sind alle Änderungen des MT unnötig und unerlaubt."

Eine weitere bedeutsame Variante in V. 9: Qᵃ*wᶜm ᶜšjrjm bwmtw* für MT *wʾt ᶜšjr bmtjw*. Zur diesbezüglichen Diskussion s. Kap. V. z. St.

Über die Interpretation der EJL durch die Qumrangemeinde lassen diese spärlichen Indizien nur sehr vorsichtige *Schlüsse* zu. Für die ganze Hs. glaubt BARTHÉLEMY (1950, 546–549) aus mehreren Varianten entnehmen zu können, daß die Messiaserwartung der

[27] BASOR 134, 1954, 27f.

[28] VT 1, 1951, 301.

[29] Introduzione all'Antico Testamento, Brescia ²1974, 416.

Gemeinde auf die Kapitel 41–53 von Q[a] abgefärbt hat. Im besonderen ist er geneigt, das Suff. *mšpṭw* in Jes 42,1 dahin gehend zu interpretieren, daß der Ebed näher an Jahwe herangerückt werden sollte. Auch Chamberlain (1955, 368f.) sieht in der Variante einen Beleg für die Identifizierung des EJ mit dem Messias. Andererseits läßt sich aus Q[a] 52,14 wohl doch nichts Messianisches herausholen (s. o.).

2. *Die jüdische Auslegung von der rabbinischen Zeit bis zur Gegenwart*

a) Das erste christliche Jahrtausend

Eine Übersicht über die jüdische Auslegung der EJL im 1. Jt. hat in jüngster Zeit vor allem Ruprecht (1972) zu geben versucht. Diese ist für ihn schwer greifbar, denn

> „in der jüdischen Literatur der ersten nachchristlichen Jhh., wie sie uns in talmudischen Schriften überliefert ist, gibt es keine Auslegung der uns interessierenden Texte. Die gelegentliche Zitation von Einzelversen als Beweisstellen läßt bei der atomistischen Auslegung keinen Schluß darauf zu, wie man den Zusammenhang verstand, aus dem das Zitat stammte. Dagegen zeigt die Einteilung des biblischen Textes in Paraschen, daß man Jes 42,1–4; 49,1–6; 50,4–11; 52,13–53,12 jeweils als Sinnabschnitte bei der fortlaufenden Lektüre angesehen hat. – Eine zusammenhängende jüdische Auslegung von Jes 40ff. aus dem ersten Jt. n. Chr. gibt es nicht, da kein Midrasch zu Jes schriftlich überliefert worden ist. Schriftlich überlieferte jüdische Auslegungen gibt es erst wieder im MA. Deshalb geht die weitere Darstellung in einem scheinbar großen Sprung gleich in diese Zeit hinüber" (59).

Dennoch sind Versuche gemacht worden, zusammenfassende Übersichten über die rabbinische Auslegung zu geben. Soweit sie allerdings von christlichen Forschern stammen, sind sie gewöhnlich von apologetischen Interessen bestimmt: sie sind bestrebt aufzuzeigen, in welcher Weise sich die Rabbinen dem christologischen Sinn der EJL und den sich daraus ergebenden Konsequenzen zu entziehen suchten. Die besondere Aufmerksamkeit gilt auch dabei dem 4. Lied.

Hier ist wieder an erster Stelle Dalman (Ber. 1888) zu nennen. Er läßt sich bei seinem Gang durch die jüdische Exegese des 1. christlichen Jt. von der Frage leiten, wann die Vorstellung eines leidenden und sterbenden Messias bei den jüdischen Auslegern Fuß faßte und welche Umstände dazu führten. Auf sein Ergebnis wurde schon hingewiesen (oben S. 37): Die Vorstellung vom Messiasleiden kommt erst nach dem Tg (d. h. frühestens im 3. Jh. n. Chr.) auf, denn dieses bezieht alles, was in Jes 52,13–53,12 vom Leiden des Knechtes Jahwes gesagt wird, entweder auf das Volk Israel oder auf die Gottlosen in Israel, auf die Völker oder endlich auf den Tempel.

„Wo es vom Messias verstanden wird, verwandelt es sich in bloße, Vergebung wirkende Fürbitte (53, 4. 5. 6. 7. 11. 12) oder wird in sein Gegenteil verkehrt (53, 2). Das einzige, was davon übrig bleibt, ist die Verachtung des Messias am Anfange seines königlichen Auftretens (53, 3), die aber mit der Besiegung der Verächter sofort endet" (48).

Viel breiter angelegt, aber auch noch stärker von kontroverstheologischen Intentionen bestimmt als Dalman ist die zweibändige Sammlung jüdischer Texte zu Jes 53 durch A. Neubauer († 1907), veranlaßt durch E. B. Pusey, Inhaber des Regius-Lehrstuhls für Hebräisch in Oxford, ein monumentales, die Quellen von der LXX bis zum 19. Jh. erfassendes Werk, an dessen Übersetzung ins Englische S. R. Driver († 1914), der Pusey auf dem Lehrstuhl nachfolgte, maßgeblich beteiligt war (vgl. oben Kap. I). Da die Texte jedoch aus ihrem literarischen, historischen und geistesgeschichtlichen Kontext herausgelöst dargeboten werden, hat die Sammlung nur einen begrenzten Wert.

In einer kommentierenden Einleitung versucht Pusey, ein Gesamtbild der jüdischen Exegese von Jes 53, wie es sich aus den Texten ergibt, zu entwerfen (Bd. II, S. III–LXV). Allerdings haben wir es dabei nicht nur mit einer Bilanz, sondern auch mit einer Kontroverse zu tun. Wie zu erwarten, beurteilt Pusey das von Neubauer gesammelte Material von einem selbstsicheren christlichen Standpunkt aus. Zur Vielfalt jüdischer Auslegung von Jes 53 lautet sein Urteil lapidar: "error is manifold, truth but one" (LXV). Er läßt uns auf 30 Druckseiten einem spannenden jüdisch-christlichen Gespräch beiwohnen, in dem alle jüdischen Argumente gegen die christologische Deutung von Jes 53 ausgebreitet, analysiert und – im Sinn der christlichen Vorentscheidung – Stück für Stück *ad absurdum* geführt werden.

Die jüdische Auslegungsgeschichte, wie sie sich aus den Texten ergibt, faßt Pusey so zusammen: "The interpretation which survived the longest was that which explained of the Messiah the first three verses of the section (52,13–15)" (XLII). Die Rabbinen, die den *ganzen* Text auf den Messias bezogen, sahen sich mit der großen Schwierigkeit konfrontiert, wie der Messias sterben könne. Dies führte einzelne Rabbinen dazu, die Aussage vom Tod des Knechts von einer bloßen Bereitschaft oder Nähe zum Tod zu verstehen oder den letzten Vers der Perikope (53,12) auf Mose zu beziehen (XLIV). Mit der Deutung auf das israelitisch-jüdische Volk aber waren alle Schwierigkeiten behoben. PUSEY setzt die Wende bei RASCHI an (ebd.)[30].

PUSEY hält es für wahrscheinlich, daß dafür die Judenmassaker von 1096 in Speyer, Worms, Mainz und Köln mitbestimmend waren. Die Zeitläufte boten den Juden reichlich Gelegenheit, sich als die unschuldig Leidenden zu verstehen. "The interpretation was received by most subsequent commentators" (XLV). Gegen die christologische Deutung werden in dieser Zeit wieder neue Argumente vorgetragen, z. B. daß bei Jesus nicht von „Samen" (53,10) die Rede sein könnte, da er keine leiblichen Nachkommen gehabt habe.

Abschließend qualifiziert PUSEY die in seinem Werk gesammelten Zeugnisse als "prominent misinterpretation" (LX).

Verfolgen NEUBAUER-DRIVER und DALMAN bei begrenzter Thematik ein christlich-apologetisches Ziel, so bietet FISCHEL (1944) einen summarischen Überblick über die jüdische Auslegung aller vier Lieder bis ins 20. Jh. Er beendet seinen Bericht mit der Feststellung, „daß es keine einheitliche Tradition der Auslegung gibt, die man als *die* jüdische Auslegung bezeichnen könnte" (72). Insgesamt werden die Lieder von den Juden weniger isoliert betrachtet als in der modernen kritischen Exegese, sondern stärker von ihrem Kontext her bestimmt. Deshalb wird auch ihrer genauen Abgrenzung relativ wenig Beachtung geschenkt. Hinsichtlich der Deutung lassen sich drei Gruppen unterscheiden. Die größte und für die jüdische Auslegung typischste Gruppe stellt die Frage, wer der Ebed sei, für jedes Lied gesondert. „Die zweite Gruppe innerhalb der jüd. Auslegung deutet einheitlicher und systematischer" (55). Für sie ist der Ebed vom Kontext her gesehen entweder Jes oder Israel. Eine dritte Position wird lediglich von Abraham IBN ESRA eingenommen: der Ebed ist der Prophet, dem wir den 2. Teil des Jesajabuches verdanken. „Er lebte im babylonischen Exil in Elend und Verachtung und wurde ‚zur Zeit der Gnade' (49,7), d. h. unter Cyros' Herrschaft mit der Befreiung aus dem Exil erhöht (49,7–8)" (56). In der ersten Gruppe nimmt die Deutung auf den

[30] Daß die Deutung von Jes 53 auf das jüdische Volk durch RASCHI jedoch nichts Neues war, ergibt sich u. a. aus ORIGENES (C. Celsum I, 55), der ihr schon im Gespräch mit einem großen jüdischen Gelehrten begegnet sein will (siehe auch oben III. A. 1).

Messias einen breiten Raum ein (61). In jedem Fall kommt Kap. 53 in der jüdischen Auslegung eine besondere Bedeutung zu, „weil dieses Kapitel weitgehend der christlichen Deutung auf Jesus entgegenkam" (57). Statistisch läßt sich sagen, daß unter den uns bekannten Auslegungen zu Jes 53 mehr als 40 im Ebed Israel sehen, mehr als 20 den Messias, mehr als 10 den oder die Gerechten" (65).

Indes sind, bei aller Verschiedenheit der Identifizierung des Ebed, „gewisse Theologumena . . . durchgängig in allen Deutungen zu finden: Eigenart und Bedeutung der prophetischen Verheißung, das Geschichtslenken Gottes nach heilsgeschichtlichem Plan und vor allem die Sonderstellung Israels in der Welt und vor Gott. Die universale Tendenz und die Missionsaufgabe des Israelknechtes sind jedoch meist in die Endzeit verlegt oder treten durch die Interpretation stark in den Hintergrund, was wohl dem Einfluß der Stellung des Judentums im MA zuzuschreiben ist . . . Zu den durchgängigen Zügen aller Deutungen gehört noch der Glaube an Gottes unbedingte Gerechtigkeit und damit an die Sinnhaftigkeit des Leidens, als Strafe, Reinigung, Prüfung, als wirkend durch die Beispielhaftigkeit des Ertragens oder als stellvertretendes Sühneleiden des Individuums für die Gemeinschaft oder Israels für die Völker. Auch die Betonung der Bedeutung des Gerechten, der den Willen Gottes erfüllt, ist Gemeingut aller Vorstellungen" (71).

Wie Pusey bringt auch Ruprecht (1972) die seit dem 11. Jh. um sich greifende Deutung von Jes 53 auf das jüdische Volk mit der Lage der Juden im MA in Verbindung. Zu den von Neubauer und Driver vorgelegten mittelalterlich-jüdischen Texten bemerkt er:

„sie lassen in ihrer Gesamtheit etwas von dem Selbstverständnis dieser jüdischen Gemeinde erkennen in der Weise, wie sie dieses Kap. vor allem im späteren MA fast einhellig auf Israel deuten. Gerade in den Zeiten, als die jüdische Gemeinde als eine Minderheit von den Christen verfolgt wurde, hat sie sich als ganze von diesem Text her verstanden. In den Verfolgungen, die sie als einen Teil der Leiden des Exils verstand, sah sie sich von dort her als zum Schweigen verurteilten Zeugen ihres Gottes, der um der Wahrheit willen und wegen der Treue zu ihrem Herrn leiden mußte, aber auf künftige Herrlichkeit hoffen durfte. – In den letzten vorchristlichen Jhh. hat die jüdische Gemeinde sich vor allem von 42,1–4; 43,10 und 49,1–6 her als Zeuge ihres Gottes verstanden, eine Tradition, die selbst im MA bei Raschi noch nachwirkt. In den Verfolgungszeiten sah man sich vor allem im Spiegel von 52,13–53,12. Dabei hält sich durch, daß sich dieses Israel in der Zerstreuung als Zeuge für die Welt versteht. Es ist beachtenswert, mit welch tiefer existentieller Betroffenheit die jüdische Tradition auf diese Texte gehört und sich von ihnen her verstanden hat" (73).

Aber damit haben wir schon vorgegriffen und müssen uns nun der großen mittelalterlichen Kommentarliteratur zuwenden.

b) Die jüdischen Kommentare des Mittelalters

Exegese im heutigen Sinn des Wortes als Erklärung des Bibeltextes mit Hilfe der hebräischen Grammatik und der Erforschung des hebräischen Sprachschatzes beginnt im Judentum im 10. Jh. n. Chr., nachdem rund tausend Jahre lang der Midrasch, die erbaulich belehrende, tröstende, nutzanwendende, wegweisende Deutung der Schrift das Feld beherrscht hatte. Die Blütezeit der jüdischen Kommentarliteratur setzt mit dem Gaon SAADJA ben Josef (892–942) ein und zieht sich über Rabbi Schlomo ben Jizchak (RASCHI, 1040–1105), Abraham IBN ESRA (1093–1168), Josef QIMHI und vor allem seinen Sohn David QIMHI (1160–1235) bis in das 15. Jh. hin, wo sie mit ABRAVANEL (1437–1508) ihren Abschluß findet. Die Zentren dieser jüdischen Schriftgelehrsamkeit liegen in drei Regionen: in Spanien, wo die Begegnung mit der arabischen Geisteswelt sich außerordentlich befruchtend auswirkte (IBN ESRA, ABRAVANEL), in Nordfrankreich (RASCHI) und in der Provence (QIMHI).

Die Kommentare des RASCHI, IBN ESRA, David QIMHI und ABRAVANEL zu den EJL wurden von N. HUTTERER (1938) in sorgfältiger deutscher Übersetzung herausgegeben[31]. Für IBN ESRA steht die hebräisch/englische Ausgabe von FRIEDLÄNDER[32] zur Verfügung, für QIMHI die hebräische Ausgabe von FINKELSTEIN[33].

Die maßgeblichen Kommentatoren bewegen sich in ihren Deutungen des Ebed hin und her zwischen der Person des Propheten, Israel bzw. den Frommen Israels, und dem Messias. Der Bezug auf den Messias wurde dadurch gefördert, daß eine mehr als tausendjährige jüdische Tradition das ganze Buch Jes 40–66 als Weissagung auf die messianische Zeit ansah (RUPRECHT 1972, 61). So sieht

[31] Die Berner Dissertation wurde 1938 in Berlin vor Einbruch der dunklen Nacht offenbar in großer Hast gedruckt. Die vielen Druckfehler deuten darauf hin, daß der Verfasser nicht mehr dazu kam, die Korrekturen zu lesen.

[32] M. FRIEDLÄNDER, The Commentary of Ibn Ezra on Isaiah. Vol. I: Translation and Commentary, London 1873, Nachdruck New York o. J.

[33] L. FINKELSTEIN, The Commentary of David Kimhi on Isaiah, New York 1926.

Abravanel auch im Knecht von Jes 42,1–9 den Messias. Er weist zunächst andere Deutungen (die Gerechten Israels, Kyros, der Prophet) zurück und erklärt dann: „Mir selbst scheint es, daß alle die Weisen mit Blindheit geschlagen waren und nicht sahen, daß man alle diese Worte nicht nach dem einfachen Wortlaut deuten kann, sondern auf den König Israels, aus dem Hause Davids, beziehen muß" (Hutterer 40). Für Raschi ist mit dem Knecht in V. 1–4 Israel, in V. 5–9 Jesaja gemeint, für Qimhi in V. 1–4 der Messias, in V. 5–9 Israel, „wobei ... die Begriffe Israel und Messias zuweilen ineinander übergehen" (Hutterer 94). Zu Ibn Esra s. u.

Vom 2. Lied, 49,1–13, werden die V. 1–6 einmütig auf Jesaja selbst bezogen (Ich-Form der Rede); bei den V. 7–13 denken Raschi, Qimhi und Abravanel an Israel.

Volle Einmütigkeit herrscht beim 3. Lied 50, 4–11: der Knecht ist der Prophet selbst. Auch beim 4. Lied 52,13–53,12 besteht Übereinstimmung: der Knecht ist Israel, allerdings mit zwei Vorbehalten: bei Ibn Esra weichen die persönliche und die gängige Auffassung voneinander ab (s. u.); Abravanel trägt außer der Deutung auf Israel auch noch jene auf den König Joschija vor. Nachdem er sich mit anderen Deutungen (Jesus, Messias, Jeremia) kritisch auseinandergesetzt hat, erklärt er: „Deshalb ist die richtige, annehmbare Erklärung in einer der folgenden 2 Arten zu sehen: a) die erste Art deckt sich mit der Meinung derer, die diese Kündung auf Israel beziehen.... b) die zweite mir wahrscheinlich klingende Erklärung ist die, daß die ganze Kündung auf Josia, den König Judas, zu beziehen ist" (Hutterer 60).[34]

Ruprecht (1972) bemerkt dazu: „Das Nebeneinander dieser beiden Auslegungen hat sehr vielschichtige Gründe. Gewiß will Abravanel den Christen gegenüber darlegen, daß deren Auslegung auf Christus in jedem Fall im Unrecht sei, gleich ob man den Abschnitt individuell oder kollektiv deutet. Aber es wäre sicher verfehlt anzunehmen, die antichristliche Frontstellung sei die treibende Kraft hinter seinen exegetischen Bemühungen. Entscheidend ist eine vielschichtige Beziehung zur Tradition. Ebensowenig wie es ihm als gläubigem Juden denkmöglich ist, daß die Christen im Recht sind, kann er sich vorstellen, daß von den Stimmen der eigenen Tradition die eine richtig und die andere völlig falsch sei. Abravanel, der auch das partnerschaftliche Gespräch mit christlichen Auslegern suchte, ist vor allem ein Mann des Ausgleichs, der das relative Recht der verschiedenen Po-

[34] De Wilde (Ber. 1929) weist auf einen Widerspruch bei Raschi hin, der Jes 53 in seinem Jes-Komm. auf Israel, im Komm. zu Sanh. 98a hingegen auf den Messias bezieht (46. 93).

sitionen zu würdigen versucht . . . Mit seiner These, in Jes 53 werde der Tod des gescheiterten Wiederherstellers der Herrlichkeit Davids beklagt, steht ABRAVANEL der messianischen Deutung sehr nahe. Josia ist eine Messiasgestalt, ein zweiter David. Dies sagt ABRAVANEL zwar nicht explizit, aber seine Meinung ist deutlich genug zu erkennen. Es ist ihm das Erstaunliche gelungen, daß er die durch das Tg vorgegebene und von etlichen jüdischen Kommentatoren aufgenommene Tradition einer messianischen Deutung dieses Textes positiv aufnahm, um sie zugleich zu korrigieren; nämlich ohne den Text irgendwie verbiegen zu müssen, gelang ihm eine Deutung ganz im Geiste genuiner jüdischer Messiashoffnung" (65–67).[35]

Eine besondere Würdigung verdient IBN ESRA. Er ist der einzige, der alle vier Lieder konsequent auf den Propheten selbst bezieht. Sein Jes-Kommentar ist als eine schlechthin singuläre Leistung anzusehen. Zwar sind ihm von der Tradition her die Hände gebunden, so daß er seine persönliche Überzeugung nur sehr diskret andeuten kann. Er tut es aber doch so deutlich, daß er – RUPRECHT hat dies sehr nachdrücklich herausgestellt – in zweifacher Hinsicht Erkenntnisse der modernen historisch-kritischen Forschung schon vorwegnimmt: (1) Er rechnet bereits mit drei verschiedenen Verfassern von Jes 1–39; 40–55 und 56–66 (RUPRECHT 68–70). Zwar nennt er auch den Verfasser von 40–55 Jesaja, sieht jedoch in ihm einen Zeitgenossen der Exilsereignisse. Indes gilt ihm die Befreiung aus dem Babylonischen Exil nur als *zēker,* Merkmal, Bild und Unterpfand der messianischen Befreiung. Dieses Bild verschwindet ab Kap. 56; von hier an ist nur noch von der messianischen Zukunft *(ʿātīd)* die Rede. (2) IBN ESRA macht keinen Hehl daraus, daß er die EJL – um deren Abgrenzung er weiß – autobiographisch versteht. Besonders in Kap. 49 insistiert IBN ESRA unermüdlich auf der autobiographischen Deutung. Zu „Israel" in V. 3 vermerkt er: „Das heißt: Du bist vom Stamm Israel, an dem ich mich verherrlichen werde; oder: Du bist Israel, du bist in meinen Augen wie ganz Israel. Ich ziehe die zweite Erklärung vor."

[35] Daß der Ebed unschuldig dargestellt wird, während Israel doch sündig ist, macht den jüdischen Auslegern keine ernsthaften Schwierigkeiten: Es handelt sich nur um eine relative Unschuld, im Vergleich zu den Völkern. So fragt bei JEHUDA HALEVI (1080–1141) der Schüler Kusari: „Wie kann dies ein Gleichnis sein für Israel, da er ja sagt: ‚Unsere Krankheit hat er getragen' (Jes 53, 4), und die Israeliten hat doch, was sie traf, nur ihrer Sünden halber getroffen?, worauf der Meister antwortet: Israel verhält sich zu den Völkern wie das Herz zu den Gliedern; es ist das kränkeste von allen und zugleich das gesundeste von allen" (H.-J. SCHOEPS, Jüdische Geisteswelt, Köln 1960, 89f.).

Einzig in 52,13–53,12 macht IBN ESRA Konzessionen an andere Deutungen, vor allem die kollektive, ein Zeichen, daß diese zu seiner Zeit die vorherrschende war. Aber neben der Deutung auf Israel bringt er auch den einzelnen Israeliten, den Propheten, den Messias ins Spiel. Ausdrücklich lehnt IBN ESRA die Deutung SAADJAS auf Jeremia ab, weil eine Erwähnung Jeremias an dieser Stelle den Zusammenhang zerreißen würde (womit IBN ESRA indirekt wieder zu verstehen gibt, daß er nicht mit Jes als Verfasser rechnet).

Entscheidend aber ist die Schlußbemerkung IBN ESRAS, in der er erklärt, er habe zwar das ganze Kapitel unter der Voraussetzung ausgelegt, daß es sich auf Israel beziehe. „Aber meine Meinung ist, daß der Prophet die Worte *siehe mein Knecht wird Erfolg haben* von sich selbst sagt, ebenso wie *mein Knecht* in 42,1 und 49, 3 auf ihn selbst bezogen ist; ebenso auch 53,11 und 50, 6."

Indes warnt RUPRECHT davor, IBN ESRA als ein einsames Genie zu betrachten. „Er ist lediglich der einzige Exponent der spanisch-jüdischen Bibelwissenschaft, dessen Werke in relativer Vollständigkeit erhalten sind, da die spanische Inquisition mit barbarischer Gründlichkeit die Zentren jener Kultur zerstört hat, als die spanischen Westgebiete unter christliche Oberherrschaft kamen. Gerade Zitate bei IBN ESRA zeigen, daß andere vor ihm ähnlich gedacht haben müssen" (71).

Zusammenfassend läßt sich sagen: Die wichtigste Neuerung der großen Kommentarliteratur gegenüber der rabbinischen im Verständnis des Ebed besteht darin, daß vor allem im 4. Lied die Deutung auf Israel die bis dahin vorherrschende auf den Messias verdrängt hat. FISCHEL (1944) bemerkt zu diesem Sachverhalt: „Die Häufigkeit dieser Deutung in Verbindung mit einer israelzentrierten Theologie und Frömmigkeit ist der lebendige Niederschlag jüdischen Volksschicksals im Mittelalter" (66).

c) Stimmen des 20. Jahrhunderts

Dem Nachdruck der Sammlung NEUBAUER/DRIVER (1969) hat R. LOEWE ein neues Vorwort vorausgeschickt (1–38), worin er den weiteren Verlauf der jüdischen Exegese seit dem ersten Erscheinen des Werkes (1876/77) schildert. Er stellt fest, es habe sich seither nicht nur eine veränderte Forschungslage ergeben, sondern auch eine gewandelte Denkart bei Juden und Christen. Dennoch seien beide dem von der jeweiligen Tradition her geprägten Denken noch nicht entwachsen. Als Beispiel wird O. EISSFELDT genannt, der, obwohl ein überragender und liberaler christlicher Forscher, in der Ebed-Gestalt die Wahrheit verkörpert sehe, „daß stellvertretendes Leiden Unschuldiger der Menschheit bestes Teil ist, eine Wahrheit, die in Jesu Leiden und Sterben heilschaffende Wirklichkeit geworden ist“[36]. Was die neuesten jüdischen Positionen angeht, so setzt sich Loewe von Orlinskys Identifizierung des Ebed mit dem Propheten Dtjes ab (s. u.) und bekennt sich zur Deutung auf das jüdische Volk, die sich jüdischerseits einer zunehmenden Anhängerschaft erfreue (Loewe nennt namentlich M. H. Segal und Y. Kaufmann), auch wenn sich die messianische Deutung, nicht zuletzt dank dem Einfluß des Tg, bei einer Minderheit jüdischer Exegeten habe behaupten können:

“a minority of Jewish exegetes did, down the centuries, continue to maintain the messianic interpretation of the chapter; and the fact that the Targum, whose exegesis was accorded (even outside the Pentateuch) a quasi-official status within Jewry, took it in this way, ensured that the feasibility of a messianic reading of it was never quite lost sight of” (22).

Daß aber bei den zeitgenössischen jüdischen Denkern vereinzelt auch andere Vorstellungen vertreten werden, wird niemanden überraschen. Zwischen den beiden Weltkriegen und im deutschsprachigen Raum wird sich unser Blick vor allem auf M. Buber, F. Rosenzweig und L. Baeck richten[37].

Für L. Baeck[38], der grundsätzlich von einer konkreten Messiasgestalt absieht, ist der Ebed mit Israel identisch.

„Die Auserwählung Israels wird als ein Prophetentum des ganzen Volkes erfaßt. Sie wird in ihm zu einem Glauben an eine Sendung über sich selbst hinaus, an ein Auserwähltsein um der anderen willen. Ganz Israel ist der Bote des Herrn, der Messias, der Knecht Gottes, der die Religion für alle Lande hüten, von dem das Licht zu allen Völkern ausstrahlen soll.“ Und es folgt Zitat von Jes 42, 6f. „Das ist ein klassischer Gedanke geworden, und die späteren Zeiten haben festgehalten, was sein Wesentliches, Kraftvolles ist. Nur aus dem Bewußtsein der Auserwählung vermochte er hervorzugehen. Aus dem Glauben an sich konnte dieser Glaube an die Verantwortlichkeit aufwachsen, diese fordernde Zuversicht, für die Welt da zu sein.

[36] Einleitung in das Alte Testament, Tübingen ³1964, 452; Loewe (9) zitiert nach der englischen Übersetzung.

[37] Vgl. hierzu Wittenberg (1957), der noch F. Thieberger, Die Glaubensstufen des Judentums, Stuttgart 1952, berücksichtigt.

[38] Das Wesen des Judentums, Frankfurt a. M. ⁵1926; s. auch: Dieses Volk, Frankfurt a. M. 1955, 89f.

Nur ein Volk, das sein Eigenes in seiner Seele fühlte, konnte empfinden, wie viel es den anderen allen zu bedeuten hätte" (66).

„Das Judentum kann die Menschheit nicht ohne sich und sich nicht ohne die Menschheit denken ... Das biblische Wort von der Stadt voller Sünden, die nicht untergeht um der zehn Gerechten willen, die in ihr sind, ergriff mit seiner tiefen Symbolik die Gemüter. So hatte es auch die alte Weisheit oft ausgesprochen, daß die Welt auf dem Gerechten beruht; schon sein Dasein ist eine Sühne auf Erden. Nur wegen der Frommen, die in ihr sind, besteht die Welt. Einer der Propheten hatte darin die große Antwort für die Gemeinde Israels gefunden, ihr darin den Sinn ihres Lebens verkündet: ihr Leiden ist das *Leiden um der Versöhnung der Welt willen.* Für ihn ist Israel der ‚Knecht des Ewigen' – der Begriff des Gottesdienstes personifiziert sich darin. Und diesen GK zeigt er als den, der ‚nicht Gestalt und Schöne hat ... [und es folgt Zitat Jes 53, 2–6. 10–12]'" (276f.).

Fascher (1958) bemerkt zur kollektiven Messiasvorstellung Baecks und zu seinem Verzicht auf eine konkrete Messiasgestalt:

„Das geht freilich nur durch einen Gewaltstreich: die Auslassung von Jes 53, 7–9, ohne daß der Leser für dieses Verfahren eine Begründung erhält. So wären die Einwände des Origenes heute erneut zu machen! Man ist in 1700 Jahren einander keinen Schritt in dieser Frage näher gekommen: Denn es wäre für kollektive Messiasauffassung wahrlich einfacher, sich auf Jes 42, 1–8 und 43, 1–6 zu stützen, wo die messianische Aufgabe des ‚Knechtes' Israel und sein Wort, um dessentwillen Völker dahingegeben werden, deutlich hervortritt. Und man überließe dann Jes 53 getrost den Christen, ohne den Text zu kürzen. Aber Israel ist ja ein unter den anderen Völkern leidendes Volk. Und für diesen Leidensgedanken, scheint es, kann man Jes 53 als Beweismittel nicht ganz entbehren" (48).

Die Überlegungen F. Rosenzweigs[39] berühren sich mit denen Baecks:

„Gott der Herr gilt seinem Volk zugleich als der Gott der Vergeltung und der Gott der Liebe ... Er hat sein Volk erwählt, aber um an ihm zu strafen alle seine Sünden. Er will, daß jegliches Knie sich ihm beuge, und thront doch auf den Lobgesängen Israels. Für die Sünde der Völker tritt Israel vor ihm ein, und wird mit Krankheit geschlagen, auf daß jene Heilung finden, – vor Gott stehen sie beide, Israel sein Knecht und die Könige der Völker, und unentwirrbar für menschliche Hände schlingt sich der Knoten von Leiden und Schuld, von Liebe und Gericht, von Sünde und Versöhnung" (III, 59)[40].

[39] Der Stern der Erlösung, Frankfurt a. M. 1921, ²1930.

[40] Ähnlich J. A. Sanders, Suffering As Divine Discipline in the Old Testament and Post-Biblical Judaism, Rochester, N.Y., 1955: "They (the

M. Buber nimmt in seine Ebed-Vorstellung Elemente verschiedener Deutungen auf. GK und Messias sind für ihn nicht einmalige Gestalten, sie haben sich in der Geschichte Israels ständig abgelöst, wobei allerdings Dtjes einen bevorzugten Platz einnimmt.

Buber (1950a) behandelt die EJL unter dem Stichwort „Das Mysterium", unter das er das ganze Dtjes-Buch subsumiert. Der Ebed der Lieder darf nicht mit dem Ebed Israel identifiziert werden. Vielmehr muß

„um den Hörer und Leser vor den Irrtümern eines zu engen Blickfelds zu bewahren und ihm eine breitere Sicht in die offenbarten Wege Gottes zu gewähren, dem unzulänglichen Knecht Israel der zulängliche Namenlose Ebed gegenübergestellt werden, wie Israel ‚erwählt' und ‚gehalten', aber im Gegensatz zu ihm einer, an den JHWH auch Gefallen gefunden und auf den er seinen Geist gegeben hat (42, 1)" (317). Die Worte 49, 3 „‚Du bist mein Knecht, bist Israel, an dem ich mich verherrliche' . . . sind weder als eine Bestätigung der kollektiven Erklärung anzusehen, noch muß ‚Israel' als Zusatz gestrichen werden. Wer Israel anredet, hat keinen Anlaß zu ihm zu sagen: ‚Du bist Israel'. Wohl aber gibt es, wenn der Ebed zwar eine Person ist, aber in einem ganz besonderen Verhältnis zu Israel steht, einen guten Sinn, wenn Gott zu ihm spricht: ‚*Du* bist Israel, an dem ich mich verherrliche'. Das Paradox der zwei ‚Knechte' läßt sich nicht aus der Welt schaffen. Es ist als solches gemeint. Wir erkennen darin die notwendige Voraussetzung, damit aus der messianischen Weissagung Jesajas das messianische Mysterium Dtjes' wurde" (317f.).

Da Buber die Lieder Dtjes zuschreibt, können für ihn mit den Sünden, die der Ebed getragen hat, nicht die Sünden Israels gemeint sein, „die bereits (40, 2) als durch dessen eigene Leiden abgebüßt verkündigt worden sind" (322). Ebensowenig ist von stellvertretender Genugtuung die Rede, denn „der Begriff des stellvertretenden *Opfers,* wie etwa der Widder Isaaks Stelle vertritt, ist, soviel wir wissen, der Welt Dtjes' fremd" (324). Und wenn dem Ebed Erhöhung und Nachfolge verheißen werden, nachdem von seinem Tod und seinem Begräbnis berichtet wurde, so ist nicht an Auferstehung zu denken. Vielmehr verteilt Dtjes den Weg des einen Ebed auf verschiedene Gestalten und Lebensgänge; auf wie viele, wissen wir nicht.

„Auch das können wir nicht wissen, welche geschichtlichen Gestalten er in den Weg des Ebed einbezogen hat; er hatte ein Mysterium zu künden und

---

nations) had sinned but God has put upon the ᶜEbed afflictions enough to atone for their iniquities" (100).

nicht es zu deuten. Aber eines darf uns gewiß sein: daß der namenlose Prophet sich selber an einem Punkte des Weges gesehen hat . . . Wir dürfen annehmen, daß er, an Kyros enttäuscht, sein eigenes Dasein als Zeitelement im Weg der Person erfuhr, der das eigentliche Werk der Erlösung der Weltgeschichte vorbehalten war" (327). Und insofern das Leiden Israels im Bild des Ebed gedeutet wird, bilden der persönliche Ebed und der Ebed Israel doch wieder eine Einheit. „Wer in Israel das Leiden Israels tut, ist der Ebed, und er ist das Israel, an dem JHWH sich verherrlicht" (333).

Bubers Verständnis des EJ ist somit nur bedingt autobiographisch, indem der von Dtjes beschriebene EJ den umfassenden Ebed nur teilweise verkörpert. Denn die von Dtjes vorgenommene Verwandlung und Erneuerung der messianischen Weissagungen des Jes hat nicht nur bewirkt, daß aus dem königlichen Messias ein prophetischer wurde. Hinzu kommt vielmehr, „daß aus dem Erdenleben des jesajanischen Messias mehrere Leben werden", der Knecht muß (nach dem nicht zu korrigierenden MT) mehrere Tode sterben, er muß den Weg vom verborgenen Leidensdienst zum offenbaren Erfüllungsdienst gehen. „Der namenlose Prophet, der in den Liedern vom ‚Knecht' im Ichton spricht, weiß sich als ein Stück dieses Weges, ohne zu wissen, welches Stück" (1950b, 73). Gerade in diesem Weg vom verborgenen Leidensdienst zum offenbaren Erfüllungsdienst aber hat sich Jesus am Ebed orientiert.

Diese Vorstellungen über das, was er das „messianische Mysterium" nennt, hatte Buber schon 1928 als Geleitwort zu den „chassidischen Büchern" entwickelt (wiederaufgenommen als erster Abschnitt der ›Chassidischen Botschaft‹ 1952).

„Es ist ein Irrtum, den jüdischen Messianismus im Glauben an ein einmaliges endzeitliches Ereignis und an eine einzelne Menschengestalt als Mitte dieses Ereignisses erschöpft zu sehen . . . Schon in der Prophetie des ersten Exils erscheint in geheimnisstarker Andeutung die Reihe der ‚Gottesknechte', die von Geschlecht zu Geschlecht erstehend, in Niedrigkeit und Verschmähtheit den Makel der Welt tragen und durchläutern.

Dieses messianische Mysterium steht auf der Verborgenheit; nicht auf einer Geheimhaltung, sondern auf einer echten, faktischen, in die innerste Existenz reichenden Verborgenheit. Die Menschen, durch die es geht, sind die, von denen der namenlose Prophet in der Ichrede sagt, daß Gott sie zum blanken Pfeil spitzt und dann in seinem Köcher versteckt. Ihre Verborgenheit gehört wesenhaft zu ihrem Leidenswerk. Jeder von ihnen kann der Erfüllende sein; keiner von ihnen darf in seinem Selbstwissen etwas anderes sein als ein Knecht Gottes" (1928, XXVIf. = 1952, 27–29).

Marmorstein (1926) sieht im Ebed ein Lehrstück für das religiöse Bewußtsein des Volkes. Er unterscheidet zwischen dem, was der Prophet ursprünglich sagte, und dem, was eine spätere Bearbeitung „unter dem Einfluß der bereits herrschenden Idee vom Sühnetod und der weiter entwickelten messianischen und eschatologischen Vorstellungen" (265) daraus gemacht hat. „Der unverkennbare Grundgedanke von Jes 53 ist, daß der Fromme für die Sünden seiner Volksgenossen leidet. Er hat ihre Sünden freiwillig auf sich genommen. Er ist der Stellvertreter des ganzen Volkes" (264). An einen Tod des Ebed hat der Prophet jedoch nicht gedacht.

„Wir denken uns die Situation etwa folgendermaßen. Es lebte einst ein Mann in Israel, durch den der Arm Gottes sich offenbarte, d. h. dessen Wirken seinem Volke Erlösung von Gefahr, von Fremdherrschaft oder vom Exil brachte. Weder seine Abstammung noch seine Erziehung, weder seine Gestalt noch seine äußeren Verhältnisse ließen diesen Erfolg ahnen. Im Gegenteil, seine Niedrigkeit, seine Körperschwäche, seine Krankheiten riefen nur Spott und Geringschätzung hervor. Seine Erfolglosigkeit und seine Strafen, seine Wunden und Geißelhiebe wurden als wohlverdiente göttliche Heimsuchung von den Frommen angesehen. Die Frommen wurden immer verlacht und die Heuchler triumphierten. Da kam eine Wendung. Wieso? *Wir* wissen es nicht. Gott bestraft die Frevler, und der Fromme triumphiert. Da erst erkennen die Menschen, daß der Mann das Opfer für die Sünden seiner Mitmenschen geworden ist, während er selbst kein Sünder war" (265).

Die Tragödie des Holocaust konnte die jüdischen Theologen nur darin bestärken, im leidenden Ebed ihr eigenes Volk zu sehen. Ganz unter dem Eindruck dieses Unbegreiflichen steht die Arbeit von Friedlaender (1947). Zwischen dem Knecht der Lieder und dem des übrigen Dtjes-Buches wird nicht unterschieden.

„Das ganze Volk ist Knecht Gottes. Aber so wie Menschsein keine Tatsache schlechthin, vielmehr gleichzeitig eine Verpflichtung bedeutet – was aus der Welt wird, wenn Menschen dieser Verpflichtung nicht nachkommen, erleben wir jetzt – genau so ist Knecht-Gottes-zu-sein Tatsache und Aufgabe zugleich, für die Gesamtheit so gut wie für den Einzelnen. Denn die Gesamtheit kann es nur ganz verwirklichen, wenn auch jeder Einzelne es ist: der Einzelne nur, wenn die Gesamtheit es ist" (29). „Israel, der Knecht, ist von Gott zum Schuldopfer bestimmt – dunkelste Tiefe seines Berufenseins –, der Mal um Mal ihre Ungelöstheiten auffängt, und dessen Leben und Fortdauer davon abhängt, ob er sich selber als Schuldopfer für jene zu begreifen vermag und somit ihr Tun, wenn es Böses aus Irrtum war, von seiner Sündhaftigkeit befreit" (30).

Voller Bitterkeit schreibt E. Berkovits[41]:

"God's chosen people is the suffering servant of God. The majestic fifty-third chapter of Isaiah is the description of Israel's martyrology through the centuries. The Christian attempt to rob Israel of the dignity of Isaiah's suffering servant of God has been one of the saddest spiritual embezzlements in human history. At the same time, the way Christianity treated Israel through the ages only made Isaiah's description fit Israel all the more tragically and truly. Generation after generation Christians poured out their iniquities and inhumanity over the head of Israel, yet they 'esteemed him, stricken, smitten of God, and afflicted'. At the same time, they misunderstood the true metaphysical dignity of the suffering of God's servant. What is the weight of one sacrifice compared to the myriads of sacrifices of Israel? what is one crucifixion beside a whole people crucified through centuries?" (125f.).

Die Überzeugung, daß das Leiden des Knechts für die Sünden der Vielen das Leiden Israels ist, artikuliert sich besonders in der reflektierenden jüdischen Holocaust-Theologie. Bei M. Brocke/H. Jochum[42] sagt I. Maybaum in seinem Beitrag ›Der dritte Churban‹:

„Die sechs Millionen Juden starben als Unschuldige, sie starben für die Sünden anderer. Die Menschen des Westens müssen reumütig von den Juden sagen, was Jesaja von dem GK sagte: ‚Aber er hat unsere Krankheit getragen und unsere Schmerzen auf sich geladen ... Doch er wurde durchbohrt wegen unserer Verbrechen, wegen unserer Sünden zermalmt‘ (53, 4–5). Das Martyrium der Juden erklärt die Bedeutung, welche das Kreuz weiterhin behält; es kann das besser als es je dem mittelalterlichen christlichen Dogma gelang“ (15).

Und I. Greenberg, ›Augenblicke des Glaubens‹:

„Der leidende GK bei Jes 53 klingt wie ein Stück Holocaustliteratur. Er wird wie ein Schaf zur Schlachtbank geführt (ein Ausdruck, der in bezug auf den Holocaust häufig aber nicht ganz zu Recht gebraucht wird). Er wird verachtet und von den Menschen im Stich gelassen. Der Ausdruck ‚verachtet‘ wird in Vers 3 zweimal wiederholt. Man empfindet nicht nur Verachtung für ihn, es ist auch etwas Verachtung Hervorrufendes an ihm, er stinkt. Er ist ein Mann des Schmerzes und der Krankheit; nichts an seinem Äußeren ist sympathisch. Die Menschen wenden sich von ihm ab. [Das Kapitel liest sich wie ein Augenzeugenbericht über die Insassen eines Konzentrationslagers nach dem ersten oder zweiten Monat.] Der leidende

[41] Faith after the Holocaust, New York 1973.

[42] Wolkensäule und Feuerschein. Jüdische Theologie des Holocaust, München 1982.

GK wird von Gott geschlagen, aber nicht seiner Sünden wegen. Er wird geschlagen der Sünden aller Menschen wegen. In der Sprache der Bibel, in der alles menschliche Tun seinen Ursprung in Gott hat, heißt es: ‚Der Herr hat auf ihn die Schuld geladen von uns allen' (Jes 53, 6b)" (ebd. 150f.).

Indes kommen neben den traditionellen jüdischen Vorstellungen auch abweichende zu Wort. MORGENSTERN (1961, 1963) sieht in den vier EJL ein geschlossenes *Drama,* das die Erlöserrolle Israels für die Welt im tragischen Tod des Ebed darstellt und am Mazzenfest aufgeführt wurde (s. o. S. 31).

Die historische Voraussetzung des Dramas ist der von MORGENSTERN angenommene (vgl. HUCA 27, 1956 bis 31, 1960) Aufstand des Serubbabel 485 v. Chr., in dem ein Abkömmling des Davidshauses, vermutlich ein Sohn Serubbabels, sich unter dem Namen Menachem zum König salben ließ. Seine Hinrichtung schon nach wenigen Monaten hatte die Zerstörung des zweiten Tempels zur Folge. Der Verfasser des Dramas ist in der Jüngerschaft des Dtjes und dessen Verkündigung von Israel als dem von Gott erwählten Knecht und Werkzeug der Erlösung der Welt zu suchen. Deshalb muß er den Knecht, den er als Individuum versteht, Israel nennen; als Repräsentant Israels aber kann er nur ein König sein, "for who else could rightly bear the name, Israel?" (1961, 420).

Die Parallele zu Jesus liegt auf der Hand; die ntl Schriftsteller hatten das Ebed-Drama vor Augen. Wir haben es dabei mit dem ältesten Drama Israels und vielleicht auch mit der ersten jüdischen Sektenschrift zu tun. Dieses Drama entstand unter griechischem Einfluß, nachdem zwischen 460 und 450 eine athenische Garnison Dor besetzt hatte. Deshalb dürfte es um 450 anzusetzen sein.

Eigene Wege innerhalb der jüdischen Auslegung geht, wie schon angedeutet, ORLINSKY (1967a). Für ihn – er trifft sich hierin mit zahlreichen neueren christlichen Exegeten (s. u.) – kann mit dem Ebed der Lieder nur der Prophet Dtjes gemeint sein. Er hält es für einen grundlegenden und verhängnisvollen Irrtum, die vier Perikopen als gesonderte Einheit zu behandeln (13), ja, es gehört zu den Erfindungen der modernen Bibelwissenschaft, den Ebed überhaupt zum Problem zu machen (3). Aber auch die Begriffe „leidender Knecht" und „stellvertretend Leidender" sind christliche Schöpfungen (17). Die Vorstellung eines stellvertretenden Leidens findet sich nirgendwo in der Bibel, auch nicht in Jes 53 (51–63): "All that our text says is that the individual person, whoever he was, suffered on account of Israel's transgressions" (56). Der Deutung auf Israel steht vor allem 53, 9 entgegen. Das Volk ist nicht sündenlos, vielmehr wird es bei Dtjes immer für seine Sünden mit dem Exil bestraft. "This alone at once excludes the people from further consideration" (23). Und selbst wenn man in 49, 3 „Israel" stehen läßt (wozu ORLINSKY neigt), ergibt sich daraus kein kollektives Verständnis des Ebed, weil dieser in 49, 5 eine Sendung *an* Israel hat (78–81). Im 3. Lied spricht genauso der Prophet wie in Kap. 49 und 51 (90). Aber auch in Kap. 53 (ORLINSKY trennt 52, 13–15 und 53, 1–12) wird uns die gewohnte Prophetenlaufbahn vor Augen gestellt. 53, 10 bedeutet gerade, daß der Ebed nicht starb, sondern ein hohes Alter erreichte und Nachkommenschaft sah (92, vgl. 61). Damit kann nur Dtjes gemeint sein, der nach Widerstand, Beschimpfung, vielleicht physischer Gewalt die Befreiung erlebte (92–94).

"Why should this person be different from all other persons in Second Isaiah? Put differently: would any scholar have thought of treating chapter 53 differently from all other chapters in Second Isaiah had it not been for the very much later theological atmosphere created for it in Christianity?" (93).

Diese Auswahl repräsentativer Stimmen vermittelt ein Bild vom jüdischen Denken unserer Zeit. *Abschließend* kann gesagt werden, daß die jüdische Auslegung insgesamt in größeren Dimensionen denkt als die christliche. Jeder jüdische Ausleger sieht die Geschichte Israels bis zu seiner Gegenwart als ein zusammenhängendes Ganzes und blickt wartend weiter in eine messianische Zukunft, während die Christen dazu neigen, im Ende dessen, was sie „Altes Testament" nennen, das Ende der Erwartung und die Wende der Zeiten zu sehen.

B. Die christliche Auslegung

1. Die Verwendung der EJL im Neuen Testament

In einer fast unübersehbaren Vielfalt hat sich die neuere Forschung damit beschäftigt, welchen Gebrauch die ntl Schriftsteller von den EJL machen[43]. Es ging dabei um die Überzeugung, daß nicht nur „Jesus selbst das Bild des großen jes Gotteszeugen vor Augen hatte und im Herzen trug" (VON ORELLI 1908, 40, im Gefolge von DALMAN Ber. 1888[44]), sondern daß schon Johannes der

[43] Forschungsbericht: GRIMM (1976, ²1981).

[44] Jesus ging „im Gedanken an das Gotteswort Jes. 53 in den Tod" (97).

Täufer ihn als den GK erkannte (36–38)[45]. Indes ist die neuere Diskussion weitgehend beherrscht vom Namen JEREMIAS, sei es in Gefolgschaft, sei es in Widerspruch. In sorgfältiger Erhebung des Befundes geht JEREMIAS (1954, 703–713) drei Fragen nach: (1) Wo finden wir im NT christologische Deutungen der GK-Aussagen des Dtjes? (2) Wo haben sie ihren Sitz im Leben der Urkirche? (3) Kann sich Jesus selbst als den GK verstanden haben?

(1) Nach JEREMIAS wäre es verfehlt, sich auf die wenigen Stellen zu beschränken, an denen ein Zitat aus den EJL auf Jesus angewendet wird: Mt 8,17 (Jes 53,4); 12,18–21 (Jes 42,1–4); Lk 22,37 (Jes 53,12); Joh 12,38 (Jes 53,1); Apg 8,32f. (Jes 53,7f.); Röm 15,21 (Jes 52,15). Vielmehr ist zu beachten, was die verschiedenen ntl Schriften den Liedern an altem Traditions- und Formelgut verdanken. Das führt ihn zu dem Ergebnis:

„Die christologische Deutung des dtjes GK gehört den ersten Anfangszeiten der christlichen Gemeinde an und ist sehr früh formelhaft fixiert worden" (706). Dieses Ergebnis wird von JEREMIAS dahin präzisiert, „daß im NT von den Ebed-Aussagen des Dtjes ausschließlich Js 42,1–4. 6; 49, 6 und 52,13–53,12 messianisch gedeutet werden. Das sind aber genau diejenigen Stellen, die das palästinische Judentum – im Unterschied zum hellenistischen – messianisch deutete. Daraus muß geschlossen werden, daß die christologische Deutung dieser Stellen dem palästinischen, vorhellenistischen Stadium der Urkirche entstammt" (706)[46].

(2) „Der ‚Ursitz' der christologischen Deutung der GK-Aussagen ... ist ... der Schriftbeweis. Die Situation nach Jesu Tod zwang die Gemeinde von allem Anfang an dazu, aus der Schrift den Nachweis zu führen, daß der Kreuzestod Jesu gottgewollt war und stellvertretende Kraft besaß" (706). Mitgewirkt haben überdies die Liturgie der Eucharistiefeier und die urchristliche Paränese.

(3) Auf die Frage: Kann sich *Jesus selbst* als EJ verstanden haben, gibt JEREMIAS zu bedenken:

„Die Behauptung der Evangelien, daß Jesus mit seinem gewaltsamen Tod rechnete, hat stärkste historische Wahrscheinlichkeit für sich ... Rechnete Jesus aber mit seinem gewaltsamen Tode, dann mußte er sich, angesichts

[45] Zur älteren Literatur (und eher unbefangenen Fragestellung) siehe ferner HITCHCOCK (1917), GUILLAUME (1925/26), PROCKSCH (1938).

[46] In neuer Bearbeitung und unter Berücksichtigung geäußerter Kritik hat JEREMIAS seinen Beitrag zu ThWNT wieder vorgelegt in: Abba, Göttingen 1966, 191–216. Die zitierten Passagen finden sich aber auch dort mit geringfügigen Abweichungen.

der außerordentlichen Bedeutung, die im Spätjudentum das Theologumenon von der Sühnekraft des Todes besaß, Gedanken machen über den Sinn seines Todes. Auch die Behauptung der Quellen, Jesus habe den Schlüssel für die Notwendigkeit und den Sinn seiner Passion in Jes 53 gefunden, hat starke historische Wahrscheinlichkeit für sich" (710f.).

Eine große Zahl der Autoren hat sich die Position JEREMIAS' in dieser oder jener Form zu eigen gemacht. MAURER (1953) hat sie dahin gehend ergänzt, daß er den dtjes GK-Gedanken als entscheidenden Faktor bei der Bildung und Gestaltung schon der vormarkinischen Passionsgeschichte zu erweisen versuchte. Für WOLFF (Bericht 1953) steht die Spärlichkeit der wörtlichen Zitate aus Jes 53 der Annahme nicht entgegen, Jesus habe sich selbst als den GK verstanden, da er von der Schrift keinen atomistischen Gebrauch gemacht habe.

Unter Hinweis auf Lk 22, 37; Mk 10, 45; 14, 24; 9, 12b erklärt WOLFF: „Jesus beschreibt mit fragloser Selbstverständlichkeit sich selbst in den Worten der Prophetie Jes. 53" (69). „Der Schriftgebrauch Jesu ist hinsichtlich Jes. 53 nicht zerpflückend, sondern zusammenfassend. Er benutzt nicht die Schrift, er lebt die Schrift . . . Mark. 10, 45 und 14, 24 zeigen in einzigartiger Weise, wie er in autoritärer Freiheit in Einheit mit der Prophetie Jes. 53 sich selbst als den Knecht Jahwes verkündet, der der siegende Knecht ist, der Menschensohn" . . . (70f.). Für Joh 1, 29 übernimmt WOLFF den Vorschlag von JEREMIAS (1935), dem Wort „Lamm" *(amnos)* liege das aramäische *ṭaljah* zugrunde, das auch „Knecht" heiße und vom griechischen Übersetzer mißverstanden worden sei. Er verweist aber auf die Kritik BULTMANNS in dessen Joh-Kommentar (79–83).

Auf der gleichen Linie wie JEREMIAS und WOLFF liegt auch O. CULLMANN[47]. Nach ihm sind Anspielungen auf Jes 52–53 am deutlichsten greifbar in den Abendmahlsworten Jesu. „Es ist nicht gut möglich, die einhellige Tradition zu bestreiten, nach der Jesus in diesem Augenblick seinen Sühnetod ‚für viele' vorausgesagt und diese Vorhersage mit einem Sakramentsakt begleitet hat" (63)[48]. Diese synoptische und durch Paulus bestätigte Tradition hat nach CULLMANN deshalb besonderes Gewicht, weil „in der Urgemeinde nach dem Tode Jesu die Bezeichnung *Ebed Jahwe* als auf Jesus angewandter Titel bereits nicht mehr üblich war, als die synoptischen

[47] Die Christologie des Neuen Testaments, Tübingen 1957, ⁵1975.

[48] Auch nach J. BETZ stellt die GK-Christologie den theologischen Rahmen des urapostolischen Einsetzungsberichtes dar (Die Eucharistie in der Zeit der griechischen Väter II/1, Freiburg i. Br. ²1964, 26–35).

Evangelien verfaßt wurden" (64). Dasselbe ergibt sich aus dem Logion Mk 10, 45, an dessen Echtheit nach CULLMANN nicht zu zweifeln ist. „Hier handelt es sich gerade um das zentrale Thema der *Ebed-Jahwe*-Lieder, und es ist deutlich, daß auf Jes 53, 5 angespielt wird . . . Jesus hat bewußt in seiner Person die beiden jüd. Zentralbegriffe vereinigt: den des ‚*Barnascha*' und den des *Ebed-Jahwe*" (ebd.). Wir müssen auf CULLMANN in anderem Zusammenhang noch zurückkommen (s. u. S. 79f.).

Auf die von CULLMANN angesprochenen Einflüsse der EJL auf die evangelischen Abendmahlsberichte ist P. MASSI (1959) eingegangen, wobei er sich stark von DALMAN (1922) leiten läßt. Er führt diese auf Christus selbst zurück und hält – in etwas freier Zitierung von DALMAN (1922, 156) – dafür, daß ohne Bezug auf Jes 53 die eucharistischen Formeln nicht hätten entstehen können. Auch BRUNOT (1961) findet in Mk 14, 24 einen dreifachen Rückgriff auf die EJL (22).

Daß die Identifizierung Jesu mit dem EJ auf Jesus selbst zurückgeht, vertritt auch MUILENBURG (Komm. 1956, 413f.), unter Berufung auf M. BURROWS (An Outline of Biblical Theology, Philadelphia 1946) und H. W. ROBINSON (Redemption and Revelation, New York 1942)[49].

In der Folge hat JEREMIAS' These vom Selbstbewußtsein Jesu weite Kreise gezogen. Nach GIBLET (1958) war Jesus sich bewußt, daß die Weissagungen vom leidenden GK sich in ihm und durch ihn verwirklichen sollten. Deshalb spielt er Mk 10, 41–45 und in den eucharistischen Einsetzungsworten darauf an. Nach GIBLET überstiegen die EJL so sehr den jüdischen Horizont, daß sie im späteren Judentum nie richtig rezipiert wurden. Jesus hingegen hat sie nicht nur erfaßt, sondern auch erfüllt. Auf der Linie von GIBLET liegt auch sein Schüler PALSTERMAN (1956).

Auch KOOY (1959) stimmt zu, daß die urkirchliche Interpretation, die in Jesus die Erfüllung der EJL sieht, auf Jesus selbst zurückgeht. Wichtiger als wörtliche Zitate erscheint ihm jedoch die beherrschende Rolle, die das Motiv des Dienens im NT spielt. Das ist auch die Quintessenz von MANSON (1953): "even the Messiah is only God's servant – indeed, just because he is Messiah he must be predominantly God's servant" (57). Nach TOURNAY (1963) beweisen Mk 10, 45, die Leidensankündigungen und die Abendmahlsreden, « que Jesús se consideraba el Siervo que había venido a sufrir » (668). FRANCE (1968) bucht als Ergebnis seiner Untersuchung, "that Jesus saw His mission as that of the Servant of Yahweh, that He predicted that in fulfilment of that role He must suffer and die, and that He regarded His suffering and death as, like that of the Servant, vicarious and redemptive" (51). Und nach MITCHELL (1969) "it is Christ, who first applied the Ebed prophecy to himself" (250).

[49] Auch nach ROWLEY (1954) war es Jesus selbst, "who believed that in himself the prophet's vision would find its realization" (268).

Zur JEREMIAS-Schule ist auch BEHLER (1976) zu rechnen. Das wörtliche Zitat in Lk 22, 37 beweist, « qu'au soir du Jeudi saint, avant son arrestation, l'âme du Christ était pénétrée, plus que jamais, du contenu de ce quatrième chant du Serviteur» (184), und ebenso stellen die Einsetzungsworte der Eucharistie, nach Inhalt und literarischem Ausdruck, ein Echo auf die EJL dar (195).

Hier ist auch HENGEL (1980) zu nennen, der mahnt:

„Daß Jes 53 auf die Entstehung und Ausgestaltung des frühesten Kerygmas eingewirkt hat, sollte man . . . nicht mehr bestreiten . . . Weder die Formel von der ‚Dahingabe' Jesu, noch die von seinem stellvertretenden Sterben ‚für die vielen' bzw. ‚für uns' wären ohne den Hintergrund dieses rätselhaften Textes entstanden . . . Die Einwirkung eines atl Textes auf die urchristlichen Überlieferungen läßt sich auch nicht ohne weiteres an der Summe der wörtlichen Zitate ablesen" (137f.).

Jedoch kann nach HENGEL die Wurzel dafür, daß die Jünger die Kreuzigung Jesu als stellvertretenden Sühnetod des Messias verstanden, nicht *allein* in der schriftgelehrten messianischen Interpretation von Jes 53 liegen. Vielmehr hat Jesus selbst beim Abendmahl seinen bevorstehenden Tod als Heilsgeschehen dargestellt, und dies im Anschluß an Jes 53 (hier trifft sich also HENGEL mit CULLMANN, s. o.). „Auch Mk 10, 45 gehört wohl als Jesuswort in den Zusammenhang jener letzten Nacht, mit dem er seine rätselhafte Zeichenhandlung verdeutlichte. Becherwort und Lösegeld verbindet der universale – vermutlich aus Jes 53 herzuleitende – Dienst ‚für die Vielen' im Sinne von ‚für alle'" (146). In diese Richtung tendiert auch CHILTON (1984).

Die Gleichsetzung von Messias und GK durch die evangelische Überlieferung wird nach NYGREN (1957) durch die Berichte von der Taufe Jesu bekräftigt. Die Stimme vom Himmel, die in den synoptischen Berichten auf ziemlich übereinstimmende Weise wiedergegeben wird (Mk 1, 11 par.), greift Jes 42, 1 auf. Das bedeutet, daß von Jesus gilt, was vom leidenden GK in Jes 53 gesagt ist.

„Jesu Taufe ist die Weihe zu seinem Messiasberuf, damit aber auch zugleich die Weihe zum Tode" (212). „Von der Taufe an ist Jesu Weg der Weg des Leidens, der Weg des Todes, der Weg zum Kreuz, aber auch der Weg zur Auferstehung und Erhöhung – alles in Übereinstimmung mit Jes. 53 über das Leiden und die Erhöhung des GK. Von der Stunde an als Jesus die Taufe empfing, gilt vom Messias und ‚dem leidenden GK', daß die beiden *eins* sind. Der Messias *ist* der Knecht" (ebd.). Auch nach BRUNOT (1961) verstand Jesus die Taufszene als Einladung, die Rolle des Ebed zu übernehmen (23).

Wie lauten die Gegenstimmen? Schon LOHMEYER (1945, 1953) hat unabhängig von JEREMIAS – ihm lag erst dessen Aufsatz von 1936 vor – in seiner Untersuchung über die christologische Anschauung, die hinter der ntl Bezeichnung Jesu als „Knecht" steht, auf deren räumliche, zeitliche und inhaltliche Begrenztheit hingewiesen. Er sieht ihren Ursprung im galiläischen Jüngerkreis, der „die alte prophetische Bezeichnung ‚Knecht Gottes' auf Jesus übertragen und zu dem umfassenden Ausdruck seines Werkes und seiner Gestalt gemacht hat" (137). Obwohl von der jerusalemischen Urgemeinde rezipiert, erwies der Titel „GK" sich doch als unzureichend und mußte durch die beiden anderen Kyrios und Messias/Christus eingeholt und überholt werden. Er führt jedoch ein beachtliches Nachleben in Phil 2, 6–11, wo die drei Anschauungen miteinander verschmolzen erscheinen. „Die Anschauung vom GK durchdringt mit ihren eigentümlichen Zügen und Motiven die mächtig sich weiter entwickelnden verwandten Christologien, wie sie umgekehrt von jenen durchdrungen wird" (150).

Vor allem aber konnte der Widerspruch gegen die von JEREMIAS, WOLFF u. a. vertretene „maximale" Position nicht ausbleiben. Zunächst hat WOLFF in E. KÄSEMANN einen scharfen Kritiker gefunden[50]. Zum Selbstverständnis Jesu bemerkt KÄSEMANN: „Über den Schriftgebrauch Jesu wissen wir ... viel weniger, als WOLFF annimmt. Daß er sich als den GK von Jes. 53 verstanden habe, bleibt ... eine reine Hypothese, die nicht einmal bei Echtheit von Mk. 10, 45; 14, 24 erwiesen wäre" (202). Der Rückgriff auf Jes 53 erweist nach KÄSEMANN nur „die verzweifelte Bemühung der Urgemeinde, sich die Notwendigkeit des Kreuzestodes mit Hilfe des Schriftbeweises verständlich zu machen" (201).

Nicht weniger dezidierten Widerspruch hat R. BULTMANN gegen JEREMIAS eingelegt.

„Man versucht freilich den Gedanken des leidenden ‚Menschensohnes' in die Anschauung Jesu zurückzutragen, indem man annimmt, Jesus habe sich als den dtjes ‚GK', der für die Sünder leidet und stirbt, gewußt und habe die Vorstellungen vom ‚Menschensohn' und vom ‚GK' zum einheitlichen Bilde des leidenden, sterbenden und auferstehenden ‚Menschensohnes' verschmolzen. Dagegen sprechen schon die gegen die Geschichtlichkeit der Leidensweissagungen zu erhebenden Bedenken. Zudem zeigen die

[50] Ein neutestamentlicher Überblick: VuF für 1949/50, München 1951, 191–218, hier 200–203. Aber im gleichen Sinn schon CRAIG (1944; gegen ihn BOWMAN 1945).

überlieferten Jesusworte keine Spur davon, daß er sich als den ‚Gottesknecht' von Jes 53 gewußt habe. Die messianische Deutung von Jes 53 ist erst in der christlichen Gemeinde gefunden worden, und zwar offenbar nicht einmal sogleich" (32). Die im Lichte des Weissagungsbeweises erzählte Passionsgeschichte zeige Einflüsse von Ps 21 (22) und 68 (69), aber erst Lk 22, 37 sei die Einwirkung von Jes 53 wahrnehmbar, und in Mt 8, 17 diene Jes 53, 4 sogar als Weissagung nicht auf den leidenden, sondern auf den die Kranken heilenden Messias. Die frühesten Stellen, an denen der leidende GK von Jes 53 deutlich und sicher in der *interpretatio christiana* erscheine, seien Apg 8, 32f.; 1Petr 2, 22–25 und Hebr 9, 28. Dieses Verständnis möge älter sein als Paulus und stehe vielleicht hinter Röm 4, 25, einem wohl von Paulus zitierten Wort. Ob bei dem κατὰ τὰς γράφας 1Kor 15, 3 an Jes 53 gedacht sei, lasse sich nicht sagen. „Bedeutsam ist, daß Paulus selbst nie die Gestalt des ‚GK' anführt. In den Leidensweissagungen der Synoptiker ist offenbar nicht an Jes 53 gedacht; denn warum wäre nirgends darauf Bezug genommen?" [51]

Was 1Petr 2, 21–25 angeht, so hat Osborne (1983) dargelegt, daß die Eigenheiten der Perikope (vor allem der Wechsel des Personalpronomens von der 2. zur 1. Ps. Pl.) sich besser durch Bezugnahme auf Jes 53 als durch Verwendung eines christologischen Hymnus erklären lassen.

Seit dem Ende der 50er Jahre mehren sich solche Stimmen. Nach Menard (1957) beziehen sich die Anwendungen der EJL auf Jesus in den Synoptikern auf seine Rolle als erwarteter Prophet, nicht als leidender Messias. Im Lichte der Ereignisse mußte jedoch sein Tod messianisch gedeutet werden. Wir finden diese Wende in Lk 24, 25–27. 44–6, und sie wird vor allem greifbar in der Petruspredigt Apg 3, 12–26, wo Dtn 18, 15 mit Jes 53 verbunden wird. "The great originality of the christology of Acts is that the appellation *pais theou* becomes a messianic title, and not only the Prophet's title as in the Synoptics" (91).

Sevenster (1958/59) unterwirft die Argumente der Jeremias-Schule einer sehr nüchternen Überprüfung. Er weist zunächst darauf hin, daß die EJL von den ntl Schriftstellern nicht als besondere Größe empfunden wurden, daß daraus vielmehr in der gleichen Weise zitiert wird wie aus dem übrigen Jes-Buch (I, II, III) und daß bei diesen Zitaten das stellvertretende Leiden nicht im Vordergrund steht. Jesus selbst beziehe lediglich in Lk 22, 37 ein Wort aus Jes 53

[51] Theologie des Neuen Testaments, Tübingen 1953, 31f. (= [6]1968, 32f.). Diese Argumente hatte Bultmann (1937) schon in der Auseinandersetzung mit R. Otto, Reich Gottes und Menschensohn, München 1934, vorgebracht (26f.).

(53, 12) auf sich. Darüber hinaus werde in den Evangelien nur an zwei weiteren Stellen Jes 53 wörtlich zitiert (Mt 8, 17; Joh 12, 38); an beiden sei von Leiden und Sterben Jesu nicht die Rede; Lk 22, 37 spreche zwar vom Leiden, aber nicht vom stellvertretenden Leiden. Auch nähmen in den Passionsberichten die Pss einen breiteren Raum ein als Jes 53. Das alles spreche dagegen, daß Jesus sich als EJ wußte und aus der EJ-Verkündigung heraus lebte. Gegenüber der Forderung, sich nicht auf die Feststellung direkter Zitate zu beschränken, sondern auf die Grundgedanken von Jes 53 zu achten, die in den evangelischen Berichten durchschimmern, mahnt SEVENSTER, vor allem in Auseinandersetzung mit JEREMIAS und WOLFF, zu großer Vorsicht. Die meisten Stellen, die JEREMIAS dafür anführt, daß Jesus sich selbst für den GK hielt, sind nach SEVENSTER nicht beweiskräftig. Selbst die gewichtigste Stelle Mk 10, 45 weise keine sichere Abhängigkeit von Jes 53 auf. Λύτρον diene der LXX nie zur Übersetzung von *ʾāšām,* wie überhaupt πολλοί das einzige Wort in Mk 10, 45 sei, das einen Einfluß von Jes 53 wahrscheinlich mache. Aber dieses wenige reiche nicht aus zur Begründung der These, Jesus habe sich selbst als GK gewußt. Wäre dies der Fall gewesen, müßte seine Verkündigung viel stärker von dieser Vorstellung geprägt sein.

Gleichzeitig und unabhängig von SEVENSTER hat BARRETT (1959) Mk 10, 45 eine sorgfältige Einzeluntersuchung gewidmet. Er kommt dabei zum gleichen Ergebnis: “the connection between Mark 10:45 and Isa. 53 is much less definite and more tenuous than is often supposed” (15).

In die gleiche Richtung zielend wie SEVENSTER, aber breiter angelegt ist die Untersuchung von HOOKER (1959). Hinsichtlich der Synoptiker trifft sie die gleichen Feststellungen wie SEVENSTER. Somit kann die Identifizierung Jesu mit dem Ebed erst von der Urkirche vorgenommen worden sein. Aber die Apg führt zunächst zum gleichen Ergebnis wie die Synoptiker. Zwar wird in den Reden der Apostel das Leiden Jesu als Erfüllung der Schriften hingestellt. Und wenn in den ersten Kapiteln für Jesus der Titel παῖς gebraucht wird, liegt vielleicht eine frühchristliche Identifizierung mit dem GK vor, sicher ist dies aber nicht. Auf festem Boden stehen wir erst, wenn wir es mit Zitaten zu tun haben; hier aber fehlt, wie in den Evangelien, das Thema des *Leidens.* In 13, 47 und 26, 18 wird das Zitat nicht auf Jesus, sondern auf Paulus angewendet. Die einzige große Ausnahme ist Kap. 8, wo das 4. EJL entschieden mit den Leiden Christi in Verbindung gebracht wird. Allerdings fehlt auch hier ein Hinweis auf den stellvertretenden Charakter dieses Leidens.

Auch bei den Theologen der Frühkirche (Paulus, Joh, Hebr) scheint die

Identifizierung Jesu mit dem Knecht keine große Rolle gespielt zu haben, ja, es läßt sich *beweisen,* daß sie davon überhaupt keine Kenntnis hatten. Erst in 1Petr haben wir eine veränderte Situation. Hier geht es nicht nur um einen Schriftbeweis für die Notwendigkeit des Todes Jesu. Das Zitat gilt vielmehr als relevant für die Erfahrung der göttlichen Vergebung durch das Leiden Jesu. "The second chapter of 1Peter is the earliest definite proof for the full identification of Jesus with the Servant in all its Christological significance" (127)[52]. HOOKER faßt ihr Buch in die Feststellung zusammen: "Our study has thus revealed that there is little evidence that the Servant-Christology held any important place in Christian thought of the New Testament period" (129).

In der Folge haben sich weitere Fachgenossen mehr oder weniger behutsam von den Schlüssen JEREMIAS' distanziert. E. SCHWEIZER (1962) vermerkt, daß von den ntl Zitaten aus Jes 53 „außer dem apologetischen Fund" Lk 22, 37 nur Apg 8, 32f. das Leiden Jesu behandeln. Er erörtert dann Röm 4, 25; Mk 10, 45; 14, 24; 1Petr 2, 21–25 und erklärt: „Die anderen bei JEREMIAS (707f.) zitierten Stellen vermögen nicht zu überzeugen" (72f.). Was im besonderen Mk 10, 45 und 14, 24 angeht, so bestreitet THYEN (1970), daß die Formulierung von Jes 53 abhängig ist (154–163). F. HAHN (1963) distanziert sich zwar von BARRETT (1969), gibt jedoch zu JEREMIAS' Versuch, die Verwendung der GK-Vorstellung in der Verkündigung Jesu und in der ältesten Gemeindetradition auf die frühe palästinische Gemeinde, ja weitgehend auf Jesus selbst zurückzuführen, zu bedenken:

„erstens besagt die Tatsache ältester palästinischer Tradition, wie JEREMIAS selbst einräumt, noch gar nichts über die Herkunft aus dem Munde Jesu, und zusätzliche allgemeine Überlegungen werden den Erweis ebenfalls nicht erbringen können; zweitens können die markinischen Leidensweissagungen und Abendmahlsworte in ihrer jetzigen Form nicht als authentisch angesehen werden, umgekehrt ergibt aber der Nachweis der Echtheit einer Voraussage wie z. B. Lk 13, 32f. wiederum nichts über Jesu Beschäftigung mit Jes 53; drittens kann das Vorkommen der Vorstellung vom Sühneleiden bei ihrer Verbreitung im damaligen Judentum über einen Zusammenhang mit Jes 53 noch nichts erweisen; viertens muß auch bei tatsächlichen Anspielungen auf Jes 53 gefragt werden, ob die Sühnevorstellung dieses Kapitels aufgenommen ist; fünftens brauchen GK-Titel und Aussagen weder mit Dtjes zusammenzuhängen noch implizieren sie bei einer Bezugnahme auf Jes 42 oder 49 schon das Sühnemotiv von Jes 53" (64f.).

[52] In der älteren Literatur wurde der Einfluß der petrinischen Theologie auf die urkirchliche παῖς-Doktrin vor allem von CARPENTER (1929) hervorgehoben (bes. 160–167).

E. Lohse hat erst der 2. Auflage von ›Märtyrer und Gottesknecht‹ (1963) einen Nachtrag über „die Bedeutung von Jes 53 für die urchristliche Verkündigung vom Sühnetod Jesu Christi" beigegeben (220–225). Danach stellen 1Kor 15, 3–5; Mk 10, 45 par. und 14, 24 par. die ersten Versuche dar, noch ohne ausgeführten Schriftbeweis, aber in der Sprache des AT, das unerhörte Geschehen des Sterbens und Auferstehens des Messias zu begreifen.

„Dabei muß gerade das Lied vom leidenden GK von Anfang an für die ersten Christen von entscheidender Bedeutung gewesen sein, weil hier wie sonst nirgendwo in den Schriften des AT und in der jüdischen Überlieferung vom Tod eines leidenden Knechtes für unsere Sünden die Rede war. Erst in etwas späterer Zeit wurde die christliche Gemeinde vor die Aufgabe gestellt, einen ausgeführten Schriftbeweis zu erbringen, durch den man jüdischen Einreden gegenüber die Wahrheit der christlichen Verkündigung zu erweisen hatte. Insofern ist es richtig zu sagen, daß Jes. 53 schrittweise von der christlichen Gemeinde wiedergewonnen wurde" (223f.).

Daß der älteste Kreuzigungsbericht als früheste Stufe der Passionsüberlieferung die Deutung des Kreuzestodes Jesu als Sühneopfer oder Sühnetod nicht kannte, hat G. Schneider, Die Passion Jesu nach den drei älteren Evangelien, München 1973, 25f., dargelegt.

Hoerschelmann (1971) referiert Bultmann, versucht aber überdies dessen Position in ihrer Gegensätzlichkeit zu Jeremias durch die Feststellung zu präzisieren und weiterzuführen, daß sich als objektives Kriterium des Einflusses von Jes 53 auf das NT einzig das Motiv des stellvertretenden Sühneleidens für die Vielen anbiete. "Therefore all the references and allusions to Isaiah 53 which do not contain expressly the motif of vicarious expiation must be excluded" (105). Das gelte auch von den ὑπέϱ-Formeln. "Only those statements which speak of an expiatory death 'for many' or which show otherwise a clear reference to the idea of expiation of Isaiah 53 can be connected with the prophetic chapter" (106).

Auch Ruppert (1972b) steht der Vorstellung, Jesus habe sich als der dtjes Ebed verstanden, zurückhaltend gegenüber. Er glaubt allerdings, die besondere theologische Leistung Jesu habe darin bestanden, sich als leidenden Gerechten *und* als leidenden Propheten zu begreifen und seinem Leiden vom zweiten Motiv her – im Sinne von Jes 53 – Sühnecharakter beizumessen (74f., vgl. 1976, 572).

Nach M. Miguéns (1967) ist die entscheidende Uminterpretation vom jüdisch-messianischen zum christlich-christologischen Verständnis von Jes 53 durch die Urkirche vorgenommen worden. Nachösterliche Zeugnisse wissen, das *der* Christus (= der Messias) nach den Schriften leiden *mußte*, um so in seine Herrlichkeit einzugehen (Apg 3, 18; 17, 3; 26, 22f., vgl. 9, 22 und 18, 28; Lk 24, 25f. 46; 1Petr 1, 11; 4, 13; 5, 1). Zu beachten ist der beständige Gebrauch des Artikels *„der* Christus", der zeigt, daß „Christus" nicht als Name, sondern als Amtstitel verstanden wird: der von den Juden erwartete *Messias* mußte leiden. Wir haben es mit einem Theologumenon der Urkirche zu tun, wonach die Propheten vom Leiden des Messias und seiner darauffolgenden Herrlichkeit sprechen. Mit dem prophetischen Zeugnis kann hier nur Jes 53 gemeint sein, wie Apg 8, 32f. beweist. Damit wird der jüdischen Deutung von Jes 53, die vom Messias alle Leidenszüge fernhielt, eine christliche entgegengestellt: der Messias mußte leiden!

In Absetzung von der JEREMIAS-Schule ist es heute somit weithin zur *communis opinio* geworden, daß die Anwendung der GK-Vorstellung das Werk der jungen Kirche mit begrenzter Reichweite ist. In diesem Sinn etwa noch KRÄNKL (1972):

„Da Apg 8, 32f. die erste Stelle im NT ist, wo auf Jesus explizit die Vorstellung vom leidenden GK übertragen wird, wird man nur mit Zurückhaltung von einer Bedeutung dieses Gedankens im frühesten Christentum sprechen können. Gegen Ende des 1. Jh. scheint diese Gleichsetzung allerdings weiteren Kreisen geläufig gewesen zu sein (vgl. Hebr 9, 28; 1Petr 2, 22–25; 1Clem 16, 2–14; Barn 5, 2). Lukas hat sie also nicht als erster vollzogen, obwohl er die Schriftstelle in ihrer vorliegenden Form selbständig der LXX entnommen hat" (115f.).

GRIMM (1976, 1981) kommt zum Ergebnis: „Jesus hat verschiedene Ebed-Stellen auf den Inhalt seiner Sendung bezogen; doch gab es keine Anzeichen dafür, daß die Ebed-Stücke eine größere Bedeutung für ihn hatten als andere dtjes. Sätze. Die Ebed-Bezeichnung war als solche ganz gewiß nicht entscheidend für Jesu Selbstverständnis; nicht von ungefähr fehlt sie in Jesusworten ganz. Doch war die dtjes. Botschaft insgesamt allerdings grundlegend für die endzeitliche Aufgabe Jesu und – wenn man will – für seine Messianität" (311).

STEICHELE (1980) stellt fest: „Es finden sich im MkEv nur äußerst vereinzelt Traditionen, bei denen man ein Einwirken von Motiven aus den dtjes. GKL in Erwägung ziehen kann" (156). Er nennt „möglicherweise" Mk 10, 45 und 14, 24. BACHL (1982) hält zwar eine Beziehung von Mk 10, 45 und 14, 24 für „recht klar und wahrscheinlich", meint aber doch: „Von einem profilierten Ebed-Bewußtsein Jesu zu sprechen, scheint den Texten zu viel zu entnehmen. Was Jesus aber in den Deuteworten antönte, konnte die Wurzel und der Ansatzpunkt sein für die spätere ausfaltende Deutung der Gemeinde" (68).

Zu Mt 12, 18–21 bemerkt NEYREY (1982), das Zitat beziehe sich nicht nur auf Mt 12, 14–16, sondern gelte dem ganzen Kap. 12, vor allem dem 12, 22–50 Berichteten.

Was die Taufszene Mk 1, 10f. angeht (s. o.), so verweist RUCKSTUHL (1983) auf die „auffallende gestalterische Freiheit" des ganzen Textes Mk

1,10f. und merkt dabei grundsätzlich an, „daß die GK-Christologie als theologisch-kerygmatische Entwicklung im Urchristentum nicht nachgewiesen werden kann" (203f.).

Der Anwendung der EJ-Vorstellung auf Paulus in den Pauluspredigten der Apg (13, 47; 18, 9f.; 26, 16–18, vgl. 9,15f.) und in den Briefen (Gal 1, 15f.; 2Kor 6, 2; Phil 2, 16, vgl. 1Thess 3, 5; Röm 10, 16) ist CERFAUX (1954) in einer interessanten Studie nachgegangen, mit dem Ergebnis:

« Saint Luc suppose que Paul s'est tourné vers les Gentils pour exécuter le programme tracé par l'AT sous la figure du ‹ Serviteur de Dieu › . . . En bref, le Christ délègue saint Paul pour achever la réalisation de l'œuvre du Serviteur telle qu'elle est décrite dans l'AT . . . Dans ses épîtres, Paul contemple sa vocation et l'accomplissement de sa mission dans la lumière des prophéties du ‹ Serviteur de Dieu › . . . Comment expliquer cet accord de Luc et de Paul? . . . Luc est familier avec le recours de Paul aux prophéties du Serviteur » (451 f.)[53].

Die Arbeit von CERFAUX wird von COPPENS (1959b) wieder aufgegriffen. Er erinnert daran, daß das NT keine einheitliche Exegese der Lieder liefert. Eine erste Serie von ntl Stellen sieht in den EJL eine Ankündigung Christi, eine zweite (Apg und Paulusbriefe) « applique les textes aux apôtres, notamment à saint Paul. L'Apôtre des Gentils voit annoncée et préfigurée dans les Chants de l'Ebed sa vocation de missionnaire des païens » (436). Ebenso kommt KERRIGAN (1963) zum Ergebnis, Paulus habe sich mit dem EJ identifiziert, da er in der Heidenmission dessen messianische Aufgabe erfüllte, dies allerdings nicht als zweiter Ebed, vielmehr in Unterordnung unter den wahren Ebed Christus.

Einen Hinweis auf den Einfluß von Jes 53 auf den Christushymnus Phil 2, 6–11 fanden wir schon oben bei LOHMEYER (1945, 1953). Mehrfach sind diese Beziehungen zum Gegenstand eigener Untersuchungen gemacht worden. Für CERFAUX (1946/1954) ergibt sich:

« Saint Paul n'avait sûrement pas pour thème unique de son inspiration le ‹chant du Serviteur› d'Isaïe, mais il puisant volontiers à celui-ci, parce qu'il constituait un motif ‹ traditionnel ›, un des deux ou trois textes placés aux fondations du christianisme » (437).

Von ungewöhnlicher Breite ist die Untersuchung von HENRY (1957). Er vermißt zwar im Phil-Hymnus einen Zentralgedanken

[53] HOAD (1956/57) findet Zitate aus und Anspielungen auf Jes 53 in 1Petr 2, 22–25; 2Kor 5, 21; Röm 8, 3f. und Gal 3, 13f. ("dependent on Is 53 only perhaps for the ὑπὲρ ἡμῶν").

von Jes 53, den der Sünde, was um so mehr überraschen müsse, als dieser im übrigen auch im Zentrum der paulinischen Theologie stehe. Dennoch:

« Un tel manque de parallélisme, sur un point qui concerne la Rédemption, n'empêche pas que l'Hymne au Christ incarné, humilié, souffrant, mourant, ne puisse, pour le reste, s'inspirer des Chants du Serviteur» (47)[54].

KRINETZKI (1959) hat seine römische Dissertation ganz diesem Thema gewidmet. Nach ihm „kann der Hymnus Phil 2, 6–11 mit einigen Einschränkungen als die vollkommenste Synthese der GK-Theologie von Is 52,13–53,12 bezeichnet werden" (336). Auch nach STANLEY (1954) verrät der Hymnus in Terminologie und Theologie "Isaian inspiration" (422). Da andererseits Paulus die soteriologische Verwendung der EJL nicht kenne, diese vielmehr zur Basis seiner mystischen Vorstellung vom christlichen Apostolat mache, könne er nicht der Autor des Hymnus sein. Dieser sei in der palästinischen Jüngergemeinde beheimatet.

Anders J. GNILKA: „Wenn wirklich der GK die entscheidende Mitte des Liedes darstellt, warum stammt das beherrschende Isaiaszitat zwar aus Is II [gemeint ist Jes 45, 23], aber gerade nicht aus den EJL? Der für den Knecht zentrale Sühnegedanke kommt im Christuslied überhaupt nicht in den Blick" (Der Philipperbrief, Freiburg i. Br. 1968, ³1980, 141)[55].

Ergebnis. In der Einschätzung des Einflusses der EJL auf das urchristliche Kerygma ist die neuere Forschung gegenüber der älteren zurückhaltender geworden. Vor allem steht der von Joachim JEREMIAS und seiner „Schule" vertretenen These, Jesus habe sich selbst als GK im Sinne der EJL gewußt, heute die *communis opinio* gegenüber, wonach die Anwendung der GK-Vorstellung auf Jesus das Werk der jungen Kirche mit sehr begrenzter Reichweite war.

2. *Die EJL in der alten Kirche*

Im altkirchlichen Schrifttum des 2. bis 6. Jh., sowohl des Ostens wie des Westens, kommen die EJL unaufhörlich zu Wort. Ihr Ver-

[54] Aus der wörtlichen Bezugnahme von Phil 2,7 auf Jes 53,12 schließt H. W. ROBINSON (1926), "that Paul was not thinking primarily of the Incarnation, but of the Crucifixion" (105).

[55] Im gleichen Sinn BOUWMAN (1966–69).

ständnis hat sich vor allem in den Jes-Kommentaren, aber auch in anderen Schriften der Kirchenväter niedergeschlagen. Leider fehlen darüber Einzeluntersuchungen fast völlig[56]. Deshalb auch wird in der Regel in den Darstellungen der Auslegungsgeschichte diese Periode in einem kühnen Sprung übergangen[57]. Im allgemeinen begnügt man sich mit der Feststellung, die Väter hätten die Perikopen einmütig auf Christus gedeutet[58].

a) 1. und 2. Jahrhundert

Etwas besser ist es um die ersten beiden Jhh. bestellt.

α) Gottesknecht als christologischer Titel

Wie beschränkt die Rolle war, die der *pais*-Titel in der Christologie der alten Kirche gespielt hat, hat A. von Harnack (1926) in einer maßgeblichen Untersuchung gezeigt[59]. Obwohl von Anfang der Geschichte des Christentums an der EJ des Jesaja auf Jesus gedeutet wurde, war παῖς θεοῦ keine geläufige Bezeichnung Jesu. Sie findet sich vielmehr, wenn man von drei Jesajazitaten (eines bei Mt, zwei bei Barnabas) absieht, in der Zeit zwischen ca. 50 und ca. 160 nur 14mal und nur in vier Schriften (Apg, Did., 1Klem., Mart. Polyk.), und zwar, mit Ausnahme von Apg 3,13. 26, immer in Gebeten. Es handelt sich also um eine Gebetsformel, die ihrerseits ihren Haftpunkt im eucharistischen Gebet hat. Dabei läßt sich in den vier Schriften für παῖς ein Bedeutungswandel aus „Knecht" zu „Sohn" wahrnehmen (besonders deutlich greifbar in der lat. Überlieferung). „In dieser Entwicklung war nichts willkommener als der Doppelsinn des Wortes ‚παῖς', den das hebr. ‚Ebed' nicht besaß" (235). „In den *dogmatischen* Sprachgebrauch ist ‚παῖς' nicht gedrungen – ‚υἱός' gehört dem Symbol und der Dogmatik, ‚παῖς' der Liturgie und der erhabenen Rede" (237).

Obwohl im NT die Bezeichnung παῖς θεοῦ als christologischer

[56] Näheres jetzt bei H. Haag (Ber. 1984).

[57] Ruprecht (1972) widmet dem ganzen 1. Jt. eine Seite (58), Feldmann (1907) sogar nur eine halbe (23); etwas ausführlicher ist de Leeuw (1956, 41–45).

[58] Eine Auswahl von Väterstellen etwa bei Condamin (Komm. 1905, 326f.).

[59] Teils in Widerspruch zu W. Bousset, Kyrios Christos, Göttingen ²1921 (Nachdruck ⁵1965) 56f.

Titel nur in Apg 3–4 erscheint, verdient er nach CULLMANN[60] dennoch größere Beachtung, als ihm gewöhnlich zuteil wird, vor allem deshalb, weil er auf Jesus selbst zurückgehe und wir daher von ihm aus dem Geheimnis des Selbstbewußtseins Jesu am nächsten kämen (81; s. o. S. 68f.).

Findet VON HARNACK die Entwicklung von „Knecht" zu „Sohn" erst im Mart. Polyk. abgeschlossen, so ist sie nach HAENCHEN bereits in Apg vollzogen[61]. Er übersetzt παῖς an allen vier Stellen (3, 13. 26; 4, 27. 30) mit „Sohn".

β) Die EJL als christologische Texte

Die Christologie des 1. Klemensbriefes hat H. B. BUMPUS untersucht[62]. Seine Beobachtung deckt sich darin mit CULLMANN, daß Klemens bereits das Ende der Anwendung des παῖς-Titels auf Jesus markiert. In 59, 2–4 ist dieser für ihn ein formaler Titel, den er aus älterer liturgischer Tradition übernimmt, ohne ihm für sein theologisches Christusbild Bedeutung beizumessen[63]. Ebenso abstrahiert das lange Zitat von Jes 53, 1–12, verbunden mit Ps 22, 7f., in 1Klem 16, 3–14 von jeder soteriologischen Kategorie und dient lediglich zur Illustrierung der Demut und des Gehorsams Jesu: „Denn wenn der Herr so demütig war, was sollen dann wir tun, die wir durch ihn unter das Joch seiner Gnade gekommen sind?" (16, 17)[64]. RUPRECHT (1972) vermutet, daß der Anfang des Liedes (52, 13–15) wegen dieser paränetischen Tendenz im Zitat fortgelassen wurde (58).

Im einzelnen untersucht WOLFF (Ber. 1952) die außerbiblischen christlichen Schriften des 1. und 2. Jh. nach ihren Rückgriffen auf Jes 53[65]. Er erwähnt außer 1Klem und Did den *Barnabasbrief*, wo – offenbar in Aufnahme einer älteren Tradition – in 5, 2 ein Mischzitat aus Jes 53, 5 und 53, 7 als Erweis der prophetischen Ankündigung der Passion Jesu dient[66]. Diese Spärlichkeit der Verwendung muß

[60] Christologie (vgl. Anm. 47).

[61] Die Apostelgeschichte, Göttingen [5]1965, 165.

[62] The Christological Awarness of Clement of Rome and its Sources, Cambridge/Mass. 1972.

[63] Schon R. KNOPF, Die Apostolischen Väter I, Tübingen 1920, spricht von einer archaischen Bezeichnung Jesu als des παῖς θεοῦ (137).

[64] Vgl. hierzu u. a. O. KNOCH, Eigenart und Bedeutung der Eschatologie im theologischen Aufriß des ersten Clemensbriefes, Bonn 1964, 280f.

[65] Als Ergänzung und Erweiterung zu WOLFF ist jetzt MEES (1982) heranzuziehen.

[66] Vgl. R. A. KRAFT/P. PRIGENT, Épître de Barnabé (SC 172, 1971) z. St.

überraschen in einer Schrift, die so massiv das AT „christianisiert“ [67]. Die übrigen Apostolischen Väter, namentlich IGNATIUS, schweigen zu Jes 53 völlig[68]. Wohl aber findet WOLFF in *Lugd. Märt.* I, 23 eine Übertragung von Jes 52,14b auf die christlichen Märtyrer. Im Zitat von Jes 53,1 (LXX) im christlichen Einschub der *Himmelfahrt des Jesaja* (Ende 1. Jh. n. Chr.): „Und auch das Hinuntersteigen des Geliebten in das Totenreich, es ist aufgezeichnet in dem Abschnitt, wo der Herr spricht: Siehe, mein Knecht ist verständig“ (4, 21)[69], findet WOLFF einen Verweis auf die Höllenfahrt Jesu und damit eine starke Akzentverschiebung gegenüber der ursprünglichen Intention des 4. EJL. In Wirklichkeit dürfte es sich lediglich um die Aussage des Todes Jesu handeln, den der Seher im Text Jes 53,1ff. (dessen Anfang zitiert wird) angekündigt findet[70]. Auch die *Petrusakten* „belegen, daß in der 2. Hälfte des 2. Jh. oder spätestens am Anfang des 3. Jh. in Syrien eine Beschäftigung mit Jes. 53 geläufig ist, wie sie Ascensio Jesaiae 4,21 voraussetzt“ (WOLFF 118). Und wenn in der *8. Sibylle* von Jesus gesagt wird, er sei „elend, entehrt, unansehnlich, damit er den Elenden Hoffnung gebe“, klingt nach WOLFF (119) deutlich Jes 53, 2f. an. Andererseits zeigt die Anwendung von Jes 53, 7 auf Jesus bei MELITO von Sardes (Paschahomilie 4 und 64)[71], „wie in der Apologetik die missionarisch-christologische Verwertung von Jes 53 fortgesetzt wird, so wie sie seit Apg 8 bekannt ist“ (WOLFF 121f.). In Jes 50, 8f. hinwieder sieht MELITO (101) die prophetische Verheißung des Sieges, den Christus in seiner Auferstehung über die Unheilsmächte errungen hat[72].

Gegenüber solchem sporadischen Vorkommen bietet JUSTIN der

[67] Vgl. H. v. CAMPENHAUSEN, Aus der Frühzeit des Christentums, Tübingen 1963, 168f.

[68] Zum Verblassen des Rückgriffes auf das AT bei IGNATIUS s. C. ANDRESEN, Handbuch der Dogmen- und Theologiegeschichte Bd. I, Göttingen 1982, 53f.; J. A. FISCHER, Die Apostolischen Väter, Darmstadt/München 1956 ([7]1976): „Im Gegensatz zum Klemensbrief (wird) das AT nur selten ausdrücklich herangezogen“ (122).

[69] Übersetzung J. FLEMING/H. DUENSING, bei W. SCHNEEMELCHER, Neutestamentliche Apokryphen II, Tübingen 1964.

[70] Vgl. E. TISSERANT, Ascension d'Isaïe, Paris 1908, z. St.

[71] Ausg. O. PERLER, Méliton de Sardes. Sur la Pâque (SC 123, 1966); S. G. HALL, Melito of Sardis: *On Pascha* and Fragments, Oxford 1979.

[72] Vgl. J. BLANK, Melito von Sardes: Vom Passa. Die älteste christliche Osterpredigt, Freiburg i. Br. 1961, bes. 86–88; A. GRILLMEIER, Der

Märtyrer „zum ersten Mal Gelegenheit, an einem ausgeführten Beispiel zu beobachten, welche Rolle Jes. 53 in der Kirche des 2. Jh. spielt" (WOLFF 123). Es wäre verwunderlich, wenn JUSTIN, der seine vornehmste Aufgabe darin sah, anhand des AT die Wahrheit des christlichen Glaubens nachzuweisen, sich nicht mit Vorliebe der EJL bedient hätte. In 1Apol. 50, 3–51, 5 wird Jes 52, 13–53, 12 vollständig nach der LXX angeführt, wobei jedoch das Zitat bei V. 8a eine Unterbrechung erfährt und mit 8b neu einsetzt, was darauf hindeutet, daß diese Stelle für JUSTIN ein besonderes Gewicht hat. Im Dial. finden sich sechs wörtliche Zitate aus Jes 53, wobei besonders bemerkenswert ist, daß in Kap. 13 Jes 52, 10–54, 6 – der Text sprengt somit nach vorn und hinten die Grenzen des 4. EJL – vollständig ausgeschrieben wird. Von den übrigen fünf Zitaten enthalten vier wieder den Vers 53, 8aβ: „Wer wird von seinem Geschlecht berichten?" JUSTIN findet darin die geheimnisvolle, ohne menschlichen Samen bewirkte Geburt Jesu ausgesprochen[73]. Trotz seiner wunderbaren Herkunft geht Jesus zwar den Weg des Leidens, aber um eine Hoheit zu erlangen, die JUSTIN mit Vorliebe in Jes 53, 9aβ beschrieben findet: „Ich werde die Reichen für seinen Tod geben" (Dial. 97, 2).

WOLFF[74] schränkt seine Untersuchung auf Jes 53 ein. Was die ersten drei Lieder betrifft, so werden sie in Apol. nicht zitiert, im Dial. wird das 3. nie erwähnt. Hingegen dient Jes 42, 1–4 JUSTIN als Erweis, daß die Christen das wahre Israel und Söhne Gottes sind (Dial. 123, 8; 135, 1–3). Besonders liebt JUSTIN das Wort vom „Licht der Völker" (Jes 42, 6; 49, 6). Er bezieht es auf Christus und findet darin den Schriftbeweis dafür, daß die Heiden auch ohne Beschneidung und Sabbat das Heil erlangen können (Dial. 26, 1f.; 65, 4–7).

Der Exegese des von JUSTIN so hervorgehobenen und vor allem in den christologischen Debatten für wichtig erachteten kurzen Halbverses 53, 8b bei den Kirchenvätern insgesamt hat DE DURAND (1969) eine eingehende Studie gewidmet. Im NT ein einziges Mal als Bestandteil des Zitates von Jes 53, 7f. in Apg 8, 32f. angeführt, findet sich Jes 53, 8b bei einem außerbiblischen christlichen Schrift-

Abstieg Christi in der neu entdeckten Homilie Melitons von Sardes „Über das Pascha", in: Mit ihm und in ihm, Freiburg i. Br. 1975, 81–90.

[73] Zur Menschlichkeit und Übermenschlichkeit der Inkarnation bei JUSTIN s. E. F. OSBORN, Justin Martyr, Tübingen 1973, 161–163.

[74] Ebenso MEES (1982).

steller erstmals in 1Klem 16, 8, eingebunden in das große Zitat Jes 53,1–12, mit dem Klemens der Gemeinde von Korinth die Demut Jesu vor Augen führt. Von Justin an ist eine breite Verwendung festzustellen (in häufiger Verbindung mit Jer 17, 9; Mt 11,27 und Hebr 7, 3), wenn auch griechischerseits Namen wie Origenes, Gregor von Nyssa und wohl auch Theodor von Mopsuestia fehlen und mehrere weitere Autoren sich sehr zurückhaltend zeigen. Im übrigen spannt sich der Bogen von der «citation presque purement ornementale» (656) zum formellen Schriftbeweis, beziehe sich dieser nun auf die göttliche oder auf die menschliche Herkunft Jesu oder auf beide, mit einer Vielfalt von Folgerungen, die daraus gezogen werden. Zur Ergänzung und Nuancierung von DE DURAND (1969) ist BERROUARD (1977) heranzuziehen.

b) 3. bis 6. Jahrhundert

Die Stellung, die die EJL in der kirchlichen Literatur (und in der Liturgie!) des 3.–6. Jh. einnehmen, ist noch kaum untersucht. Daß die Kirchenväter die EJL einmütig auf Christus deuten, hat kaum etwas Verwunderliches an sich. Sie machen jedoch von den Texten einen sehr unterschiedlichen Gebrauch, je nach den theologischen Fragestellungen und Auseinandersetzungen, in die sie verwickelt sind. Um hier voranzukommen, müßten nicht nur die überlieferten Jes-Kommentare mit ihren neuesten kritischen Ausgaben genannt und befragt werden, bei den Griechen von EUSEBIUS von Cäsarea über CYRILL von Alexandrien, HESYCHIUS von Jerusalem und THEODORET von Kyrrhos bis zu PROKOP von Gaza, bei den Lateinern vor allem HIERONYMUS. Noch wichtiger, nicht nur für die Auslegungs-, sondern vor allem für die Dogmengeschichte wäre die konsequente Erhebung des Gebrauchs, den die Kirchenväter in ihren dogmatischen und paränetischen Schriften von den EJL machen. Wir müssen es hier bei ein paar Hinweisen bewenden lassen und für Näheres (vor allem Literatur) auf Bericht 1984 verweisen.

IRENÄUS von Lyon († um 202) dienen die EJL (vor allem Jes 49, 5f. und 53, 8aβ) in seiner Auseinandersetzung mit Markion zur Begründung sowohl der die Gottheit implizierenden Präexistenz Jesu als seiner schon im Titel παῖς ausgesprochenen Inkarnation. Ebenso wird HIPPOLYT († um 235) den Titel παῖς aufgreifen, um die Sohnschaft des Logos mit seiner Fleischwerdung zu verknüpfen. KLEMENS von Alexandrien († vor 215) stellt die EJL in den Dienst seiner theologischen Lieblingsideen. Dazu gehört die Vorstellung, Jesus sei in seiner körperlichen Erscheinung nicht schön gewesen, wofür sich KLEMENS wiederholt auf Jes 53, 2f. beruft, im Gegensatz zur übrigen kirchlichen Überlieferung, die diese Stelle auf das Leiden Jesu bezieht.

Leider reichte der Jes-Kommentar des ORIGENES (ca. 185–254) nur bis Jes 30, 5. Wie vertraut ORIGENES jedoch mit den EJL war, hat er in anderen Schriften zum Ausdruck gebracht. Das längste und bekannteste EJ-Zitat findet sich c. Cels. I, 54f. (Jes 52,13–53, 8), wo ORIGENES gegen die jüdische Auslegung polemisiert, die Jes 53 auf das ganze Volk bezieht. Er hält Celsus, der „den Erlöser wegen seines Leidens verhöhnt", den Text zum Beweis entgegen, „daß sein Leiden zugleich mit der Ursache seines Leidens vorhergesagt war". Daß in Jes 53,1–3 die Gestaltlosigkeit Jesu schon lange Zeit vorher durch einen Propheten angekündigt worden war, ist für ORIGENES Beweis dafür, daß Jesus der Sohn Gottes ist (c. Cels. VI,75f.). Das ändert nichts daran, daß das, was an ihm litt und starb, menschlich war (c. Cels. VII,16). In Jes 53 findet ORIGENES (vor allem im Joh-Kommentar) sowohl die Kenose des Logos in der Menschheit Jesu als auch die Erniedrigung des Offenbarungswortes in menschlicher Ausdrucksweise ausgesprochen.

Von EUSEBIUS von Cäsarea († 339) besitzen wir den ersten vollständigen griechischen Jes-Kommentar. Darin spiegelt sich sein vorbehaltliches Einschwenken auf die Beschlüsse von Nizäa. In seiner Erklärung zu Jes 53, 2 bringt er die Jungfrauengeburt, die strikte Trennung der beiden Naturen in Christus und seine subordinarische Logosvorstellung unter. Stark betont EUSEBIUS zu Jes 53 den stellvertretenden und erlösenden Charakter der Passion Jesu. Aber nicht nur im Jes-Kommentar, auch in der ›Demonstratio evangelica‹ zählt EUSEBIUS die EJL zu den großen christologischen Texten des AT.

In vielfältiger Weise macht ATHANASIUS von Alexandrien (ca. 295–373) in seinem Kampf gegen Arius und für das Dogma von Nizäa von den EJL Gebrauch, vor allem in seinen Schriften ›De Incarnatione‹ und ›Contra Arianos‹. Ebenso bieten die EJL CYRILL von Alexandrien († 444) in seinem Jes-Kommentar, aber auch in anderen Schriften mannigfachen Anlaß zur Darstellung, was Christus nach seiner göttlichen φύσις und seiner menschlichen μορφή zukommt. THEODORET von Kyrrhos († um 466), der Gegenspieler CYRILLS, gestaltet in seinem Jes-Kommentar die Auslegung der EJL zu einem kraftvollen Bekenntnis zur nizänischen Lehre von den zwei Naturen, gepaart mit seiner Zurückhaltung, sich über den Modus ihrer Vereinigung in der einen Person Christi näher auszusprechen. PROKOP von Gaza († 538), der die Reihe der griechischen Jes-Kommentare beschließt, ist stark von EUSEBIUS, aber auch von CYRILL abhängig, ohne deshalb einer gewissen Originalität zu entbehren. Er scheint sich auch der thematischen Einheit der EJL bewußt zu sein. Zur Entwicklung der Zweinaturenlehre gibt ihm besonders Jes 49, 3 Anlaß.

Seit der Mitte des 3. Jh. steht die *lateinische* Theologie unter dem Einfluß ihres Begründers TERTULLIAN (ca. 160–22). Er hat zwar keinen fortlaufenden Bibelkommentar geschrieben, beruft sich aber in seinem Schrifttum ungefähr 60mal auf die EJL. Er findet darin das Christusgeschehen angekündigt, vor allem Jesu Sündenvergebung und Auferstehung. Er macht anhand der EJL aber auch wichtige Aussagen zur Trinität und zur Inkarnation. So ist ihm Jes 50, 4 Beleg sowohl für die Unterordnung des Sohnes unter den Vater (Adv. Marc. IV, 39, 7) als auch für die Trennung des Sohnes vom Vater in der Einheit der Substanz (Adv. Prax. 22, 2–5). TERTULLIAN hat auch im lateinischen Vokabular die Doppelbedeutung des griechischen παῖς beseitigt, indem er das Wort konsequent mit *filius* übersetzt und es damit für seine Trinitätstheologie vereinnahmt.

CYPRIAN von Karthago († 258), der auf dem Fundament TERTULLIANS weiterbaut, findet in den EJL mit Vorliebe die doppelte Ankunft Christi in Niedrigkeit und Macht angekündigt – die Vorstellung geht auf JUSTIN zurück –, sieht in Jes 53 aber auch seine Bußtheologie bestätigt. Von den 16 exegetischen Schriften des AMBROSIUS (Bischof von Mailand 374–397) ist ausgerechnet die Auslegung zum Propheten Jes verlorengegangen. Die Anführung von Zitaten aus den EJL hat bei ihm sehr oft bloß erbaulich-ausschmückenden Charakter. Der Christozentrik seiner Verkündigung entspricht es jedoch, daß er darin immer wieder christologische Aussagen findet. Da es zu den vordringlichsten pastoralen Zielen des Bischofs von Mailand gehörte, das Dogma von Nizäa im Abendland zur Geltung zu bringen, trägt sein dogmatischer Gebrauch der EJL eine deutlich antiarianische Spitze.

Der Jes-Kommentar des HIERONYMUS († 420) war für die gesamte Auslegung der abendländischen Kirche wegweisend, wenn auch nicht zu übersehen ist, daß HIERONYMUS weitgehend EUSEBIUS exzerpiert hat. Bei seinem mangelnden spekulativen Interesse – die trinitarisch-christologischen Streitigkeiten lagen ihm nicht – wird man in seiner Auslegung der EJL kaum dogmatische Akzente erwarten. Immerhin nimmt er sie mehrfach zum Anlaß, um die Menschheit und Leiblichkeit Christi zu betonen. So verwirft HIERONYMUS beim 3. Lied das jüdische Verständnis, das die Perikope auf den Propheten bezieht, um dem Christuszeugnis auszuweichen. Diese meine vielmehr die *persona* Jesu, worunter HIERONYMUS seine Menschheit versteht.

Von AUGUSTINUS (353–430) besitzen wir keine Jes-Kommentar, und allgemein haben ihn die EJL wenig beschäftigt. Denn AUGUSTINUS sieht den Verheißungscharakter des AT weniger in einzelnen Prophetenworten als in einem umfassenden Heilsgeschehen. Soweit es aber um wörtliche Verheißung ntl Wirklichkeiten geht, so sucht AUGUSTINUS diese weniger bei den Propheten als in den Psalmen. Auch die Passion Jesu predigt er anhand der Pss, ein Verweis auf Jes 53 kommt ihm dabei kaum auf die Lippen. Wenn er Jes 53, 8 als Beleg für die ewige Geburt des Sohnes aus dem Vater wie für seine jungfräuliche menschliche Geburt verwendet, so ist dies schon alte Tradition.

Mit LEO dem Großen (440–461 Papst), der dem Konzil von Chalkedon und damit der abendländischen Christologie überhaupt seinen Stempel aufdrückte, kommt auch die dogmatische Verwendung der EJL in der lateinischen Patristik zu ihrem Abschluß. Daß Christus uns nur als wahrer Mensch erlösen konnte, belegt LEO mit Jes 53, 4f., sowie er auch das Zusammenspiel der göttlichen und der menschlichen Natur, des göttlichen und des menschlichen Willens in Christus unter Berufung auf EJ-Texte erörtert. Und in der Weihnachtspredigt, die bei LEO einen so hohen Stellenwert einnimmt, wird die jungfräuliche Geburt Jesu ebenso wie die ewige Geburt aus dem Vater im Licht von Jes 53, 8 gesehen.

Damit genug der Hinweise auf ein völlig unbeackertes Feld. Den Patrologen bleiben Dutzende von Dissertationsthemen zu vergeben.

3. Scholastik, Reformation und Nachreformation

Ebenso wie für die Väterzeit ist auch für das MA und die vorbibelkritische Neuzeit die Auslegungsgeschichte der EJL ein kaum erörtertes Thema. Für die allgemeine Geschichte der Exegese im MA ist auf die beiden Klassiker SPICQ[75] und SMALLEY[76] zu verweisen, für

[75] C. SPICQ, Esquisse d'une histoire de l'exégèse latine au Moyen Age, Paris 1944.

die Anfänge der Bibelkritik im 17. Jh. auf SCHOLDER[77]. Die christliche Auslegung der EJL von der ausgehenden Väterzeit bis zur Aufklärung hat RUPRECHT (1972) kurz dargestellt (74–90).

a) Scholastik

War die Theologie der Kirchenväter ganz durch die Bibel bestimmt und besteht der Großteil ihrer Schriften aus Schriftkommentaren und Homilien, so daß noch vom letzten großen Lateiner, GREGOR dem Großen, gesagt werden konnte, Lehre, Predigt und Exegese seien bei ihm eins gewesen[78], so ist mit dem 6. und 7. Jh. die schöpferische Bibelarbeit zu Ende.

„Viele Schriftsteller begnügten sich damit, die Ergebnisse der Geistesarbeit vergangener Zeiten zu sammeln und zu bequemerem Gebrauch zu ordnen. So entstanden im griechischen Osten die Katenen (Kettenkommentare), welche die großen exegetischen Originalwerke der Vergangenheit exzerpierten, und im Osten und Westen schuf man die Florilegien (Testimoniensammlungen), die Aussprüche über dogmatische und moraltheologische Fragen darboten“[79].

Wenn auch aus dem 8. und 9. Jh. beeindruckende Zeugnisse des Umgangs mit der hebräischen und griechischen Bibel vorliegen, so spricht SMALLEY (44) doch von einer “dramatic pause in the history of Bible studies”, deren Ursache nicht in erster Linie in politischen Wirren, sondern ganz schlicht in einem mangelnden Interesse an der Bibel zu suchen ist. Erst mit den Schulen der Frühscholastik und ihren Glossen und Quaestionen setzt im 11. und 12. Jh. ein Neubeginn ein. Er steht im Dienst der theologischen Interessen der Kathedralschulen und profitiert von freundlichen Kontakten zwischen christlichen und jüdischen Gelehrten.

RUPRECHT kommt das Verdienst zu, nachdrücklich darauf hingewiesen zu haben, welchen Einfluß die großen mittelalterlichen jüdischen Kommentare (s. o. III. A. 2. b) auf die christlichen Theologen der Früh- und Hochscholastik ausübten. Offenheit für die

[76] B. SMALLEY, The Study of the Bible in the Middle Ages, Oxford 1952.

[77] K. SCHOLDER, Ursprünge und Probleme der Bibelkritik im 17. Jahrhundert, München 1966.

[78] “Exegesis is teaching and preaching. Teaching and preaching is exegesis” (SMALLEY 35).

[79] B. ALTANER/A. STUIBER, Patrologie, Freiburg i. Br. ^{8}1978, 460.

jüdische Exegese, hier für IBN ESRA, findet RUPRECHT vor allem bei THOMAS VON AQUIN (1225–1274). Von dessen Kommentar oder Postille ›Super Isaiam‹[80] sagt RUPRECHT: „Entgegen sonstiger mittelalterlicher Praxis bringt THOMAS kein einziges Väterzitat, sondern er läßt den biblischen Text selbst sprechen" (79).

Auffällig ist bei THOMAS vor allem, daß er neben seinen eigenen Deutungen sozusagen gleichberechtigt auch andere gelten läßt: Jes 42,1 ff. neben der Deutung auf Christus die auf Darius, Jes 49,1–3 neben der auf das Volk Israel die auf Kyros, 49,4–6 neben der auf den Propheten Jesaja die auf Christus. „In Kap. 53 zeichnet THOMAS in traditioneller Weise Christi Leidensweg und Erlösung nach, ohne eine abweichende exegetische Meinung zu zitieren" (81). „Der Jes-Kommentar des THOMAS VON AQUIN ist in der bisherigen Forschung kaum beachtet worden . . . So blieb auch unerkannt, daß er aus der mittelalterlichen Kommentarliteratur weit herausragt und sich von anderen in eigenartiger Weise unterscheidet" (ebd.).

In der Postille des ALBERTUS MAGNUS (ca. 1200–1280) zum Propheten Jesaja findet RUPRECHT nicht mehr die Nüchternheit, die die Exegese des THOMAS auszeichnet[81].

[80] Im Anschluß an P. GLORIEUX, Essai sur les commentaires scripturaires de saint Thomas et leur chronologie (Recherches de théologie ancienne et médiévale 17, 1950, 237–266, bes. 251–253) datiert RUPRECHT den Jes-Komm. in die letzten Lebensjahre des Aquinaten, als er 1272–1274 in Neapel ein dominikanisches Generalstudium einrichtete. Mittlerweile ist dieser in der Editio Leonina ediert worden (tom. XXVII: Expositio super Isaiam ad litteram, Rom 1974), wobei das Werk als das Vorlesungsmanuskript des Pariser Baccalaureus aus den Jahren 1252/53 verstanden wird (S. 19*f.). Demnach wäre der Jes-Komm. das erste wichtige Werk des Aquinaten. Von einem eigentlichen Kommentar kann allerdings nur für die Kap. 1–11 die Rede sein; ab Kap. 12 beschränkt sich THOMAS, wohl aus Zeitmangel, auf kurze Bemerkungen zum Text, die vermutlich im mündlichen Vortrag ausgeführt wurden.

[81] Ausg. F. SIEPMANN, Alberti Magni Postilla super Isaiam, in: Sancti Doctoris Ecclesiae Alberti Magni Opera omnia t. XIX, Münster i. W. 1952. – Das Abhängigkeitsverhältnis zwischen ALBERTUS und THOMAS ist nicht mit Sicherheit zu bestimmen. Trotz seiner Spätdatierung des Jes-Komm. THOMAS' VON AQUIN (s. o.) setzt RUPRECHT (83) die Postille des ALBERTUS MAGNUS zeitlich später an; in Anschluß an SMALLEY (298) datiert er sie in die letzten Lebensjahre des ALBERTUS, zwischen 1270 und 1280. Indes faßt SIEPMANN (XIXf.) für die ALBERTUS-Postille schon eine Entstehung um 1250 ernsthaft ins Auge, so daß THOMAS sie – auch bei Frühdatierung seines ›Super Isaiam‹ – gekannt haben könnte. Auf Abhängigkeit, in welchem Sinn auch immer, deutet schon die frappierende Ähnlichkeit in

„Trotz starker Konzentration auf den Literalsinn bewegt sich seine Auslegung ständig auf den zwei Ebenen des wörtlichen und des geistlichen Sinnes. Beides ist bei ihm stark ineinander gearbeitet. So deutet er 42,1–4 auf den ‚Befreier', und zwar secundum litteram auf Kyros und secundum mysterium auf Christus, ebenso die weiteren von ihm ausdrücklich abgegrenzten Sinnabschnitte 42, 5–9; 49,1–6. 8–13 . . . Für 49, 3 hat er eine neue Lösung. Er nimmt ‚Israel' als Dativ: ‚Du bist mein Knecht für Israel'. Zu 50, 4–9 bringt er zwar in einem Satz die Deutung auf Jesaja; aber die christologische Deutung steht beherrschend im Vordergrund . . . 52,13–53,12 deutet er nur christologisch" (RUPRECHT 84).

Die rezeptive Einstellung gegenüber der jüdischen Auslegung fand ihr Ende mit der durch die Bettelorden, vor allem die Dominikaner, auf wissenschaftlicher Basis betriebenen Judenbekehrung. Eine Schlüsselrolle spielte hier NIKOLAUS VON LYRA, „dessen Kommentare im späten MA sehr verbreitet waren und hohes Ansehen genossen" (RUPRECHT 84).

NIKOLAUS VON LYRA (Lyre in der Normandie), gest. 1349 in Paris, Franziskaner, ist der bedeutendste Bibelausleger des ausgehenden MA[82]. Dank seiner Abhängigkeit von THOMAS VON AQUIN und seinem Einfluß auf LUTHER steht er vermittelnd zwischen den beiden. Die ›Postillae perpetuae in vetus et novum Testamentum‹ (1322–1330)[83], sein Hauptwerk, stellen einen vollständigen Kommentar zur Bibel dar und zeugen von einer erstaunlichen Kenntnis der jüdischen und christlichen exegetischen Tradition. Das bestimmende Prinzip des Schriftverständnisses ist für NIKOLAUS – er steht hier mit THOMAS VON AQUIN gegen die herrschende Praxis – die Ermittlung des Literalsinnes, womit er der mittelalterlichen Schriftauslegung eine völlig neue Richtung gab[84]. Im zweiten

den Eingangssätzen hin. Dennoch urteilen die Hrsg. der THOMAS-Postille: « Il est même possible que les deux ›Super Isaiam‹ s'ignorent l'un l'autre » (55*).

[82] Vgl. F. VERNET, Dict. de Théol. Cath. IX, 1410–1422; SPICQ 335–342; H. DE LUBAC, Exégèse médiévale II/II, Paris 1964, 344 bis 467.

[83] Davon zahlreiche Ausgaben. Hier benützt: Bibliorum Sacrorum glossa ordinaria . . . et postilla Nicolai Lyrani . . . t. 4, Lugduni 1590.

[84] S. hierzu besonders M. FISCHER, Des Nicolaus von Lyra postillae perpetuae in Vetus et Novum testamentum in ihrem eigenthümlichen Unterschied von der gleichzeitigen Schriftauslegung: Jahrb. f. prot. Theologie 15, 1889, 430–471. 578–619. – Den Einfluß RASCHIS auf die Hexateuchauslegung LYRAS haben F. MASCHKOWSKI, ZAW 11, 1891, 268–316 (zu

Prolog zu den ›Postillae‹ mit dem Titel ›De intentione auctoris et modo procedendi‹ stellt er fest, daß der dreifache geistige Sinn den Wortsinn als Fundament voraussetze. Dieses Prinzip bekräftigt LYRA im Vorwort zur Auslegung des Jes-Buches. Trotzdem ist für LYRA das ganze Jes-Buch ein Christuszeugnis: „Intentio huius libri est narrare Christi mysterium."

Daß 42, 1 ff. von Christus gilt, ergibt sich nicht nur aus Mt 12, sondern auch aus dem Tg mit seiner Deutung auf den Messias. Wenn also katholische Ausleger die Stelle von Kyros verstehen, „magis iudaizant quam Hebraei exponentes ipsum de tempore Christi". Diesen Vorwurf wiederholt LYRA zu Beginn von Kap. 49 gegen jene, die den Text auf Kyros beziehen. Daß Jes 52, 13 ff. von Christus handelt, ergibt sich wieder aus dem Tg: „Ecce prosperabitur servus meus Messias". Mehrfach polemisiert LYRA bei der Auslegung von Jes 53 gegen „Rabbi Salomo" (RASCHI), der den Text auf das jüdische Volk bezieht. So bemerkt er zu 53, 9 *eo quod iniquitatem non fecerit:* „quia ab antiquo usque ad praesens populus ille multas iniquitates fecit contra Deum et proximum". Zu 53, 8 *Generationem eius quis enarrabit* erwähnt LYRA zwar die Auslegung des HIERONYMUS: „intelligitur de generatione divinitatis, quae inenarrabilis et incomprehensibilis est non tantum ab hominibus, sed etiam ab angelis". Er bekennt jedoch, daß er die Anwendung auf die geistige Zeugung, die sich in der Vermehrung der Gläubigen ereignet, vorziehe: „Videtur tamen mihi salvo meliori iudicio, quod melius exponatur de spirituali generatione per multiplicationem fidelium."

b) Reformation

LUTHER hat sich *ex professo* zu den EJL geäußert in seiner Jesajavorlesung von 1527–29, erhalten in den Scholiendrucken von 1532 und 1534 (WA 25, 79–401), zu Jes 53 überdies ausführlicher in der Spezialvorlesung, die er innerhalb seiner großen Genesisvorlesung in der Fastenzeit 1544 hielt (WA 40/3, 687–746)[85]. Obwohl das Auslegungsprinzip in beiden Dokumenten das gleiche ist, unterscheiden sie sich doch stark voneinander.

(1) In seiner Vorlesung über das ganze Jesajabuch führt LUTHER den unterschiedlichen Charakter der beiden Teile des Buches (Kap. 1–39 und 40–66) auf den Propheten selbst zurück. Im ersten, histo-

Ex) und A. J. MICHALSKI, ZAW 35, 1915, 218–245; 36, 1916, 29–63 (zu Lev-Dtn); 39, 1921, 300–307 (zu Jos) untersucht.

[85] Deutsch: H. ROBSCHEIT, Der Knecht Gottes. Luthers Auslegung zu Jesaja 53 übersetzt, Berlin 1957.

rischen Teil handle der Prophet von den Ereignissen unter der assyrischen Oberherrschaft, die er selbst miterlebt habe. „Posterior autem pars, quae iam sequitur, est prophecia de regno Christi et de rege Cyro. Est autem pura prophecia, quod neutrum Propheta viderit neque temporale Cyri regnum neque spirituale Evangelii ... Porro quia est prophecia de Christo et Evangelio, pertinet ad nostra quoque tempora. Imo est proprie nostra. Quare nobis commendatior esse debet" (248)[86]. Ist somit das ganze Dtjes-Buch Weissagung von Christus, so kann es nicht verwundern, daß LUTHER auch bei der Auslegung der EJL mit unbeirrter Direktheit auf Christus zugeht. Dabei sieht der Reformator jedoch immer Christus und die Kirche in einem.

So vermerkt er zu 50, 6 „Dedi corpus meum percutientibus": „Sunt intelligenda de passione Christi ... Porro qualem Christus hic se esse dicit, talis est Ecclesia hodie et omnibus temporibus, exposita scilicet percussoribus et vellicatoribus" (314). Kap. 53 (wozu LUTHER immer 52,13–15 rechnet) trägt die Überschrift: „De Christi passione et glorificatione", und er erläutert sogleich: „Est igitur vix alius locus in tota scriptura apertior tum de passione Christi tum etiam de resurrectione" (325). In 53, 5 „Er ward durchbohrt wegen unserer Sünden, zerschlagen wegen unserer Verschuldungen" findet LUTHER eine Definition Christi: „Est haec quasi definitio Christi, quam omnibus aliis religionibus opponere convenit: Propter nostras iniquitates est vulneratus" (329). V. 10, in dem das Thema Auferstehung angeschlagen wird, bezieht LUTHER nachdrücklich auf die Kirche: „Posteritas, de qua dicit, est Ecclesia. Videbit semen, inquit, habebit regnum et regios quoque liberos ... Christus ille una cum filiis suis durat in aeternum et regnat, non moritur sicut reges mundi" (336).

(2) Findet LUTHER in seiner Jes-Vorlesung von 1527–29 – sine ira et studio, so möchte man sagen – Person und Wirken Jesu beschrieben, so setzt er in seiner zwei Jahre vor seinem Tod gehaltenen Sondervorlesung über Jes 53 ganz bestimmte und deutliche Akzente. Dies dürfte einerseits mit der begrenzteren Thematik dieser Vorlesung zusammenhängen, aber auch mit der inneren Entwicklung, die in den 15 Jahren im Reformator vor sich gegangen war.

[86] „Zu Jes 40 ff. unterscheidet LUTHER sich von LYRA nur in seiner Christologie, nicht in seiner Methode der Auslegung. Eine Akzentverschiebung ergibt sich dadurch, daß LUTHER an dem apologetischen Weissagungsbeweis weniger interessiert ist als an der Kontinuität der Christuspredigt, insofern bereits Jesaja seinen Zeitgenossen das alleinige Vertrauen auf Christus gepredigt habe" (RUPRECHT 1972, 85).

Drei Leitfäden ziehen sich durch die ganze Auslegung: a) das christologische Dogma *verus Deus – verus homo;* b) der Sühnewert des Todes Jesu; c) die Polemik gegen die kollektive Deutung der Juden.

a) LUTHER, der sich schon seit 1530 immer stärker wieder dem altkirchlichen Dogma zugewandt hat, dieses jedoch, im Unterschied zur Scholastik, in neuer Weise biblisch zu begründen versucht, findet in Jes die ideale biblische Grundlage für das Dogma von Chalkedon. Daß mit dem Ebed Christus gemeint ist, wird dabei im Sinne christlicher Tradition als selbstverständlich vorausgesetzt. Das Besondere an diesem Kapitel aber sieht LUTHER darin, daß es uns Christus in seiner Gottheit und Menschheit zugleich vor Augen stellt: „Esaias vocat Messiam illum gloriae Dominum, brachium Domini, Regem, Sacerdotem, et tamen miserrimum, abiectissimum hominem, quo non sit quisquam despectior in toto genere humano, et tamen simul Deum in maiestate sua adorandum" (WA 40, 687).

In dieser einleitenden Zusammenfassung ist auch schon das Stichwort gefallen, mit dem in den EJL die göttliche Natur Jesu auf das trefflichste eingefangen wird: *brachium Domini.* Er ist für LUTHER gleichbedeutend mit *Filius Dei.* Ja, er setzt (in der Auslegung von 53,7) *brachium Domini* gleich mit ὁ μονογενὴς τοῦ θεοῦ (721)[87].

b) LUTHER findet in Jes 53 aber auch den Sühnecharakter des Todes Jesu klar ausgesprochen. In dieser Hinsicht übertrifft dieses Kapitel des AT sogar die Evangelien. „Haec clarissime descripta sunt, ut a nullo Evangelistarum praeter Joannem superetur. Tres primi Evangelistae describunt tantum nudam historiam, Esaias vero praedicit historiam, causam, fructum et usum" (714f.). Der Wert des Leidens Jesu ist grenzenlos, weil seine Person grenzenlos ist: „Persona quidem est aeterna et infinita, cuius etiam una guttula satis fuisset ad salvandum orbem terrarum" (717).

c) Mit heftigen, ja beleidigenden Worten polemisiert LUTHER

[87] H. BORNKAMM, Luther und das Alte Testament, Tübingen 1948, faßt zusammen: „Luther findet überall bei den Propheten Christus nach Gottheit und Menschheit verheißen . . . Überhaupt bieten die Propheten Luther besonders reiche Belege für die kirchliche Zweinaturenlehre. Vor allem ist der GK und ‚Arm des Herrn' in Jes. 53 das anschauliche Sinnbild dieses Geheimnisses, das im Alten Bunde nur sehr wenige verstanden haben; erst der hl. Geist hat es zu Pfingsten offenbar gemacht. Ärmlichste Niedrigkeit und göttliche Hoheit sind darin so untrennbar verbunden, daß dieses Kapitel Luther zu einer derben Lektion für Nestorius Anlaß bietet" (95).

aber auch das ganze Kapitel hindurch gegen die kollektive Deutung der Juden, die ihm vermutlich aus NIKOLAUS VON LYRA bekannt war. So zu 53, 4: „Iudaei depravant hunc textum, qui totum hoc caput exponunt de populo collective . . ., sed impudenter mentiuntur“ (713). Ja, er unterstellt den LXX-Männern eine bewußte Fälschung ihrer Übersetzung, um beim König Ptolemäus II. Philadelphus ein besseres Honorar herauszuholen (735f.).

Die exegetischen und homiletischen Schriften CALVINS umfassen auch einen Kommentar zu Jes[88]. Dabei behandelt er die beiden Teile des Jes-Buches als zwei verschiedenartige Größen. Er meint, Jesaja habe die Trostschrift Kap. 40ff. kurz vor seinem Tod geschrieben, „ne decedens ex vita ecclesiam Dei sine spe restitutionis gravissimis malis obrutam relinqueret“ (in cap. XL). In seinen Drohreden spreche der Prophet wohl seine Zeitgenossen an. „Quidquid autem posthac sequetur, ad futuram ecclesiam spectabit“ (ebd.). So kann es nicht verwundern, daß CALVIN die EJL Zug um Zug auf Christus bezieht. „Videtur propheta tanquam ex abrupto ad Christum transsilire“, so eröffnet er die Auslegung von Kap. 42. Nur der Blick auf Christus gab den Exulanten Hoffnung auf ihre Befreiung, wie CALVIN zu Jes 49, 1 bemerkt: „vix sperassent se a Domino redemptum iri, nisi Christum sibi ob oculos posuissent, quo solo fracti animi erigi ac confirmari possunt.“

Überraschenderweise bezieht aber CALVIN das 3. Lied auf den Propheten selbst. Daß von Jesaja über erlittene Mißhandlungen nichts bekannt sei, ist für ihn kein Gegenargument. Von Jes 52, 13 an ist CALVIN aber wieder ganz bei Christus. „Postquam Isaias de restitutione ecclesiae loquutus est, transit ad Christum, in quo omnia colliguntur“, so eröffnet er den Kommentar zum 4. Lied. Bei Jes 53, 5 hält CALVIN fest, daß die stellvertretende Sühneleistung Jesu von uneingeschränkter Wirkung sei: „Unde colligenda est universalis doctrina, nos scilicet gratis reconciliari Deo: quia Christus pacis nostrae pretium solvit.“

c) Nachreformation

Erst das 17. Jh. löst sich wieder aus der Starre, der die christliche Auslegung der EJL seit dem 14. Jh. verfallen war. Die heraufzie-

[88] Commentarii in Isaiam Prophetam: Opera exegetica et homiletica vol. XV, Braunschweig 1888, Nachdruck 1964. Dazu W. BOUDRIOT, Johannes Calvins Auslegung des Propheten Jesaja übersetzt und bearbeitet, hier 2. Hälfte, Neukirchen 1949.

hende Wende kündet sich an, ohne daß es schon zum Durchbruch käme[89]. RUPRECHT (88–90) nennt als treibende Kräfte die bessere Kenntnis der jüdischen Kommentarliteratur dank der durch den gelehrten Humanismus gepflegten hebraistischen Studien und das bei einzelnen Exegeten wie den beiden Niederländern H. GROTIUS und C. VITRINGA neu erwachende Interesse an den zeitgeschichtlichen Bezügen, das schon LYRA wichtig gewesen war[90]. Hugo GROTIUS (1583–1645), Annotationes in Vetus Testamentum, 1644 bzw. 1776, bezieht das 1. Lied auf Jesaja, nicht ohne zu vermerken: „Sublimius autem haec impleta sunt in Christo, cuius figuram, quantum potuit, gessit Esaias, ut et Ionas, et alii quidam." Ebenso spricht im 2. und im 3. Lied Jesaja („Israel" in 49, 3 hat den Sinn „zugunsten Israels", *Israeli, Israelis bono*), während das 4. von Jeremia gesagt ist. Wir sind also bei GROTIUS schon weitgehend bei der – nach ihm lange wieder verschütteten – autobiographischen Deutung. „In nuce ist bei GROTIUS bereits die historisch-kritische Forschung, wie sie sich im 18. und 19. Jh. darbietet, vorhanden" (KRAUS 53).

Interessant ist die Ausgabe des Werkes von GROTIUS durch G. J. L. VOGEL, Halle 1776, der sich in Zusätzen oft von der Position GROTIUS' distanziert. Er bezieht die ersten beiden Lieder auf Kyros, das 4. auf den Messias, zum 3. hat er keine Korrektur. In 49, 3 ist *Israel* nicht mit „Israel" zu übersetzen, sondern mit „mein Knecht", *serve mi*[91].

Über C. VITRINGA (1659–1722) urteilt KRAUS: „Sein Jes-Kommentar, im Jahre 1714 erschienen, enthält alle Vorzüge einer am sensus historicus orientierten Exegese . . . Man darf wohl behaupten, daß VITRINGA der erste Exeget ist, der die zeitgeschichtliche Auslegung des AT als unerläßliche Voraussetzung jedes rechten Verstehens erwiesen hat" (91). RUPRECHT beurteilt ihn zurückhaltender, da VITRINGA in der Befreiung durch Kyros nur die vorauslaufenden Zeichen für den Sieg Christi sehe (89).

Unter den Pionieren ist auch die kommentierte Jes-Übersetzung (1778) des anglikanischen Bischofs Robert LOWTH (1711–1787) zu nennen, die alsbald von J. B. KOPPE in deutscher Übersetzung herausgegeben wurde[92], der LOWTH in der Vorrede bescheinigt, sein

[89] Zu den Vorboten der hist.-kritischen Methode insgesamt siehe SCHOLDER (Anm. 77).

[90] Weitere selbständige Denker nennt NORTH (1948) 27.

[91] RUPRECHT (1972, 89) schreibt die Position VOGELS irrtümlich GROTIUS zu.

[92] D. Robert Lowths Jesajas neu übersetzt nebst einer Einleitung und

Hauptgrundsatz sei es gewesen, den Propheten als *alten Dichter* darzustellen. Lowth arbeitet bei Jes 40ff. konsequent mit einem doppelten Sinn: einem buchstäblichen und einem geistigen. Viele Stellen der Weissagung bezögen sich auf die durch Kyros veranlaßte Befreiung der jüdischen Nation, müßten aber doch „von der durch Christum bewürkten Erlösung der Menschen verstanden werden" (Koppe III, 206). Die Befreiung aus dem Exil sei Bild, „eine Befreyung von unendlich erhabnerer und wichtigerer Natur darzustellen" (ebd. 205). Für die EJL verneint indes Lowth diese doppelte Sinnhaftigkeit, sie sprächen direkt vom Messias. So erklärt er zu Kap. 42 (nach Koppe):

„Der Prophet hatte beym Anfange dieser Weissagung die Gemüther auf die Rückkehr aus der babylonischen Gefangenschaft vorbereitet und dabey auf die viel wichtigere Errettung gedeutet, die unter der Hülle jener Begebenheit verborgen lag ... In diesem Kapitel kommt er nun auf die viel wichtigere Errettung, und zeigt, ohne weiter durch Hülle der Allegorie die Sache zu verschleyern, mit einem Mal den Messias im hellesten Licht."

Dagegen erhebt jedoch Koppe Einspruch und kommentiert:

„Das seh' ich doch nicht ein, da Cyrus, oben 41, 2ff. 25ff. als Werkzeug Gottes zur Befreyung der Nation beschrieben war, und Kap. 45 noch deutlicher, selbst mit Nennung seines Namens, als Retter und Beglücker des jüdischen Volks beschrieben wird, warum auf ihn nicht auch die poetische Schilderung dieses Cap. anwendbar seyn sollte." Ähnliches geschieht beim 2. Lied, das Lowth direkt auf den Messias, Koppe auf den das Werk des Messias ankündenden Propheten bezieht. Beim 3. Lied hat Koppe keine Bemerkung zu Lowth, beim 4. Lied bekräftigt er dessen Auslegung.

4. *Eichhorn als Wende und Neubeginn*

So war das Gelände für eine neue Einschätzung der EJL unübersehbar vorbereitet. Die eigentliche Wende aber konnte erst die Aufklärung bringen. Voraussetzung dafür war ein *verändertes Verständnis der Prophetie.* Auf die Schlüsselrolle, die J. G. Eichhorn (1752–1827) hierbei spielte, hat Ruprecht (99f.) nachdrücklich hingewiesen (vgl. auch Kraus 133–151).

critischen philologischen und erläuternden Anmerkungen. Aus dem Englischen mit Zusätzen und Anmerkungen von Johann Benjamin Koppe, Leipzig 1779–81, 4 Bde.

Von der Prophetie im allgemeinen und dem Jes-Buch im besonderen handelt EICHHORN im 3. Band seiner ›Einleitung in das Alte Testament‹ (Leipzig 1783, [3]1803), ausführlicher in seinem dreibändigen Werk ›Die hebräischen Propheten‹ (Göttingen 1816–1819). Speziell Jes 53 sind seine ›Briefe über Jes 53‹ gewidmet (in: Eichhorn's Allgemeine Bibliothek der biblischen Literatur, Bd. VI, Leipzig 1795, 919–995).

Im Gefolge von Chr. G. HEYNE und J. G. HERDER deutet EICHHORN „das Phänomen der Prophetie im Zusammenhang von den der allgemeinen Erfahrung zugänglichen und verwandt erscheinenden Phänomenen, also nach dem Prinzip der Analogie und rein immanent . . . Aus dieser immanenten Erklärung der Prophetie folgt, daß die Propheten nur unmittelbar Bevorstehendes ‚ahnen', aber nicht Ereignisse späterer Jhh. voraussagen können . . . Unter dieser Voraussetzung konnte unmöglich Jesaja als ein Prophet des 8. Jh. Ereignisse aus dem Ende der babylonischen Exilszeit vorhersagen oder gar auf Chrisuts hinweisen. Da die Orakel des Jesajabuches sich auf Ereignisse verschiedener Jhh. beziehen, folgert EICHHORN, daß sie ‚aus verschiedensten Zeiten und von ganz verschiedenen Propheten unter seinem Namen gesammelt' . . . wurden" (RUPRECHT ebd.).

Erstmals wird somit bei EICHHORN der menschliche Anteil an der Prophetie neben dem göttlichen voll ernst genommen. Die beiden Elemente sind untrennbar, und wir können nicht ausmachen, „wo sich in den Hebräischen Propheten das Göttliche vom Menschlichen geschieden" (Einl. 14). Hinzu kommt, daß die Propheten Dichter waren, „und welcher erträgliche Ausleger wird in einem Dichter lauter historische Wahrheit suchen?" (Einl. 22).

Daraus ergeben sich für die Einschätzung der EJL zwei einschneidende Folgerungen, die die gesamte nachfolgende Forschung bis zum heutigen Tag bestimmt haben: (1) Jes 40ff. stammt von einem anderen Propheten, der am Ende der Exilszeit lebte, dessen Anteil EICHHORN allerdings noch auf Jes 40–52 begrenzte. (2) „Wenn ein Prophet ebenso wenig wie ein anderer Mensch künftige Jhh. voraussehen kann, dann kann ein atl Prophet auch nicht das Geschick Jesu von Nazareth vorausgesagt haben. Damit fällt die christologische Deutung der Stücke vom GK dahin" (RUPRECHT 100). EICHHORN selbst sieht im Ebed – unter namentlicher Berufung auf RASCHI, IBN ESRA und QIMCHI – Israel in der Exilswende.

RUPRECHT erinnert jedoch in diesem Zusammenhang nochmals ausdrücklich daran, daß die exilische Abfassung von Jes 40ff. schon von J. B. KOPPE, dem deutschen Herausgeber des Jes-Kommentars von LOWTH (s. o. S. 94f.), vertreten worden war: „nach dem einhelligen Zeugnis aller Autoren zwischen 1780 und etwa 1830 war KOPPE der erste christliche Exeget, der die exilische Abfassung von Jes 40ff. behauptete, und EICHHORN der zweite" (103).

So war mit EICHHORN die These fest begründet, wonach die Orakel über den GK von einem am Ende des Exils wirkenden Propheten stammen und nicht auf Jesus zielen. Wie stark dabei das neu erwachte Interesse an den jüdischen Kommentaren mitbestimmend war, hat RUPRECHT (105–108) gezeigt: „In dieser Zeit strömten die jüdischen Deutungen des GK in großer Breite in die christliche Auslegung ein“ (108). Hand in Hand damit geht die von jetzt an immer gebieterischer erhobene Forderung, atl Texte nur von ihrem literarischen und historischen Kontext her zu verstehen und sich nicht von der Autorität des NT leiten zu lassen (z. B. ROSENMÜLLER, DÖDERLEIN, EICHHORN; vgl. RUPRECHT 122–124). Gleichzeitig profitierte die EJ-Forschung von der aufblühenden arabischen und hebräischen Sprachwissenschaft. Von ihr ließen sich J. G. EICHHORN und J. D. MICHAELIS leiten. Zu nennen sind hier aber vor allem die Kommentare von Chr. A. MARTINI (1791) und W. GESENIUS (1821; RUPRECHT 127f.).

Die weitere Entwicklung der EJ-Frage im 18. und 19. Jh. ist mehrfach dargestellt worden (FELDMANN 1907, 24–41; NORTH 1948, 28–46); am gründlichsten ist RUPRECHT (1972, 91–168).

Danach ließ sich die herkömmliche christologische Deutung nicht mit leichter Hand vom Tisch fegen.

„Die Behauptung der Vertreter der Aufklärung, daß kein Mensch, auch kein Prophet Ereignisse einer fernen Zukunft voraussehen könne, fand keineswegs einhellige Zustimmung. Deshalb konnte die herkömmliche christologische Auslegung der Texte vom GK scheinbar ungebrochen fortleben. Die genaue Erfüllung dieser als Weissagung verstandenen Texte gilt den Vertretern dieser kirchlich-traditionellen Richtung als Beweis. Es handelt sich um einen rein apologetischen Gebrauch dieser Texte, wobei versucht wird, mit Hilfe des Schemas ‚Weissagung–Erfüllung‘ . . . die Verläßlichkeit der Bibel zu demonstrieren“ (RUPRECHT 109).

Als Vertreter dieser Position nennt RUPRECHT auf protestantischer Seite ein gutes Dutzend Namen. Der einflußreichste unter ihnen war der Apologet E. W. HENGSTENBERG (1802–1869)[93].

Der Titel seiner dreibändigen ›Christologie des Alten Testaments und Commentar über die Messianischen Weissagungen der Propheten‹ (Berlin 1819–1835) könnte ebensogut lauten „*oder* Commentar . . .“, denn für HENGSTENBERG besteht die Christologie des AT in den „messianischen Weissagungen“. Ihre Anerkennung wird zur eigentlichen Glaubensfrage

[93] Zu HENGSTENBERG siehe KRAUS 222–226.

für den Christen, denn damit steht und fällt die Autorität Christi und der Apostel, die in der Schrift eigentliche Weissagungen anerkannten.

HENGSTENBERG verteidigt die Einheit des Jes-Buches bzw. die „Ächtheit“ von Jes 40–66. Die Unterschiede zwischen den beiden Teilen erklärt er durch verschiedene Phasen im Leben des Propheten: „Zwischen der letzten Weissagung des ersten Teiles und dem zweiten Teile liegt ... ein Zeitraum von 14–20 Jahren. Mit den Jahren ändert sich aber, so wie die Gemütsstimmung, so auch die Schreibart.“

Unter den katholischen Auslegern des 19. Jh. hält sich ungebrochen die Überzeugung, daß die EJL eine direkte Weissagung auf Christus hin darstellen. Ihr wichtigster Vertreter ist der Münsteraner Professor L. REINKE. Er behandelt die EJL im zweiten Band seines fünfbändigen Kommentars ›Die messianischen Weissagungen bei den großen und kleinen Propheten des A. T.‹ (Gießen 1859–1862), nachdem er dem 4. Lied schon 1836 eine eigene Arbeit gewidmet hatte[94].

Methode und Argumentation unterscheiden sich kaum von der HENGSTENBERGS, auf den sich REINKE auch immer wieder beruft. Wie jener verteidigt er zunächst die Einheitlichkeit des Jes-Buches. Die messianisch-christologische Deutung der EJL wird gestützt durch die völlige Übereinstimmung zwischen Weissagung und Erfüllung, die Lehre des NT und die christliche, gelegentlich auch die jüdische Tradition. Den breitesten Raum nimmt indes die Widerlegung anderer Deutungen ein.

Dennoch gehörte die einstämmige Deutung ein für allemal der Vergangenheit an und machte einer ungestümen und vielfältigen Verästelung und Verzweigung Platz. Das führte nach RUPRECHT allerdings auch zu einer einseitigen Einengung der Diskussion auf die Frage: Wer ist der Ebed? Einmütigkeit herrschte nur im negativen Sinn. Die positive Antwort fiel von Perikope zu Perikope anders aus. Lediglich die durchgehend autobiographische Deutung, wie sie unter dem Einfluß von IBN ESRA von ROSENMÜLLER in der 1. Auflage seiner ›Scholia in Vetus Testamentum‹[95] vertreten wurde, ohne (bis MOWINCKEL 1921!, s. u.) Gefolgschaft zu finden, vermochte alle vier Lieder unter einen Hut zu bringen (RUPRECHT 111)[96]. Im

[94] Exegesis critica in Jesaiae Cap. LII, 13–LIII, 12 seu de Messia expiatore passuro et morituro commentatio, Münster 1836.

[95] Partis tertiae, Jesajae vaticinia complectentis, sectio secunda, Leipzig 1793.

[96] ROSENMÜLLER hat in der Folge seine Ansicht geändert. Schon in seinem Beitrag ›Leiden und Hoffnungen der Propheten Jehova's, Jes. 52,13.14.15; 53‹, in: Gabler's Neuestes theologisches Journal 13, 1799,

übrigen wird bei den Deutungen auf eine *historische Einzelgestalt* das 1. und 2. Lied neben dem Propheten selbst auch auf Kyros bezogen, das 3. (abgesehen von den Vertretern der messianischen Deutung) einmütig auf den Propheten, das 4. entweder auf eine königliche (Usija, Hiskija, nicht Joschija!) oder auf eine prophetische (Jeremia, Jesaja, Dtjes) Gestalt.

Im Gefolge von EICHHORN (s. o.) wußte aber auch die *Deutung auf Israel* – sei es ganz Israel, sei es der bessere Teil des Volkes – eine beachtliche Anhängerschaft zu gewinnen, während die verhältnismäßig kleine Gruppe, die im Ebed den *Prophetenstand* sieht, in W. M. L. DE WETTE[97] (für alle Lieder) und W. GESENIUS[98] (für die vier Lieder plus Jes 61, 1–3) ihre einflußreichsten Wortführer fand.

Ein eigenes Kapitel widmet RUPRECHT (144–149) J. Chr. K. VON HOFMANN (1810–1877)[99], der sich vorübergehend zu einer fließenden Deutung bekannte (Jesaja, das prophetische Amt, der Prophet *ut sic,* Israel, Jesus), wie sie erst in der neueren Forschung mit H. W. ROBINSON wieder aufgekommen ist (s. u. S. 136f.).

Unter dem Einfluß der idealistischen Philosophie finden wir – in merkwürdiger Abkehrung vom biblischen Denken – bei einer Anzahl von Gelehrten des 19. Jh. die Deutung des EJ auf das *ideale Israel,* auf *Israel als Idee* im Sinne seiner göttlichen Bestimmung und im Gegensatz zu seiner mangelhaften Erscheinung, die dieser nicht gerecht wurde. „Dieser Deutung auf das ideale Israel hat H. EWALD

333–369, sieht er im EJ den Stand der Propheten. In der 2. Aufl. seiner ›Scholia‹ (Partis tertiae, Jesajae vaticinia complectentis, volumen tertium, Leipzig 1820) schließlich bezieht er nur noch das 3. Lied auf den Propheten, die anderen drei hingegen eindeutig auf Israel. Er bemerkt zu 42, 1, der LXX-Übersetzer habe aus einem richtigen Verständnis des Textes heraus „Jakob" und „Israel" eingefügt. Ausdrücklich verwirft er die autobiographische Deutung: „nec eorum placet sententia, qui, ut Aben-Esra, Jesajam prophetam de se ipso loqui autument". Ein dezisives Argument dafür ist ihm „Israel" in 49, 3.

[97] De morte Jesu Christi expiatoria commentatio, Berlin 1813, ^{2}1830. Zum 4. Lied bemerkt DE WETTE: „hic magis, quam in prioribus locis, ea, quae prophetae tribuuntur, de toto prophetarum ordine intelligenda sunt" (30, ^{2}44).

[98] Philologisch-kritischer und historischer Commentar über den Jesaia, Leipzig 1821: „Die Propheten sind hier als ein Ganzes, eine Körperschaft oder moralische Person betrachtet: nach einer gewöhnlichen Einkleidungsweise der Hebräer" (11).

[99] Zu VON HOFMANN s. KRAUS 226–230.

(1841) ein weites Echo verschafft. Überschwenglich preist er den Propheten, der in diesen vier Abschnitten dem verzagten Israel das Bild seiner eigentlichen Bestimmung vor Augen malt" (RUPRECHT 157). Im englischen Sprachraum hat nach RUPRECHT vor allem S. R. DRIVER (1846–1914) die Deutung auf Israel als Idee vertreten[100].

Nachdem RUPRECHT seinen Überblick über das 19. und 20. Jh. mit dem Beharrungsvermögen der traditionellen messianisch-christologischen Deutung begann, beschließt er sie sinnvoll mit den Bemühungen jener, die *Altes und Neues* miteinander zu *kombinieren* versuchten.

„Der Versuch, zwischen der liberalen Position, wie sie etwa H. EWALD repräsentiert, und der kirchlichen Tradition des Weissagungsbeweises zu vermitteln, konnte nicht ausbleiben, wo doch idealistisches Denken die Möglichkeit bot, zwischen sehr verschiedenen Positionen zu vermitteln. Die hier zu nennenden Ausleger haben den Einwand erkannt, daß zufällige historische Ereignisse nicht vorausverkündigt werden können. Sie verstehen die Abschnitte vom GK nicht als Voraussage auf Jesus von Nazareth, sondern sehen dort nur Hinweise auf einen von der Zukunft erwarteten Heilbringer" (RUPRECHT 164). Hier begegnen wir Lösungen, die sich mit jener von der idealen Bestimmung Israels berühren, die von den verschiedenen Gruppen und Repräsentanten des Volkes unterschiedlich verwirklicht wird. „DELITZSCH veranschaulicht dies durch seinen berühmt gewordenen Vergleich mit einer Pyramide, wobei Israel als Gesamtvolk die Basis des Begriffes ‚Ebed Jahwe', Israel als berufstreues Volk dessen Mitte und der persönliche Knecht Jahwe's dessen Spitze ist" (RUPRECHT 166).

Damit stehen wir am Vorabend des 20. Jh., in dem die Forschung sich weiter vortasten und auch zu bleibenden Erträgen hinfinden wird.

[100] In seiner ›Introduction to the Literature of the Old Testament‹ (Edinburgh [5]1894) behandelt DRIVER die EJL im Gesamtzusammenhang von Jes 40–66, faßt aber trotzdem den Ebed anders auf als im übrigen Dtjes-Buch; zum 1. Lied: "42, 1–6 Jehovah's 'servant' appears under a new aspect, and with new functions, – no longer the historic nation of Israel (as 41, 8f.), but an *ideal* figure, reproducing in their perfection the best and truest characteristics of the actual nation, and invested by the prophet with a far-reaching prophetic mission" (219).

IV. ERTRÄGE DER FORSCHUNG SEIT 1892

1. Bernhard Duhm

Das Zeitalter der modernen EJ-Forschung wird eröffnet von Bernhard DUHM (geb. 1847 in Bingum, Ostfriesland, gest. 1928 in Basel)[1]. Er war noch Privatdozent in Göttingen, als er 1875 seine ›Theologie der Propheten als Grundlage für die innere Entwicklungsgeschichte der israelitischen Religion‹ vorlegte, ein – wie KRAUS (276) vermerkt – großes Ereignis in der Geschichte der Erforschung der atl Prophetie. In diesem Werk betrachtet DUHM Jes 40–66 noch als Einheit, niedergeschrieben vom Propheten selbst, jedoch in zwei Phasen: „Die ersten 9 Capp. sind vor dem lydischen Kriege des Cyrus geschrieben, die folgenden 18 Capp. wahrscheinlich während desselben" (275).

Indes sieht DUHM die EJL bereits als gesondert zu behandelnde Größe an. Sie heben „sich auch äußerlich nach Stil und Sprache so scharf gegen den übrigen Text" ab, „daß man die Vermutung nicht sogleich von der Hand weisen kann, dieselben gehörten nicht ursprünglich zu dem Plan des ganzen Werkes oder seien wohl gar anderswoher entlehnt" (288f.). In diesem Fall wären sie allerdings von Dtjes gründlich überarbeitet worden. „Vielleicht liegt ihnen eine prophetische Schilderung des Lebens und der Wirksamkeit des Jeremia, etwa von der Hand eines jüngeren Zeitgenossen, zu Grunde" (289). Was im besonderen Kap. 53 angeht, so könnte ihm „eine Grabrede auf Jeremia zu Grunde liegen, doch wäre diese Tatsache für uns ziemlich gleichgültig, da Dtjes die Rede überarbeitet hat" (275).

Auf die Frage, wer der EJ sei, antwortet DUHM:

„Ganz Israel kann Gottes Knecht heißen, weil Gottes Wort in ihm eine Stätte hat, es ist aber wahrhaft Gottes Knecht nur, sofern es das Wort mit Bewusstsein und Willigkeit aufnimmt und ausrichtet. Verstehen wir also

[1] Zu Leben und Wirken DUHMS siehe vor allem das biographische Geleitwort von W. BAUMGARTNER zur 5. Aufl. von DUHMS Jes-Komm. (Göttingen 1968, V–XIII), ferner KRAUS 275–283; J. EBACH, TRE 9 (1982) 214f.

unter dem Knechte Jahves *das ideale Israel, das Gottes Wort hat* und demnach den Verkehr Gottes mit Israel und indirect mit der ganzen Welt vermittelt" (292). Indem Dtjes auf den Knecht Jahves hinweist, weist er demnach hin „auf die Frommen, die Propheten, auf den Kern des Volkes, das Jahves Wort in sich aufgenommen hat und der geistige Mittelpunkt der zerstreuten Israeliten und das einzige Unterpfand ihrer Wiederherstellung geworden ist" (297).

Im Sinne seiner Forderung nach Voraussetzungslosigkeit der Forschung weigert sich DUHM, in den Propheten *a priori* Wegbereiter des Christentums zu sehen. Schon aus diesem Grund kann für ihn ein christologisches Verständnis der EJL nicht in Frage kommen.

„Nach seiner ‚Theologie' schwieg DUHM volle siebzehn Jahre; auch in der seit 1881 bestehenden ZAW findet man seinen Namen nirgends. Dann (1892) erschien sein Jes-Komm., der sofort alle früheren ganz in den Schatten stellte ... Eine 2. Auflage erschien 1901, eine 3. 1914 und die letzte 1922, alle verständlicherweise bloß wenig verändert" (BAUMGARTNER VIf.)[2].

Gegenüber der ›Theologie‹ begegnen wir in dem Kommentar einem stark gewandelten DUHM. Er ist von der 1875 vertretenen Einheit von Jes 40–66 abgerückt und betrachtet nun Jes 56–66 als eine dritte Schrift, „die sich nach Form und Inhalt als Erzeugnis eines einzigen Schriftstellers ausweist, den wir der Kürze halber Tritojesaja nennen ... Geschrieben ist sie kurz vor der Wirksamkeit des Nehemia und zwar in Jerusalem" (XIIIf. = ⁴15). Aber auch DUHMS Ansicht über Herkunft und Bedeutung der EJL hat sich verändert. Diese sind nicht mehr eine von Dtjes überarbeitete ältere Schrift; sie sind vielmehr nachexilischen Datums, jedoch „wahrscheinlich älter" als Tritojes (XIII = ⁴15). Jedenfalls sind sie „erst von später Hand in die Schrift Dtjes' hineingeschrieben" (⁴19).

Die von DUHM vorgenommene, seither klassisch gewordene, wenn auch nicht unwidersprochen gebliebene (s. o. II.1) Abgrenzung der EJ-Einheiten ist Jes 42,1–4; 49,1–6; 50,4–9; 52,13–53,12, „zum Teil mit größeren Zusätzen (42,5–7; 50,10.11)" (⁴19). DUHM hält es auch für möglich, daß nicht alle Lieder über den Gottesknecht erhalten sind (ebd.)[3].

[2] Immerhin schreibt DUHM im Vorwort zur 3. Aufl.: „Wer sich die Mühe geben will, die früheren Auflagen mit der jetzigen zu vergleichen, wird sehen, daß keine Seite und oft kein Satz unverändert geblieben ist." – Die 5. Aufl. 1968 ist ein unveränderter Nachdruck der 4. Auflage.

[3] Die letzten drei Bemerkungen ⁴19 fehlen in der 1. Aufl.

Was das Verständnis des Ebed anlangt, so geht DUHM mit der einst von ihm selbst vertretenen kollektiven Deutung hart ins Gericht. Er erläutert zum 1. Lied: „Daß der Knecht Jahwes ein Kollektivum sei, diese oberflächlichste aller Auskünfte läßt sich selbst gegenüber dem ([4]diesem) ersten noch unbestimmter gehaltenen Gedicht nicht durchführen" (287 = [4]313). Sich vor allem auf die Begriffe *mišpāṭ* und *tōrāh* im 1. Lied stützend, sieht DUHM im EJ keinen eigentlichen Propheten, sondern einen Prophetenjünger, einen Toralehrer (285 = [4]311), einen Seelsorger, einen (nach Jes 57,1) umkommenden Gerechten (XVII = [4]19), der außerdem – dies erschließt DUHM aus 53, 4 – aussätzig gewesen wäre. „Allerdings kann *ng*ᶜ auch andere von Gott geschickte Krankheiten bezeichnen, z. B. die Pest I. Sam 6, 9, aber hier muß eine Krankheit gemeint sein, die langsam zum Tode führt und unheilbar ist, den Betroffenen widerwärtig macht und aus der Gemeinschaft der Menschen verbannt; da bleibt kaum etwas anderes übrig als die Plage κατ᾽ ἐξοχήν, der Aussatz" (369 = [4]398).

„DUHM (1892) gebraucht als erster neben anderen Bezeichnungen an drei Stellen den Ausdruck ‚Ebed-Jahwe-Lieder'. Dieser Ausdruck . . . hat sich rasch durchgesetzt und ist zu einem Terminus technicus geworden . . . Angemerkt sei, daß für DUHM ‚Lied' ebenso wenig wie die Wechselbegriffe ‚Gedicht' und ‚Dichtung' ein formgeschichtlicher Begriff ist. Es ist nur Bezeichnung einer selbständigen poetischen Einheit" (RUPRECHT 1972, 171 Anm. 42).

„Offen bleibt bei DUHM, was jemanden veranlaßt haben könnte, diese ‚Lieder' in das Buch Dtjes einzuschieben. Er denkt sich den Vorgang so mechanisch, daß jemand sie am Rande, oder wo er sonst zufällig genügend freien Raum fand, einfügte, ohne auf den dtjes Zusammenhang Rücksicht zu nehmen (1892, 285 = [4]1922, 311). Allerdings muß DUHM im Zuge der Auslegung diese These wieder halb zurücknehmen und zumindest für das 2. und 3. ‚Lied' zugestehen, dass der jetzige Kontext der Anlaß für ihre Einfügung gerade an dieser Stelle gewesen sein kann" (RUPRECHT 1972, 176).

Gegenüber den klassischen Propheten stellt die von den EJL vertretene Religion nach DUHM einen Abfall dar. Sie gehört der „Zeit der dekadenten Epigonen und der nur noch reproduktiven Schriftgelehrten" an (RUPRECHT 176).

Der Ebed – so DUHM zum ersten Lied – verkündet nichts Neues, sondern „lehrt alte, längst geoffenbarte Wahrheit und steht den Einzelnen mit den Mahnungen und Tröstungen der Religion seelsorgerisch bei. Wir haben eine durchaus nachprophetische Gestalt, einen Angehörigen der Periode, die in der Religion nicht mehr die vorwärtseilende, unter Sturm und Drang zum letzten Ziel treibende Geschichte, sondern die absolute Wahrheit, das vollkommene Lebenssystem erblickt; er folgt auf die Propheten wie die Kirchenlehrer und Seelsorger auf die Verkündiger des Evangeliums vom nahen Weltende" (286 = ⁴312). Das schließt nicht aus, daß DUHM die im 4. Lied ausgesprochene Hoffnung auf Wiederbelebung des Knechts als ein Wunder betrachtet. „Es zeigt sich darin die innere Verwandtschaft der atl Religion mit dem Christentum, allerdings auch ihre Inferiorität, sofern sie den höchsten Gedanken denken, aber nicht verwirklichen kann" (378 = ⁴407).

Der Frage, wieweit DUHMS Leistung neu war und wieweit er sich auf alte und uralte Traditionen stützt, ist vor allem RUPRECHT (1972) nachgegangen. Was die jüdische Überlieferung angeht, bemerkt RUPRECHT:

„In der jüdischen Literatur der ersten nachchristlichen Jahrhunderte, wie sie uns im talmudischen Schrifttum überliefert ist, gibt es keine Auslegung der uns interessierenden Texte. Die gelegentliche Zitation von Einzelversen als Beweisstellen läßt bei der atomistischen Auslegung keinen Schluß darauf zu, wie man den Zusammenhang verstand, aus dem das Zitat stammte.

Dagegen zeigt die Einteilung des biblischen Textes in Paraschen, daß man Jes 42,1–4; 49,1–6; 50,4–9; 52,13–53,12 jeweils als Sinnabschnitte bei der fortlaufenden Lektüre angesehen hat" (59).

Was die christliche Überlieferung betrifft, so zeigt nach RUPRECHT die christologische Auslegung der Texte durch die kirchliche Tradition, daß sie schon von langer Hand als gesonderte Größe innerhalb des Jesajabuches angesehen wurden. So ist es denn auch in der Literatur des 19. Jh. gang und gäbe, die vier Stücke als thematisch zusammengehörige Abschnitte innerhalb eines literarischen Werkes anzusehen.

„So wundert es nicht, daß gerade die beiden stärksten Apologeten der kirchlich-traditionellen Auslegung, auf evangelischer Seite E. W. HENGSTENBERG (1829) und auf katholischer Seite L. REINKE (1860), die sich beide in umfassender Weise mit den übrigen Richtungen der Auslegung auseinandersetzen, die Zusammengehörigkeit dieser vier Abschnitte herausstellen und auf wechselseitige Bezüge hinweisen" (RUPRECHT 130).

Indes sollte die *Thematisierung* der *GK-Vorstellung*, nach Ansätzen im früheren 19. Jh., das Werk von B. DUHM bleiben.

„Der erste, der den Begriff ‚Knecht Gottes' thematisch herausstellte, um die Aussagen dieser vier Abschnitte darunter zusammenzufassen, war F. W. C. UMBREIT (1828) in seinem Aufsatz ›Über den Knecht Gottes im letzten Abschnitt der Jesajanischen Sammlung Kap. 40–66‹. Den überarbeiteten Nachdruck dieses Aufsatzes überschreibt er lapidar ›Der Knecht Gottes‹ mit dem Untertitel ›Beitrag zur Christologie des Alten Testaments‹ (1840). Dieser Sprachgebrauch, daß ‚der GK' das Subjekt dieser vier Abschnitte ist, findet sich wenig später im Titel eines von DE WETTE angeregten Aufsatzes von D. SCHENKEL (1836) ›Kritischer Versuch über den Knecht Gottes (Jes. 40–66) mit Berücksichtigung der neuesten darüber aufgestellten Meinungen‹, wobei er nur die Vertreter der kollektiven Deutung berücksichtigt, und bei F. KÖSTER (1838) im Titel seines akademischen Vortrags ›De servo Jehovae apud Jesaiam commentatio‹" (RUPRECHT 130f.).

Die Leistung DUHMS faßt RUPRECHT wie folgt zusammen:

„In seinem Jesajakommentar von 1892 hat B. DUHM die Schwierigkeit, daß in den vier Abschnitten vom Knecht Gottes als einer so vollkommen gehorsamen Gestalt gesprochen wird, daß nicht das im Exil lebende Volk gemeint sein kann, und daß diese Gestalt ausgeprägt individuelle Züge trägt und dem Volk gegenübergestellt wird, als erster *literarkritisch*[4] zu lösen versucht. Er nimmt an, daß 42,1–4; 49,1–6; 50,4–9; 52,13–53,12 von einem anderen Verf. aus der Zeit nach dem Exil stammen. Was vorher vier *Sinnabschnitte* waren, sind jetzt vier *literarische Einheiten*. DUHM bezeichnet sie deshalb als ‚Gedichte', an zwei Stellen auch mit dem synonym gemeinten Begriff ‚Lieder'.

Erst jetzt, wo DUHM die vier Abschnitte als literarische Fremdkörper, als spätere Einfügungen bestimmt, ist eine genaue Abgrenzung dieser Einheiten wesentlich und hat ein ganz anderes Gewicht als die Angabe von Zäsuren in einem fortlaufenden Gedankengang. Neu ist nicht die Abgrenzung der Einheiten; darin war man sich im wesentlichen einig seit der Einteilung in Paraschen, der auch DUHM folgt. Neu ist bei DUHM nur ihre Bestimmung als literarische, d. h. ursprünglich selbständige Einheiten, die er einem anderen Verf. zuschreibt. Das hat allerdings ganz erhebliches Aufsehen erregt und eine äußerst lebhafte Debatte in Gang gebracht" (134).

2. *Von Duhm bis Mowinckel*

a) Die Thesen Duhms im Widerstreit. Die individuelle (und messianische) Deutung im Vormarsch

Mit Bernhard DUHM war der EJ-Forschung eine Richtung gewiesen worden, hinter die es fortan – trotz aller daran vorgenommenen Modifizierungen, trotz aller immer wieder inszenierten Rückzugs-

[4] Diese und die beiden folgenden Hervorhebungen von mir.

gefechte – grundsätzlich kein Zurück mehr gab. Zugleich löste DUHM eine so stürmische Diskussion aus, daß schon acht Jahre später CORNILL (Ber. 1900) von einer „dtjes Sturmflut des Tages" spricht (409), aber auch beklagt, daß die EJ-Liederhypothese „förmliche Orgien" feiere (410).

Freilich bezieht zunächst LEY (Komm. 1893), der den DUHMschen Kommentar noch mit keinem Wort erwähnt, eine von DUHM durchaus verschiedene Position. Er reduziert die EJL, mit deren dtjes Herkunft er rechnet, auf das 1., 2. und 4. Lied, da in Kap. 50 der Prophet deutlich von sich selbst spreche, in den übrigen Liedern aber von einem anderen. Dieser andere ist eine *messianische Erlösergestalt,* die – anders als bei den früheren Propheten von Hosea bis Ezechiel – bei Dtjes „in Folge fortschreitender Entwicklung in der Erkenntnis des Heilsplanes Gottes mit seinem Volke und allen Menschen, in einer weit höheren Gestalt erschaut wird, als bei den vorangehenden Propheten" (89). Dieser Position ist LEY auch in seinen späteren Veröffentlichungen, 1899 in Auseinandersetzung mit DUHM, 1901 mit BUDDE (1900), treu geblieben.

1894 ist der Einfluß DUHMS erstmals literarisch greifbar. SCHIAN kommt das Verdienst zu, mit seiner Leipziger Dissertation in der Auslegungsgeschichte der EJL die erste Monographie vorgelegt zu haben. Etwas selbstgefällig vermerkend, E. KAUTZSCH erwähne in seinem ›Abriß der Geschichte des atl Schrifttums‹ (1894) DUHM nicht einmal (3)[5], übernimmt er selbst DUHMS individuelle Deutung – die Identifizierung des EJ mit dem idealen Israel bezeichnet er als einen „unmöglichen Gedanken" (25) – und setzt sich zugleich kritisch mit DUHM auseinander. Er schreibt die ersten drei Lieder einem anderen Verfasser zu als das vierte. Deshalb können die Lieder niemals, wie DUHM annahm, als besonderes Buch existiert haben. Vor allem aber lehnt SCHIAN DUHMS These vom zufälligen Hineinrutschen der EJL in Jes 40–55 ab. Sie sind – von anderer Herkunft und einen anderen Ebed-Begriff voraussetzend – von einem späteren Bearbeiter geflissentlich in Jes 40–55 eingesetzt worden, wobei dieser sie durch *Übergänge* mit ihrer neuen Umgebung verband. Zu diesen Übergängen rechnet SCHIAN Jes 42,5–7; 50,10f.; 52,13–15 und 53,1. „Es sind vielleicht Glossen, welche den Liedern den auffälligen Charakter des abrupt Auftretenden

[5] KAUTZSCH erwähnt DUHM im Sonderabdruck des ›Abrisses‹ von 1897, 87; in der 1. Aufl. von 1894 nennt er DUHMS Komm. zwar in bezug auf „Tritojesaja", nicht aber für die EJ-Problematik.

nehmen sollten“ (60). Damit hat SCHIAN ein wichtiges, bis heute weithin anerkanntes Element in die EJ-Forschung eingeführt: es gibt Passagen, die weder von Dtjes noch vom Verfasser der EJL stammen, die vielmehr auf das Konto des Bearbeiters zu setzen sind, der die Lieder in das Buch einfügte[6].

Nachdrücklich griff sehr bald KOSTERS (1896) diese Einsicht auf und fügte den von SCHIAN ermittelten Verbindungsstücken noch Jes 49,7–9a und 51,1–8 hinzu. Auch er unterscheidet, wie SCHIAN, hinsichtlich Herkunft und Meinung zwischen den ersten drei und dem 4. Lied. Das hindert ihn nicht, im Gegensatz zu SCHIAN eine kollektive Deutung zu vertreten. Im 1.–3. Lied sind unter dem Ebed gotterwählte Männer zu verstehen, die vor Esra und Nehemia die wahre Religion im Geist des Dtjes sowohl unter den Juden wie bei den Heiden bekannt machten; im 4. Lied ist der Ebed die spätere Gemeinde der Frommen.

Mit LAUE folgte schon 1898 eine weitere Monographie – und wiederum eine Dissertation. Auch er übernimmt von SCHIAN das Element der Verbindungsstücke, die den Liedern folgen (42,5–7; 49,7–9; 50,10f.) oder vorangehen (52,13–15). Unter den vier Liedern räumt er sowohl dem 3. als auch dem 4. eine Sonderstellung ein. Das 3. ist eine zu einem EJL umgeschaffene Prophetenrede. Dem 4. liegt eine Psalmenvorlage zugrunde, in die der Opfergedanke eingearbeitet wurde (der Ebed wird getötet). In der vorliegenden Form aber sind alle vier Lieder *messianisch* zu verstehen und sind als solche mit der Theologie des Dtjes unvereinbar. Dabei kommt dem 4. Lied für die Einführung eines *leidenden Messias* eine singuläre religionsgeschichtliche Bedeutung zu. Anknüpfend an Sach 9,9 und 12,10, die Psalmen von den großen Gottesknechten der Vergangenheit: David (Ps 89; 132; 141), Abraham (Ps 105), Mose (Ps 106), die „durch Leiden und Prüfungen hindurchgehen mußten, um zu ihrer Herrlichkeit einzugehen“ (62), und an die Ideologie des Versöhnungstages, hält LAUE „die Bildung und Konzeption der Gestalt des leidenden Messias als im Rahmen des AT wohl möglich“ (68)[7]. – Diese Position hat LAUE 1904 nochmals bekräftigt, jetzt in Auseinandersetzung mit KÖNIG (1898) und BUDDE (1900).

Messianische Töne schlägt auch FÜLLKRUG (1899) an. Wir haben es in den EJL mit wirklichen Weissagungen zu tun. Zwar steht dem

[6] Mit „Zusätzen“ hatte freilich schon DUHM gerechnet (siehe IV.1).

[7] Ähnlich BRÜCKNER (1908, 41).

Verfasser (dieser ist Dtjes) die Gestalt des Mose vor Augen, den er als Führer des zweiten Exodus erwartet, der sich aber nicht einstellt.

„Dtjes erhoffte den Ebed in nächster Nähe, das Volk befreiend und das Verirrte wieder zurechtbringend; fieberhaft gespannt waren Profet und Volk auf den Ebed; aber er erschien nicht, und das Volk mußte ohne ihn in die Heimat ziehen. Von Neuem hoffte Dtjes auf einen GK, der durch sein schuldloses Leiden Israel befreien sollte von all' seinen Sünden und die Sünder gerecht machen. Aber siehe da, auch dieses Mal täuschten ihn seine Hoffnungen. *Die Weissagungen vom GK haben sich also in der Zeit und unter den Bedingungen, unter welchen sie Dtjes erwartete, nicht erfüllt*" (117f.).

Vielmehr haben sie sich erfüllt „in anderer Zeit und in einer über die höchste Hoffnung noch weit hinausgehenden Weise ..., ja Cap. 53 fast Wort für Wort, so daß kein Christ mehr diese Profezeiung von ihrer Erfüllung zu trennen vermag ... dieser Mann ist *Jesus Christus*" (118).

Ähnliche Überlegungen stellt KITTEL (Komm. 1898; 1899) an. Im nachexilischen Judentum verband sich die Erwartung eines messianischen Retters mit dem Glauben an die sühnende Kraft des Leidens des Frommen zur Idee eines leidenden Messias. Der historische Haftpunkt aber war ein Mann, „einer der Leiter der exilischen Gemeinde, ein Nachfolger und Geistesgenosse Jeremias", der – ähnlich wie später Serubbabel – „vom eigenen Volke verkannt und preisgegeben, von der heidnischen Obrigkeit in Babel mißhandelt und zuletzt hingerichtet" wurde (Komm. 462). Jesus nahm den – nunmehr von seinem historischen Kontext gelösten – Gedanken vom leidenden Knecht auf, dieser bestimmte sein messianisches Bewußtsein. – Diese Position vertritt KITTEL unverändert 1925; 1927 rechnet er, im Anschluß an DÜRR (1925), mit dem Einfluß babylonischer Sühneriten (256f.).

BERTHOLET (1899) unterscheidet in Jes 53 zwischen einem alten, auf die Zukunft gehenden Spruch 52,13–15; 53,11b.12 und einem späteren Einschub 53,1–11a, der das Leiden des makkabäischen Märtyrers Eleazar im Auge hat, welches im Sieg der Makkabäer seine Frucht und Verherrlichung fand. Diese letzte Aussage ist, theologisch gesehen, die entscheidende:

„Der gut jüdische Gedanke, daß das Leiden des Unschuldigen den Schuldigen zu Gute kommen kann, liegt allerdings in Jes 53; aber er ist der Hauptgedanke nicht, er ordnet sich vielmehr dem der Erhöhung und der Verherrlichung des Erniedrigten durchaus unter" (32).

VON ORELLI möchte bei seiner messianischen Deutung vom Blick auf das Volk nicht abstrahieren. Zwar ist der Ebed eine lebensvolle Persönlichkeit und nicht eine bloße Idee. Aber der Prophet spricht nicht unvermittelt von einem künftigen Individuum. Er schildert das zukünftige Werkzeug Gottes aus seinen Zeitverhältnissen heraus, andererseits mißt er, „zur empirischen Wirklichkeit zurückkehrend, das Volk an diesem Urbilde" (Komm. 1904, 194). Die Exilssituation Israels ist es auch, von der sich der Prophet bei seiner Vision eines leidenden Messias inspirieren läßt. Zwar wird ein Davidide erwartet, aber:

„Hier ist nicht mehr die Rede von dem Herrscher auf Davids Thron, der die Völker mit eisernem Szepter weidet und die widerstrebenden wie Töpfergeschirr zerschmeißt. Wir hören nichts davon, daß er die Grenzen des Reiches herstellt, ja sie bis an die Enden der Erde ausdehnt ... Völlig entkleidet aller irdischen Ehre und aller Anerkennung bar, steht Einer vor uns, der nichts besitzt als Gottes Geist, keine Waffe führt als Gottes Wort, dieses aber nicht gebraucht, um die Menschen zu richten, sondern um sie zu retten ... Aber am wirksamsten ist dabei nicht sein Tun, sondern sein Leiden, nicht sein Wort, sondern sein stilles Dulden bis in den schmachvollsten Tod. Dieses Leiden gewinnt hier eine Erklärung, die bisher in niemandes Sinne aufgestiegen war" (1908, 31).

Ähnlich insistiert Maecklenburg (1905) bei aller Anerkennung, daß „zeitgeschichtliche, vielleicht eben durchlebte Erfahrungen mitbestimmend gewesen sind" (516), auf der geistigen und in die Zukunft gerichteten Aufgabe des Ebed. Und nach Denio (1901) wird ein Prophet erwartet, größer als alle früheren, der die innere Umwandlung des Volkes und die Sammlung der Nationen zum Dienste Jahwes bewirken wird. Ebenso sieht Volck (1902) in Jes 53 „eine direkte messianische Weissagung auf Christum", die eine Idealgestalt der Zukunft zeichnet, „aber eine Gestalt, die sich ihm in den Trägern des prophetischen Berufes, speziell in der Erscheinung des Jesaja vorbildlich darstellte" (30).

Der von Kittel nur beiläufig erwähnte *Serubbabel* war schon kurz zuvor von Sellin (1898) in die Mitte des EJ-Problems gerückt worden, wiewohl Sellin seine These nur als Hypothese vorträgt (ausführliche Wiedergabe Roth Ber. 1903, 144–148[8]). Danach wäre der 521 Statthalter gewordene Davidide nach der Vollendung des Tempelbaus (516) zum König ausgerufen worden. Das Aben-

[8] Roth attestiert Sellin, seine Schrift habe jedenfalls den Vorzug, „daß sie nicht so trocken und abstrakt ist, wie einige der anderen Untersuchungen über diesen Gegenstand. Wir sehen Fleisch und Blut, und nicht nur Spekulation oder Verszahlen und runde und eckige Klammern" (145).

teuer endete mit einer fürchterlichen Katastrophe: Jerusalem wurde von neuem verwüstet, Serubbabel wie ein aufständischer Satrap hingerichtet. Er ist der GK der EJL, der aber fortan die Messiaserwartung bestimmt:

„Doch aus dieser größten Krise der atl Religion geht die Messiaserwartung in reinerer, geläuterter Gestalt hervor, wenn auch nur bei einigen wenigen, sie überdauert Grab und Tod: der Messias mußte solches leiden für die Sünden seines Volkes, auch dies war Gottes Plan; er wird wiederkommen als Bund für sein Volk, als Licht der Heiden. Auf diese seine Wiederkunft gilt es zu harren. So stieg auch hier wieder glänzend der Phönix aus der Asche empor“ (210).

Niemand wird SELLIN geistige Unbeweglichkeit vorwerfen. Er hat im Verlauf seines Lebens seine Ansicht über die Identität des GK dreimal wieder gewechselt. Drei Jahre nach ›Serubbabel‹ (1901) hält er zwar unverändert an Rolle und Schicksal seines Helden fest, gibt jedoch dessen Identifizierung mit dem EJ auf. Dieser bleibt zwar weiterhin ein Davidide, der jedoch vor 538 zu suchen ist. Es ist der 597 nach Babel deportierte und inhaftierte und 561 begnadigte König *Jojachin*[9]. In Jes 53, 8b. 9a ist nicht vom Tod des Ebed die Rede, sondern von seiner Verbannung und Gefangenschaft. Das „Land der Lebenden“ ist Kanaan (Verweis auf Ez 37), die „Gottlosen“ und die „Reichen“ (= Krämer) sind die Babylonier.

„Hat man aber erst einmal den Grundirrtum aller bisherigen individualistischen Auslegung erkannt[10], so fällt es plötzlich wie Schuppen von den Augen. Der ganze Abschnitt gewinnt Leben und erscheint als ein bis in jeden Einzelzug hinein getreues Bild des Schicksals Jojachins, natürlich in der Ausdeutung des begeisterten Sehers, beleuchtet mit einem höheren Lichte“ (269).

Jojachin ist der *eine* Unschuldige, der leiden mußte, „damit das ganze wieder aus dem Exil gerettet und von Gott zu Gnaden aufgenommen würde“ (271). Das Erbteil, das ihm V. 12 zufällt, ist Kanaan.

Dieser Auffassung ist SELLIN zwanzig Jahre lang treu geblieben. Er hat sie 1908 nochmals eingehend bekräftigt. Nichts zwinge zur Annahme, der Ebed sei bei der Abfassung des dtjes Buches 538/7 noch am Leben gewesen. Die Lieder müßten älter sein, da in ihnen

[9] Nach BLEEKER (1922) wäre diese Deutung allerdings erstmals 1896 von L. A. BÜHLER in einer niederländisch geschriebenen Dissertation vorgetragen worden.

[10] Gemeint ist der angenommene Tod des Ebed.

Kyros noch nicht in den Blick kommt und von einem besonderen Haß gegen Babel nichts wahrzunehmen ist. Das deute auf die Regierung des Amel-Marduk 561–559, der mit der judenfeindlichen Politik Nebukanezzars brach, Jojachin aus dem Gefängnis entließ und an den Hof zog.

„Ist aber die Regierungszeit Amel-Marduks die, in der uns die Entstehung der Ebedstücke am besten verständlich wird, so ist damit gegeben, daß der Ebed selbst kein anderer als der gefangene und dann soeben erhöhte Jojachin ist" (133)[11].

In seiner ungewöhnlich ausführlichen Besprechung von Sellin (1901) bezeichnet Rothstein (1902a) zwar seinen Kollegen als einen Forscher,

„der es nicht bloß um seines unermüdlichen, geradezu erstaunlichen Fleißes, sondern auch um der unseres Erachtens mit den wertvollsten, ja, zum Teil durchschlagenden Ergebnissen gekrönten Leistung willen verdient, unter denjenigen, die sich mit den in Frage stehenden Problemen beschäftigen, in die vorderste Reihe gestellt zu werden" (282).

Rothstein hält jedoch die Deutung der ersten drei EJL auf Jojachin für unmöglich; nicht unwahrscheinlich erscheint es ihm, „daß das Geschick dieses Königs den geschichtlichen Stoff für den Inhalt des letzten Stücks (52,13–53,12) gegeben hat (321). Der EJ jedoch – so Rothstein in seiner im gleichen Jahr erschienenen Studie –

„ist der Davidide der Zukunft, in dem sich erfüllen wird, was in der Prophetie des alten Jesaja oder in der Prophetie des ersten Hauptteils des Jesajabuches von dem König der Heilszeit aus Davids Geschlecht gesagt wird" (1902b, 155).

Als ein engagierter Verfechter der individuellen Deutung hat sich in allen seinen Veröffentlichungen Staerk erwiesen. In seiner ersten Stellungnahme zum Thema (1909), in der er sich mit der Jojachin-These Sellins auseinandersetzt, gibt er sich allerdings noch sehr zurückhaltend. Er stimmt Sellin für das 4. Lied zu. Die ersten drei Lieder jedoch verlangten eine Deutung, die „begreiflich macht, wie die höchsten Aussagen vom individuellen Ebed auf den Ebed Israel übertragen werden konnten ... *Es ist das die Deutung des Ebed auf das Prophetentum Israels nach seinem engeren und weiteren Missionsberuf" (52).*

[11] In seiner Einleitung in das Alte Testament, Leipzig 1910, 77, sieht Sellin in dem zunächst besungenen Individuum „aller Wahrscheinlichkeit nach" Jojachin.

Diese Deutung hat STAERK bald darauf (1913) zugunsten eines prophetischen Messias aufgegeben, während er zugleich an der Annahme zweier verschiedener Verfasser für die ersten drei und für das 4. Lied festhält. Denn im Gegensatz zum *prophetischen* Messiasideal der ersten drei Lieder vertrete das vierte ein *königliches* Messiasideal. Weder die einen noch das andere könnten von Dtjes stammen, da dieser beiden Formen der Messiashoffnung ablehnend gegenüberstehe. Dtjes habe sich jedoch am Messiasideal der ersten drei Lieder orientiert und es auf den Ebed Israel übertragen. Der im 4. Lied dargestellte Märtyrerkönig sei kein anderer als der von SELLIN vorgeschlagene Jojachin. Diese Hypothese werde dadurch gestützt, daß der Ebed von Jes 53 nicht stirbt, vielmehr lediglich sein Leiden in den für die Krankenpsalmen charakteristischen hyperbolischen Wendungen geschildert wird (131–137).

Die letzte Stellungnahme STAERKS zu diesem Thema ist von 1926. Er setzt sich mit RUDOLPH (1925, s. u. IV. 3) auseinander, der die EJL auf einen exilischen Messias bezieht, der den Märtyrertod erlitt, und in den Liedern eine innere Einheit findet. Weiterhin lehnt STAERK es ab, daß vom Tod des Ebed die Rede sei. Der überlieferte Text von Jes 53, 10f. spreche „nicht in klaren Worten davon. Es ist sogar zweifelhaft, ob er überhaupt davon spricht“ (257). Die Deutung auf Jojachin wird aber von STAERK nicht mehr vorgetragen[12].

Leidenschaftlich tritt DALMAN (1914), mit einem unüberhörbaren judenmissionarischen Akzent, für die christologische Deutung von Jes 53 ein. Er bestreitet nicht, daß das jüdische Volk bzw. sein besserer Teil einen Prophetenberuf ausgeübt habe. „Das in Schrift gefaßte Zeugnis von Gesetz, Propheten und Psalmen hat damals als ‚Licht der Völker‘ gewirkt und den Weg des Christentums durch die Welt gebahnt“ (58). Jesus aber wirkte „für den GK und war selbst GK im Sinne des Propheten“ (ebd.). Zwar sei dem rabbinischen Judentum der Gedanke sowohl der stellvertretenden Sühne als auch der heilschaffenden Gerechtigkeit vertraut. Aber

> „eine vollkommenere Erfüllung des Prophetenworts als die an Golgotha angeschlossene ist nicht aufzuweisen ... Daß die Völker jemals zu der Überzeugung kommen sollten, daß nicht das Todesleiden Jesu von Nazareth, sondern die Exilsnöte der Juden sie von Sündenschuld befreit hätten, dürfte kaum jemand im Ernst erwarten“ (18).

[12] 1916 erklärt auch PRAETORIUS, er sehe im Knecht eine Einzelperson.

b) Katholische Abgrenzung

Die katholischen Stimmen blieben von der durch DUHM eingeleiteten Neuorientierung auf längere Zeit noch unbeeinflußt[13]; sie halten am *direkt messianischen* Sinn der EJL fest. Ihr Chor wird angeführt durch CONDAMIN (Komm. 1905), der allerdings insofern eine eigenwillige Position einnimmt, als er Jes 60–62 an 40–55 anschließt[14] und innerhalb von Jes 40–55 das 48. Kap. als Schlüssel zu den EJL ansieht, indem das Frühere, Eingetroffene sich auf die Weissagungen über Kyros, das Neue, Verborgene auf das Werk des EJ beziehen würde[15]. Dieses (1908 und 1910 – gegen die Einwände von VAN HOONACKER [1909] – bekräftigte[16]) Verständnis nötigt ihn, das 1. EJL (nach CONDAMIN 42,1–9) hinter das 2. (49,1–7) zu stellen.

Ein Jahr später, 1906, meldet sich im deutschen Sprachraum HONTHEIM zum Wort. Er erklärt kurz und bündig:

„Der Knecht Jahves ist der Messias. Dies eingehender zu begründen, fehlt hier der Raum. Übrigens ist der Text an sich für den unbefangenen Leser klar genug. Der Titel ‚Knecht Jahves' soll, glaube ich, den Messias als zweiten Moses und als zweiten David charakterisieren. Denn diese beiden Personen werden im A.T. überaus häufig als Knechte Jahves bezeichnet" (750).

[13] Eine Ausnahme bildet MINOCCHI (Komm. 1907), der im EJ eine historische Persönlichkeit sieht, die zwischen der Rückkehr aus dem Exil und Esra lebte. Er neigt dazu, ihn mit dem unbekannten Psalmendichter gleichzusetzen, dem wir in dieser Zeit den größten Teil der davidischen Psalmen verdanken. Jedenfalls schien – so MINOCCHI – er seinen Zeitgenossen das vom Propheten verkündete messianische Ideal zu verwirklichen: « Come in molti salmi messianici, il personaggio cantato dal profeta avrebbe in quegli anni realizzato così mirabilmente l'ideale religioso, da meritare di esser posto a fondamento, sotto il nome di Servo di Jahvé, della stupenda rappresentazione messianica elaborata dal profeta » (XXXVI).

[14] Zustimmung bei P. VETTER (Rez. ThQ 87, 1905, 610–613, hier 611).

[15] Für FELDMANN (1915) sind die Kyros-Ereignisse das Neue (s. u.).

[16] Vgl. die Erwiderungen von VAN HOONACKER 1910, 1911. NORTH (1948, 68) bezeichnet diese Diskussion mit Recht als "ultimately tedious". – Nach VAN HOONACKER (1916) galt Kyros dem Propheten "as a prototype of the Servant", während Jojachin "might have served as a model in miniature for the description of the destiny of that mysterious figure of the days to come" (209f., wieder aufgegriffen im Komm. 1932). In der Nähe von VAN HOONACKER und STAERK (s. o.) wird sich BURROWS (1940) bewegen, für den der GK "the house of David, the messianic house in the past, present, and future" darstellt.

1907 legt Feldmann die erste Monographie zum EJ-Problem von katholischer Seite vor. Sie zeichnet sich durch große Gründlichkeit aus und ist allein schon dadurch bemerkenswert, daß sie mit einem 40seitigen Forschungsbericht einsetzt (s. o. I). Feldmann vertritt, noch dezidierter als Fischer (s. u.), die individuell-messianische Deutung. Den „Kontakt" zwischen dem Ebed-Begriff des Dtjes und dem der Perikopen sieht Feldmann „in Gleichheit der Bestimmung, Gegensätzlichkeit der Eigenschaften und Stellvertretung" (46). Keine messianische Dimension haben die Begriffe „das Frühere" und „das Neue". Das Frühere bezeichnet geschichtliche Ereignisse, die von Jahwe vorherverkündigt waren, das Neue ist die Befreiung Israels aus dem Exil (1915; Komm. 1926, 59). Die Arbeit von 1909 (^{3}1913) ist eine popularisierende Kurzfassung jener von 1907.

Zorell (1917) beschränkt sich auf Strophik, Metrik und Textkritik von Jes 53 und enthält sich jedes Kommentars (vgl. aber Knabenbauer, Komm. 1922/23, u. IV.3).

Zum eigentlichen „Spezialisten" für die EJ-Frage und zur anerkannten Autorität sollte sich unter den katholischen Exegeten Johann Fischer aufschwingen. North (1948) stellt ihm das Zeugnis aus: "The Catholic Johann Fischer is, on the whole, the most comprehensive, and even, in some ways, the most objective that the subject has ever received" (94). Das Resultat der Untersuchungen Fischers läßt sich mit wenigen Zitaten umreißen. Die Arbeit von 1916 gilt der Frage nach dem Verfasser der EJL und ihrem Verhältnis zu Dtjes. Die Perikopen, einschließlich der vierten, bilden danach eine Einheit, und zwar werden sie

„am besten charakterisiert als ein Zyklus fortschreitender, sich stufenweise erweiternder und vertiefender Prophezeiungen" (134). Sie „stammen nicht bloß von ein und demselben Verfasser, sie bilden zudem ein einheitliches Ganzes, einen einheitlichen Organismus" (135).

Aus dieser Einheit könne das 4. Lied schon deshalb nicht herausgebrochen werden, weil es

„inhaltlich den unentbehrlichen Abschluß zu den vorhergehenden Stükken, speziell zu 50, 4–9 bildet, daher von demselben Verfasser stammen muß wie diese" (ebd. 145).

Das Verhältnis der EJL zu Dtjes bestimmt Fischer in dem Sinn, daß die Lieder eine *Ergänzung* zu Jes 40–55 darstellen:

„Die EJSt sind m. E. nicht einem bereits bestehenden Werke entnommen, sondern für ein bereits bestehendes Werk als Ergänzung gedichtet. Dieses

Werk . . . ist zweifellos Js 40–55 . . . Wenn aber der Prophet die Perikopen mit Bezug auf das Buch verfaßt hat, so ist es wahrscheinlich, daß er dieselben auch eigenhändig in das Buch eingesetzt hat[17].

Der Frage nach der Identität des Ebed hat FISCHER eine eigene Arbeit gewidmet (1922). Allen Einwänden zum Trotz

„wird es das Vernünftigste sein, daran festzuhalten, daß es dem Propheten tatsächlich gegönnt war, durch die Kraft des erleuchtenden Gottesgeistes schon Jahrhunderte vorher die Gestalt des Welterlösers zu schauen und seine erhabenen Züge zu zeichnen" (95).

FISCHER hat seine Position bis zum Ende unverändert durchgehalten. Einen zusammenfassenden Überblick bietet er in der Einleitung zu seinem Kommentar (1939, 8–21) und nochmals in dem Lexikonartikel (1956). Dieser ist eine Art Vermächtnis[18]. FISCHER schließt mit den Worten:

„Es ist somit kein Zweifel, daß sich die Prophezeiung der GKstücke, besonders die Prophezeiung von 52, 13 bis 53, 12, in Christus vollkommen erfüllt hat. Bei kollektiver und zeitgeschichtlicher Deutung aber bleibt gerade dieses letzte GKstück ein Rätsel, während es bei messianischer Deutung im Hinblick auf die Berichte des NT über Passion und Verherrlichung Christi eine lichtvolle Klärung und Erklärung findet" (618).

c) Der Knecht – das empirische, wahre, ideale Israel

Es wäre jedoch ein Irrtum zu glauben, die von DUHM so emphatisch vertretene individuelle Deutung sei in der Folge Gemeingut geworden. Vielmehr fand die *kollektive* Deutung, die durch die 2. Auflage von ROSENMÜLLERS ›Scholia‹ (1820, s. o.) „zum festen Bestand der atl Exegese wurde" (FELDMANN 1907, 24), weiterhin angesehene Wortführer. So spricht sich SMEND in seinem ›Lehrbuch der alttestamentlichen Religionsgeschichte‹ ([2]1899) für die *Deutung auf Israel* aus, wenn er auch damit rechnet, daß dem Ebed ursprünglich das Bild eines prophetischen Märtyrers etwa aus der Zeit des Jeremia zugrunde lag[19]. WELLHAUSEN pflichtet bei, wenn er im Knecht Israel sieht,

[17] Vgl. auch FISCHER 1929, 111.

[18] FISCHER starb am 2. 3. 1956.

[19] „Der Knecht Jahves, von dem Jes 42, 1–4; 49, 1–6; 50, 4–9;

„als Träger der Wahrheit und ihren Vermittler an die Heiden. Es wäre vermessen, von dieser Deutung abzuweichen und an ein Individuum zu denken. Die Annahme ist abenteuerlich, daß im Exil ein unvergleichlicher Prophet, wo möglich von seinen eigenen Landsleuten, zum Märtyrer gemacht, dann aber verschollen wäre. Die Aussagen passen auch nicht auf einen wirklichen Propheten" (Israelitische und jüdische Geschichte, Berlin 1894, 117 Anm. = [4]1901, 159 Anm.).

Auch für COBB (1895) ist Israel der Ebed (Abraham ist im AT der GK *par excellence,* dessen Leben und Werk sich im Volk Israel verlängert), und daß der jüdische Orientalist J. HALÉVY (1899) „mit aller Energie", wie CORNILL (Ber. 1900, 414) sagt, die kollektive Deutung vertritt, kann nicht verwundern: Der EJ ist das (immer) sterbende und (immer) wieder auferstehende Israel:

«le ᶜEbed Yahwé personnifie le vrai Israël, aujourd'hui captif méprisé, demain peuple fort et glorieux» (199).

Gleichzeitig (1898) greift KÖNIG in die Debatte ein. Er lehnt die Bezeichnung „Lieder" ab und spricht von „Stücken" (895), bringt den Begriff der *„internen Scheidung Israels"* ins Spiel (919 ff.) und sieht, im Widerspruch zur direkt messianischen Deutung LAUES, in Existenz, Wirksamkeit und Schicksal „des in Glauben, Werk und Leiden seinem Gott getreuen Israel *nur, aber auch wirklich* ein(en) Typus auf den geistigen und leidenden Messias" (997). Diese Deutung ist schließlich in den Jes-Kommentar KÖNIGS (1926) eingegangen, wo er ausdrücklich die dreistufige Pyramidentheorie DELITZSCHS (s. o. S. 100) ablehnt, „denn der Text meint mit dem Ausdruck ‚Jahwes Knecht' nur Israel nach den zwei Seiten, in die sich das Jahwevolk durch innere Scheidung zerlegt hatte" (463 f.).

Auf dieser Linie liegt auch SKINNER (Komm. 1898, 1917/51): Der Ebed ist das ideale Israel, das aber teilweise bereits Gestalt annimmt im guten Kern des empirischen Israel. Daß sich das Ideal nur in einem persönlichen gottmenschlichen Leben verwirklichen konnte,

52, 13–53, 12 die Rede ist, bedeutet freilich für den Verfasser von Jes 40 ff. und in gewissem Maße auch für den von ihm verschiedenen Verfasser jener Stücke Israel, aber zu Grunde liegt dabei das Bild eines prophetischen Märtyrers, der ungefähr in der Zeit Jeremias gelebt haben muß und noch mehr war als er" (256 f.). „Das wahre Israel besteht auch jetzt noch und hat die Aufgabe, das Volk zu Jahve zu bekehren, wie in Zukunft Israel die ganze Welt zu Jahve bekehren soll . . . In einer Personification, die dem Hebräer ebenso natürlich wie uns fremdartig ist, wird der Knecht Jahves als ein einzelner Prophet vorgestellt" (368).

ist für uns klar, wir haben jedoch kein Recht zu behaupten, dies habe schon für den Propheten in seiner Zeit evident sein müssen[20].

Etwas später finden wir bei KENNETT (1911) die Vorstellung vom guten Kern in der abgewandelten Form, daß der Ebed als Typus für die Gruppe der Chasidim in der Makkabäerzeit steht[21].

In die gleiche Richtung tendiert CHEYNE (1895, 1897, 1899). „Wer nur immer in irgend einer Weise für Jehovah Zeugnis ablegte, gehörte zum wahren Israel, dem Knecht Jehovahs; aber besonders passend konnte man unter der letzten Bezeichnung die befassen, welche mit dem Amte der Verkündigung betraut waren" (1899, 88). Diese Missionare im weitesten Sinn des Wortes hat der Prophet in den ersten drei Liedern im Auge. Das 4. Lied aber, „dieses wundervolle Gedicht, welches das Allerheiligste im Tempel des AT bildet" (88), meint die armen, aber frommen, von ihren Nachbarn gering geachteten Leute. Diese ungenannten Blutzeugen und Bekenner verschmolz der Dichter „zu einer einzigen Gestalt und setzte diese ideale Persönlichkeit mit dem wahren Volke Israels gleich" (87)[22].

Um die Jahrhundertwende neigt sich – trotz DUHM – die Waage so deutlich dem kollektiven Verständnis zu, daß BUDDE (1900)[23] in seiner Abrechnung mit der individuellen Deutung die Hoffnung äußert, „daß der Höhepunkt der Herrschaft der individuellen Auffassung überschritten ist" (VI), ja, daß ihm sogar Zweifel an der Berechtigung des Untertitels seiner Schrift ›ein Minoritätsvotum‹ kommen (V). Wer Dtjes die EJL abspricht, der sticht ihm damit die Augen aus (Komm. 1908, 612)[24]. Daß CORNILL die Identifizierung

[20] "Perhaps we may . . . say that to us it is clear that the ideal could only be realised in a personal life at once human and divine; only, we have no right to say that this must have been equally evident to the prophet in his day" (1951, LXII).

[21] Mit KENNETT setzt sich BURNEY (1912/13) ausführlich auseinander, der Jes 40–55 als "organic unity" (126) betrachtet. BURNEY hält die tiefe Ansetzung von Jes 40–55 für unmöglich und sieht im Ebed "the ideal Servant", "a righteous nucleus *within* the nation of Israel" (124).

[22] Eine merkwürdige Wende hat CHEYNE 1903 vollzogen, wo er im EJ "a personification of the body of Jewish exiles in N. Arabia" sehen möchte (4409). – Auch für MOFFAT (1901/02) stellen die gottesfürchtigen Menschen aller Zeiten den Gottesknecht dar. Besonders rechnet er dazu die Reformatoren des 16. Jh.: "The Reformers were servants of the Lord, who dealt wisely and prospered in the thing whereto God sent them" (175).

[23] Schon Juli 1899 auf englisch in The American Journal of Theology (Chicago) 499–540 erschienen.

[24] Mit BUDDE sympathisiert G. HÖLSCHER, Geschichte der israelitischen und jüdischen Religion, Gießen 1922, 123 Anm. 10.

des Ebed mit Israel mitvollzieht, gibt er sowohl im Bericht (1900) wie in der Monographie (1900) zu erkennen. Indes waren es neben Budde vor allem Giesebrecht und Marti, dieses Dreigestirn, die dem kollektiven Verständnis Rang und Namen verliehen.

Schon 1890, somit vor Duhms Jes-Kommentar, hatte Giesebrecht seinen ›Beiträgen zur Jesajakritik‹ ein Kapitel ›Die Idee von Jes 52,13–53,12‹ beigegeben (146–185), das in der Folge oft als Auftakt zur Epoche der kollektiven Deutung betrachtet wurde. Nach Giesebrecht sprechen in Jes 53,1–7 die Heiden, V. 8–10 der Prophet, V. 11f. Jahwe. Das bedeutet dann auch,

„daß der Knecht Jahve's die Personification Israels ist. Die Gegenüberstellung des Knechts und der gleichfalls personificierten Heiden im Anfang weist schon von vornherein auf eine nationale Bedeutung dieser Gestalt" (177).

Der Verweis auf Christus wird damit nicht hinfällig. Aber die Übereinstimmung zwischen Jes 53 und seinem Leiden

„beruht nicht darauf, daß in Jes 53 die Einzelheiten des Todesleidens Jesu Christi vorhergeschaut sind, sondern auf der inneren Correspondenz des hier geschilderten und dort geschichtlich vorhandenen. Das ist eine bei weitem festere Übereinstimmung zwischen ‚Weissagung und Erfüllung' als diejenige, welche sich bei der mechanistischen Praediction ergiebt, welche man so gern als das Wesen der Prophetie anzusehen pflegt" (184).

Dieses Verständnis dehnt Giesebrecht 1902 – nun in Auseinandersetzung mit Duhm und anderen – auf alle vier EJL aus. Er unterläßt es allerdings, mit „Israel" Jes 49,3 zu operieren, da er von dessen Authentizität nicht voll überzeugt ist. Dennoch lautet sein Fazit: „Der muthmaßliche Verfasser dieser Stücke, Dtjes, hat augenscheinlich *Israel unter dem Ebed* verstanden" (206).

Nicht anders Marti (Komm. 1900):

„Überall hat sich . . . die Deutung des Knechtes Gottes auf Israel als die allein dem Wortlaut voll und ganz entsprechende ergeben; der Schein, daß es sich um eine Einzelperson handle, ist nur durch die Personifikation Israels erweckt, die aber in keiner Weise über die Personifikation Zions hinausgeht . . ." (360).

„Und zwar ist deutlich, daß Dtjes nicht das ideale und das empirische Israel von einander trennt, sondern das ideale in dem empirischen sieht und alle hohen Aufgaben dem wirklichen Israel zuschreibt. Wohl ist bei diesen hohen Aufgaben Israel für Dtjes gewissermaßen zu einem Idealbegriff geworden . . .; aber es ist unrichtig, anzunehmen, daß Dtjes irgendwie empirisch das wahre Israel vom falschen habe trennen wollen" (361)[25].

[25] In Schweden sieht in dieser Zeit Lundborg (1901) im Ebed das Volk

Auch für Roy (1903) ist der Ebed das *empirische Israel.* Um das Verhältnis der EJL (zu ihrer Abgrenzung s. II. 1) zum übrigen Dtjes zu bestimmen, nimmt er als Kriterium, wie hier und dort das Verhältnis Israels zu den Völkern gesehen wird. Er kommt zum Ergebnis, daß für die EJL ein verschiedener, nachexilischer Verfasser anzunehmen ist, der die Verheißungen von Jes 40–55 ergänzen und vor allem an eine veränderte Situation anpassen wollte:

„Den Grund legte der große exilische Prophet, der die gewaltigen geschichtlichen Umwälzungen seiner Zeit mit einem wunderbar starken, weitschauenden Glauben einem mutlosen, verzagenden Geschlecht als Jahwes Werk deutete. Von dieses Mannes Glaubenskraft, seiner Gotteserkenntnis und universalen Betrachtungsweise war der innerlich noch größere Ergänzer gefesselt; aber er kam über den Widerspruch mancher Aussagen Dtjes' zu den Verhältnissen späterer Zeiten nicht hinweg. Sein eigenes Volk war ein anderes, die Völker ringsum waren andere, und schwere Glaubensproben stellten neue, bei Dtjes unbeantwortete Fragen. Da ging diesem besonders lauteren und gerecht empfindenden Manne das Auge auf für Gottesgedanken, wie sie so im AT keiner vor ihm und nach ihm erfaßt hat, wie sie aber dem den Weg bereiteten, an den wir Christen bei so manchen Worten dieser Zusätze am liebsten denken" (57).

Peake (1904) verwirft ebenfalls ausdrücklich die Identifizierung des Ebed mit dem idealen Israel. Dieser ist "the actual Israel, which died in the exile and is to rise again in the restoration". Ein Körnchen Wahrheit liegt dennoch in der Vorstellung vom idealen Israel: "The nation is regarded in the light of its purpose in the mind of God. The Servant is not an ideal distinct from the nation, but the nation regarded from an ideal point of view" (193)[26]. – Auf der gleichen Linie liegt Wade (Komm. 1911): der Ebed ist "a personification of the nation of Israel" (VII)[27].

Im gleichen Jahr verteidigt Zillessen (1904) die literarische und begriffliche Einheit Dtjes' und der EJL. Er macht vor allem geltend, die Ebed-Stellen im übrigen Dtjes sagten nichts darüber aus, worin das Charakteristische der Ebed-Rolle Israels bestehe.

„Diese Erkenntnis ist von fundamentaler Bedeutung. Der Ebed hat in Dtjs. gar keinen Anhalt, keine Wurzel mehr, er schwebt völlig in der Luft, wenn

Israel oder eine Elite des Volkes „in seinem jetzigen Leiden und seiner künftigen Herrlichkeit".

26 Sachlich identisch, wenn auch etwas konzilianter, 1931 (vgl. North 1948, 114–116).

27 Ebenso Glazebrook (1910).

die Ebed–Jahve-Stücke als späterer Einsatz ausgeschieden und nicht als integrierender Bestandteil der Dtjs.Schrift anerkannt werden, mögen sie stammen, woher sie wollen. Der Ebed Dtjs. *fordert* den der Ebed–Jahve-Stücke als seine Voraussetzung im Zusammenhang, er empfängt dort erst seinen Inhalt; in Dtjs. ist er bloßer Name. Dtjs. ist ohne diese Stücke gar nicht denkbar und verständlich!" (275).

d) Kultisch-mythologische Aspekte

Ein neues Element, das des *Kultmysteriums* – es wird über eine längere Zeit sein Wesen treiben – wird von GRESSMANN (1905, 301–333) in die Debatte geworfen. Der Ebed ist nicht mit Israel identisch. „Dtjes kennt zwei Ebedgestalten: Das Volk Israel und den großen Ungenannten ... Beide Gestalten gehen in einander über, das Individuum scheint teilweise umgedeutet auf Israel" (317). Sieht man sich die Lieder im einzelnen an, so wird deutlich, daß über dem 4. Lied Mysterienstimmung waltet. „Die Redenden sind sich nicht nur bewußt, ein großes Mysterium erlebt zu haben, sondern sie schwelgen förmlich in dem Geheimnis" (322). Auffällig ist, „daß von der ganzen Zeit, die zwischen der Geburt und dem Leiden und Sterben des Ebed liegt, überhaupt nicht die Rede ist" (322). Überdies ist der Tod des Ebed in Dunkel gehüllt. Die Redenden „haben ihn zwar nicht erkannt, so lange er unter den Lebenden weilte, aber sie preisen ihn jetzt, wo er tot ist, und rühmen sich, daß er für sie gelitten und ihre Sünden getragen habe. Sie sind durch seine Sühne schuldlos geworden. Aber von den Folgen, die diese Tatsache für die Redenden haben müßte, ist nicht die Rede" (323).

Eine historische Persönlichkeit kommt für den Ebed nicht in Frage, denn dann wäre die farblose Darstellung seines Lebens und Sterbens nicht verständlich. Vielmehr geht Jes 53 „zurück auf ein aus den Mysterien stammendes Kultlied, das am Todestage des Gottes von den Mysten gesungen wurde" (326f.). Man kann an den Kreis der Adonis- oder Tammuzgestalten denken, jedoch nicht an eine Personifikation der absterbenden und neu erstehenden Vegetation, „denn dann bliebe der Sühne- und Opfercharakter des Ebed völlig unerklärt" (331). Für Dtjes ist der Ebed jedenfalls eine eschatologische Gestalt, nicht ein Messias, weil er kein Davidide ist, aber eine Parallelgestalt des Messias (327). – 1914 ruft GRESSMANN nochmals in Erinnerung, daß in Jes 53,1–12 eine „seltsame Mischung von Leichenlied, Mysterium und Bußpsalm" vorliegt (297).

Gressmann ist – um das hier schon vorwegzunehmen – dieser Auffassung nicht treu geblieben. Zwar lehnt er es auch 1929 noch ab, daß der EJ eine historische Person sei, auch nicht König Joschija. Dennoch hat die 2Chr 35,25 bezeugte jährliche Feier zur Erinnerung an dessen tragischen Tod, bei der Jer 30,18–21 rezitiert wurde, der jüdischen Messiaserwartung eine entscheidend neue Richtung gegeben. Denn die Gestalt des Joschija verblaßte mehr und mehr; nicht mehr *er* wird als der kommende Messias erwartet, sondern jene Idealgestalt, die Jes 53 beschreibt.

„Jes 53 ist nicht Schilderung der Vergangenheit, sondern Prophezeiung. Der Ebed ist eine Idealgestalt, mit dem Genius des Dichters erfaßt und mit dem Auge des Glaubens geschaut. Er ist König und Prophet zugleich. ... Aber ehe er aus einem israelitischen König zum Weltkönig und aus einem israelitischen Missionar zum Weltmissionar werden kann, muß er den bittern Kelch des Leidens bis auf die Neige schlürfen. Erst wenn er sich freiwillig dem schimpflichsten Tode preisgegeben und sich für die Sünde Israels geopfert hat, wird das Volk an seinem Grabe Buße tun. Dann wird ihn Gott wiedererwecken und für sein Martyrium mit der Krone des Messias schmücken" (337).

Damit hat Dtjes ein neues Messiasideal geschaffen. Und zwar erwartet der Prophet diesen Messias für die nahe Zukunft:

„Die ungeheure Not der Zeit, die auf Israel wie ein Albdruck lastete, rief in dem Propheten die Überzeugung von der unmittelbaren Nähe des Messias hervor. Es konnte nicht mehr lange dauern, dann würde er erscheinen und sein Volk aus dem Kerker der Verbannung befreien" (339).

In ähnlichen Überlegungen wie Gressmann bewegt sich auch der frühere Gunkel (1912). Für ihn ist der EJ eine prophetische Idealgestalt von gigantischen Ausmaßen:

„So ist – was niemals hätte verkannt werden dürfen – der Knecht Jahves eine Idealfigur ... Kein Zweifel, daß in solcher Figur das Prophetentum sein Ideal anschaut; wie der Messias *der* König Israels ist, so ist auch der Knecht Jahves *der* Prophet. Und diese Gestalt verkörpert zugleich Israels nationale und religiöse Hoffnung: seine Sehnsucht nach Heimkehr und Wiederherstellung und seine größte religiöse Idee" (1541f.).

Beigetragen zu dieser Vorstellung haben die Exilserfahrung, die des Jeremia und unseres Propheten selbst, aber auch die Hoffnung, daß ein neuer Mose Israel befreien und einen neuen Bund vermitteln werde. Auch mythologische Einflüsse sind in Rechnung zu stellen (Totenklage auf Hadad-Rimmon, die sich in Sach 12,10ff. widerspiegelt).

Bevor er zur autobiographischen Deutung MOWINCKELS überwechselte (s. u.), hat auch HALLER (1914) mit mythologischen Einflüssen gerechnet:

„Er (Dtjes) spricht also vom GK, seinem Volk, in den Ausdrücken, die der Eingeweihte eines Geheimkultes von seinem Gott gebraucht ... Diese uns sonst unbekannte Gestalt voller Geheimnisse hat Dtjes als Gleichnis benutzt, um seines Volkes Beruf zu illustrieren" (57).

Ergebnis. In den ersten dreißig Jahren nach DUHMS Jes-Kommentar bürgert sich das Sprechen von den EJL (oder ähnlich) fest ein. Obwohl die vier Perikopen von zahlreichen Autoren als integrierender Bestandteil des Dtjes-Buches betrachtet werden, spricht sich doch die überwiegende Zahl der Stimmen im Sinne DUHMS für eine gesonderte Herkunft der Lieder aus, wobei nicht nur literarische, sondern auch inhaltliche Kriterien eingesetzt werden. Nicht wenige Forscher räumen dem 4. Lied eine Sonderstellung ein. Für die Einsetzung der Lieder in das Dtjes-Buch wird alsbald mit der Schaffung von Verbindungsstücken oder glossierenden Übergängen gerechnet. Unter den Vertretern der individuellen Deutung nimmt die messianische Interpretation – nicht nur katholischerseits – einen beherrschenden Platz ein. Unter den Vertretern der kollektiven Deutung bahnt sich mit KÖNIG die Vorstellung einer internen Scheidung Israels an. Der getreue Teil des Volkes wird dabei auch als Typus des Messias verstanden und das prophetische Element nicht in einer erfüllten Weissagung, sondern in der inneren Korrespondenz zweier Wirklichkeiten gesehen.

3. Von Mowinckel bis 1950

Dreißig Jahre nach DUHMS Kommentar (1892) waren die Erträge der Forschung insofern enttäuschend, als über nichts auch nur annähernd ein Konsens erzielt worden war, weder über die Entstehungszeit der Perikopen noch über ihren Verfasser, noch über ihr Verhältnis zum Dtjes-Buch, noch über die Identität des Ebed. Weitgehende Einmütigkeit bestand lediglich darin, daß die EJL – diese von DUHM eingeführte Bezeichnung hatte Fuß gefaßt – wenn nicht literarisch, so doch jedenfalls thematisch eine Größe für sich darstellen. Im übrigen schien die Diskussion erschöpft und festgefahren[28].

[28] Wohl deshalb verzichtet KÖHLER (1923) auf eine Deutung; „das Rätsel ist noch ungelöst" (142).

a) Durchbruch der autobiographischen Deutung

Das änderte sich über Nacht, als Mowinckel 1921 mit seiner *autobiographischen* Deutung auf den Plan trat. Völlig neu war diese allerdings nicht, war sie doch im Verlauf von zwei Jtt. sporadisch da und dort in Erscheinung getreten. Schon das Tg vertrat sie für das 2. und 3. Lied (vgl. III. A.1), und sie ist in der Frage des Äthiopiers Apg 8,34 angedeutet. Unter den Kirchenvätern bekannte sich Johannes Chrysostomos zu ihr[29], unter den jüdischen Kommentatoren des MA Ibn Esra (vgl. III. A.2), im Umbruch des 18. Jh. Rosenmüller (1793, vgl. Ruprecht 1972, 111), Ansätze dazu fanden wir auch bei Calvin und Grotius (1644; s. o. S. 94). Das ändert allerdings nichts daran, daß sie der jüdischen wie der christlichen Auslegung insgesamt fremd blieb, bis Mowinckel (1921) ihr in der EL-Forschung Heimatrecht verschaffte.

Mowinckel geht von folgenden Prämissen aus: Der Knecht ist in den Liedern eine von Israel verschiedene Größe (5). Er ist eine *individuelle* und für den Verfasser *gegenwärtige* Persönlichkeit, und zwar ein Israelit. Daraus leitet Mowinckel die These ab: *„der Knecht Jahwäs in den genannten vier Liedern ist der redende Prophet, Dtjes selber“* (9). Diese Annahme wird dadurch gestützt, daß der Knecht deutlich als Prophet geschildert wird (9–19). Zwar hat Dtjes Züge des traditionellen Messiasbildes in seine Darstellung des Knechtes aufgenommen, überläßt jedoch Kyros dessen politische Seite. Für sich übernimmt er nur den geistigen, religiösen und damit schwersten Teil der Aufgabe (33). Bei der Ausrichtung seines Auftrags stößt der Knecht jedoch auf bitteren Widerstand (35f.). „Dem fast oder ganz gewissen Tode ins Gesicht schauend, läßt er (proleptisch) in dem ergreifenden Kap. 53 die Menschen sich über sein Schicksal äußern“ (37). Dieses Kapitel ist teilweise als eine Weissagung gemeint; „jedenfalls die Hauptsache, die Verherrlichung des Knechtes, gehört, vom Gesichtspunkt des Dichters gesehen, der Zukunft an“ (37 Anm. 1). Die Gewißheit der bevorstehenden Erhöhung ist ihm durch eine göttliche Offenbarung zuteil geworden, und ebenso der stellvertretende Charakter seines Leidens (44–47).

„So sieht die Theodizee des Dtjes aus. Nach vielen Jhh. ist sie von einem anderen Knechte Gottes, dem Größten aller, aufgenommen worden, als auch sein Heilsangebot abgelehnt worden war und er vor dem unentrinnbaren Tode stand. Auch ihm ist sie der Anker geworden, der seinen Glauben

[29] Vgl. H. Haag, Ber. 1984, 361f.

an den Vater gerettet hat: wenn er jetzt in den Tod gehen müsse, so geschieht das, weil sein Tod ein Lösegeld für viele werden solle, und in Bälde solle die ganze Welt ihn, in Herrlichkeit auf den Wolken des Himmels kommend schauen" (52).

„Ich schließe mit dem Wunsche, diese wichtige Frage möge auf der hier gelegten Grundlage zur Diskussion aufgenommen werden ... In die Leiden des gerechten GK wird sowohl Wissenschaft als Religion sich immer mit tiefer Andacht und Ehrfurcht versenken können – und müssen" (68)[30].

Noch im gleichen Jahr (1921) wurde der Vorschlag Mowinckels von Gunkel – unter Preisgabe seiner früheren Position (s. S. 121) – begeistert aufgegriffen. Seine Schrift ›Der Vorläufer Jesu‹, in kürzerer Fassung schon als Artikelfolge in der ›Neuen Zürcher Zeitung‹ 24.–26. März 1921 erschienen, beginnt mit der Erklärung: „Es ist vor kurzem einem jungen norwegischen Gelehrten, D. Sigmund Mowinckel, geglückt, eine bis dahin unbekannte gewaltige Prophetengestalt im Alten Testament zu entdecken" (3)[31]. Schritt für Schritt deutet dann Gunkel die Lieder als persönliche Erfahrung des Dtjes, auch das 4. Lied: der Ebed sieht seinen Tod und sein ehrloses Begräbnis voraus, er ringt sich aber auch zum Glauben an seine Auferstehung durch, ja, er erkennt, daß sein Tod notwendig ist, um die Frevel seines Volkes zu sühnen.

„Er hat das Bild vom stellvertretenden Sühnopfer aufgenommen, ein Bild, das jener Zeit lebendig war und das für das damalige Nachdenken keine Schwierigkeiten bot" (22). „Der Prophet hat alles, was er über sein Leben und Sterben, sein schmachvolles Leiden und sein herrliches Auferstehn, seine Gegenwart und Zukunft zu sagen hatte, zusammengefaßt in einem letzten, gewaltigen Gedicht, dessen tiefem Eindruck sich niemand entziehen kann; ein ganzes Meer verschiedenster Stimmungen, die ihn gegen sein Ende durchflutet hat [sic!], ist hier zu einer großartigen Einheit zusammengeflossen. Am Anfang und Schluß dieses Liedes schildert er in der Form der prophetischen Weissagung dasjenige, wessen er für die Zukunft sicher ist. In dies kraftvolle Dur aber hat er in schwermütigem Moll ein wunderbares Mittelstück eingefügt" ...: Er hat „über sich selber im voraus ein Leichenlied aufgezeichnet und es in die Mitte jenes großen Gedichtes gestellt" (23).

[30] Zur weiteren Entwicklung Mowinckels s. S. 19–21. 156–159.

[31] Gunkel spricht seine Verwunderung darüber aus, daß man nicht längst auf Mowinckels „so einfache Lösung" verfallen sei, unterläßt es aber nicht hinzuzufügen, „daß sie mir schon einmal in einer Studentenarbeit – sie stammte von dem gegenwärtigen rheinhessischen Pfarrer Koeppler in Stadecken – begegnet, damals aber in ihrer Bedeutung von mir nicht erkannt worden ist" (5). – Zustimmung zu Mowinckel und Gunkel bei Cook (1922/23).

Sachlich identisch ist GUNKELS Beitrag von 1929, den er mit der Feststellung beschließt:

„Diese Erklärung des ‚Knechts Jahves' als des Propheten selber zeigt ein so einheitliches, geschichtlich verständliches und ergreifendes Bild, daß man wohl annehmen darf, sie werde nach gewisser Zeit in weiten Kreisen anerkannt werden" (1103).

Wie GUNKEL schreibt auch BALLA (1923) das 4. Lied Dtjes selbst zu:

„In seinen Fieberträumen hat er (der leidende Prophet) sich alles ausgemalt, sogar dies, daß man ihm, dem von Gottes Hand grausig gezeichneten nicht einmal ein ehrliches Begräbnis gönnen werde. Da, wo man die Verbrecher begräbt, wird man auch ihn begraben" (246).

Zu den ersten, die von MOWINCKEL die autobiographische Deutung übernahmen, gehört auch HALLER (1923 passim, 1925), der 1914 noch das kollektiv-mythologische Verständnis vertreten hatte (s. o. S. 122).

„Sollte freilich die im Folgenden mehrfach erwähnte Vermutung richtig sein, daß der Prophet in den Liedern vom GK . . . sein eigenes Schicksal schildere, dann freilich würde auf seine Person ein überraschend helles Licht fallen, so daß aus dem ‚großen Unbekannten' ein sehr genau bekannter würde. Vielleicht läßt sich sogar nachweisen, daß er Kyros persönlich nahe gestanden hat" (1925, 22, vgl. 32. 66).

Ausdrücklich weist HALLER die Identifizierung des Ebed mit Kyros zurück (bes. 1923)[32].

Diese autobiographische Deutung mußte allerdings an Überzeugungskraft noch erheblich gewinnen, wenn man das 4. Lied nicht mehr dem Ebed = Dtjes zuschrieb, sondern einem Jünger, der im nachhinein über den Tod des Meisters reflektierte und meditierte. Diesen mutigen Schritt nach vorwärts getan zu haben ist das Verdienst von SELLIN. Ihn trieb das EJ-Problem unablässig um, und er hatte es nicht bei den Deutungen auf Serubbabel und Jojachin (s. o.) bewenden lassen, vielmehr 1922 zu *Mose* übergewechselt. Er schrieb damals:

„Tatsächlich hat Mose im Mittelpunkte der ganzen religiösen Reflexion Dtjes' sowohl in bezug auf die Vergangenheit wie die Zukunft gestanden. Denn *er und kein anderer ist der individuelle GK,* von dem der Prophet in seinen sog. Gottesknechtsstücken 42,1ff.; 49,1ff.; 50,4ff.; 52,13ff., aber auch an drei Stellen außerhalb dieser redet" (81).

[32] Auch SCHMIDT (1926) scheint unter allen Deutungen „die von Sigmund Mowinckel aller Schwierigkeiten am besten Herr zu werden" (30).

Mit diesen drei Stellen meint SELLIN Jes 42, 18–21; 43, 8–10 und 48, 16. Nach SELLIN wäre diese Deutung schon längst in Rechnung gestellt worden, hätte man nicht irrtümlich geglaubt, sie scheitere am 4. Lied. Davon könne indes keine Rede sein:

„Daß nun in der Klage 53, 2–9 geradezu jedes Wort auf die Gestalt des Mose, wie sie teils in der prophetischen Tradition überhaupt lebte, teils Dtjes speziell sie sah, zutrifft, scheint mir ganz unleugbar zu sein" (97).

Diese Position hat SELLIN 1928 nochmals bekräftigt, als die autobiographische Deutung MOWINCKELS bereits ihre Anhänger gefunden hatte. Erst 1930 bekannte sich SELLIN seinerseits zu ihr. Zwar hätte er dies, so schreibt er, schon längst „mit Freuden" getan, „wenn sie nicht an einem Punkte rettungslos zu scheitern drohte, nämlich an dem 4. Gottesknechtsstück. Denn hier ist der Ebed nach 53, 8ff. – darüber kann ja kein Zweifel sein – bereits getötet" (159). Die Erklärung MOWINCKELS und GUNKELS, wonach Dtjes selbst seinen Tod und seine Rechtfertigung vorausgesehen habe, könne nicht befriedigen; vielmehr habe Dtjes nicht mit seinem Tod gerechnet, bevor er seine große Mission erfüllt hätte. Andererseits habe man sich „unter dem Einfluß von DUHM etwas zu sehr daran gewöhnt, unbedingt für die vier Stücke einen und denselben Verfasser anzunehmen" (161). In Wirklichkeit wiesen sprachliche und inhaltliche Indizien das 4. Lied dem Tritojes zu; deshalb spreche eine große Wahrscheinlichkeit dafür, daß Jes 52, 13–53, 12 von diesem gedichtet ist (169). Diese Lösung des GK-Problems wäre auch die denkbar einfachste, und es würde sich einmal mehr bewähren, „daß die Wahrheit überall eine einfache ist" (171).

1937 untermauert SELLIN seine These von 1930 mit neuen Argumenten. In seiner Auffassung, daß das 4. Lied auf den Märtyrertod Dtjes' von Tritojes stammt, sieht er sich vor allem von ELLIGER bestätigt. „Dem, was ELLIGER zum Erweis der tritojes Abfassung über Sprache und Stil des Liedes bemerkt hat, haben wir kein Wort mehr hinzuzufügen" (210). Für die Gegner, die den Propheten töteten, hält SELLIN jedoch nicht die eigenen Volksgenossen, sondern die babylonische Justiz: seine Ankündigung des Untergangs Babels und der Befreiung des Volkes konnte nicht ungeahndet bleiben (215). Am christologischen Wert der Lieder geht nach SELLIN durch die Deutung auf den Propheten nichts verloren; vielmehr:

„Je klarer wir erkennen, was in der Zeit der Entstehung dieser Gottesknechtsstücke im Ausgange des VI. Jh. v. Chr. wirklich mit ihnen gemeint war, . . . um so mehr tritt uns ins Bewußtsein, daß es sich hier um Gedanken handelt, die, einmal ausgesprochen, nicht wieder sterben konnten, und daß sie alle tatsächlich erst durch Christus Wirklichkeit geworden sind" (217).

Wir haben damit ein wenig vorgegriffen. In der Tat war SELLINS Vorschlag (1930), das 4. EJL Tritojes zuzuschreiben, von ELLIGER (1931) unverzüglich und vorbehaltlos übernommen worden. Zwar gilt sein Aufsatz ›Der Prophet Tritojesaja‹ der Untermauerung seiner These von der Einheit des Tritojesajabuchs (Jes 56–66), die er 1928 mit stilistischen Argumenten begründet hatte[33], durch die Untersuchung der die Schrift kennzeichnenden Theologie und Frömmigkeit. Aber er fügt (138f.) einen Nachtrag bei, in dem er auf SELLINS Zuweisung von Jes 52,13–53,12 an Tritojes eingeht:

„SELLINS Nachweis ist einfach zwingend ... SELLIN hat mit Recht betont, daß die Idee des Sühnetodes für das Volk in der Gedankenwelt Dtjes' ... ein Fremdkörper ist. Anders bei Tritojes. Dieser Prophet hat ein viel schärferes Auge für die Sünde des Volkes ... Kurz, SELLINS These von der tritojes Autorschaft des Liedes 52,13–53,12 erweist sich als durchaus standfest."

Diese Position hat ELLIGER 1933 eingehend begründet. Es geht ihm beim Verhältnis Dtjes' zu Tritojes nicht nur um die Abhängigkeit des zweiten vom ersten – er ist sein Schüler –, sondern auch um die Rückwirkungen Tritrojes' auf die Schrift Dtjes'. Unter diesem Aspekt untersucht ELLIGER zunächst das 4. EJL: Wortwahl, Gattung (prophetische Liturgie, die bei Dtjes fehlt) und Theologie sprechen für Tritojes als Verfasser. Die ersten drei Lieder stammen von Dtjes. Sie gehörten von Anfang an zu dem von Tritojes gesammelten und geordneten Material und haben keine Sonderbehandlung erfahren (268). So erklären sich auch die Übergänge am Ende der Lieder, die von der Hand Tritojes' stammen (66–71; s. o. S. 7).

Der historische Hintergrund ist wahrscheinlich der, daß Dtjes wegen seiner Predigt von Befreiung durch Kyros und Rückkehr von den babylonischen Behörden als Hochverräter verhaftet wurde und im Kerker starb, noch ehe es zu einem ordentlichen Gerichtsverfahren gekommen war. Der einzige, der ihm die Treue hielt, war Tritojes. „Er sammelte ... seines Meisters Reden und Lieder und setzte ihm damit ein Denkmal, dessen Krönung sein eigenes Lied von des Knechtes Sühnetod und Auferstehungstriumph bildete" (98)[34].

[33] Die Einheit des Tritojesaja, Stuttgart 1928.

[34] Der Anschauung von SELLIN und ELLIGER schließt sich auch ROST (SELLIN-ROST, Einleitung in das Alte Testament, Heidelberg ^{8}1950, 110) an.

Unter ausdrücklicher Berufung auf SELLIN räumt auch VOLZ (1920, Komm. 1932, 1949) dem 4. Lied eine Sonderstellung ein. Während er in den ersten drei Liedern „ein Stück Selbstbiographie des Dtjes" sieht, „besonders in 49,1–6 eine hervorragende Urkunde über den entscheidenden Wendepunkt in seinem Leben" (Komm. 1932, 166; vgl. S. 17), läßt er das 4. Lied von einem Großen des 4. oder 3. Jh. gesprochen sein und versteht es eschatologisch: die Rettung geschieht durch ein Werkzeug, das Gott sich auserwählt und das die Opferung seiner selbst vollzieht (189). VOLZ bekennt, daß das Nebeneinander von Person und Idee ihm dabei Schwierigkeiten bereite. Im Unterschied zu 1920, wo er einseitig die Idee hervorhob, wendet er sich im Komm. 1932 gegen jede Bevorzugung von Idee oder Person und erkennt in dem Nebeneinander einen tiefen Sinn. Denn der Ebed sei zwar eine volle individuelle Persönlichkeit, verberge sich aber hinter ihrem Amt und sei eben nur Ebed, Werkzeug (Komm. 191).

Zu den namhaften Exegeten, die sich in den dreißiger Jahren der von MOWINCKEL inaugurierten autobiographischen Deutung anschlossen, gehört auch BEGRICH (1938)[35]. BEGRICH geht zwar von der üblich gewordenen Isolierung der EJL aus, aber nur um zu zeigen, „daß diese Texte aufs engste mit seinen [des Dtjes] übrigen Worten zusammengehören und nicht isoliert werden dürfen" (133). Dtjes ist nicht nur der Verfasser der Lieder; der Ebed, von dem sie sprechen, ist auch er selbst (u. a. deutet die Ich-Form des 2. und 3. Liedes darauf hin). Im Unterschied zu ELLIGER sieht aber BEGRICH den Propheten von seinen eigenen Volksgenossen verfolgt und mißhandelt. Er sieht aber auch keinen Grund – wiederum im Unterschied zu SELLIN und ELLIGER –, das 4. Lied Dtjes zugunsten Tritojes' abzusprechen. Durch die Ablehnung des Propheten hatte das Volk Schuld auf sich geladen. Hätte Jahwe es jedoch entsprechend der Schwere seiner Schuld bestraft, so hätte sich sein Plan nicht verwirklicht.

„Die unvermeidliche Folge ist dann aber, daß Dtjes infolge des leidenschaftlichen Widerstandes Israels leiden und sterben muß. Statt daß sie leiden, leidet er; statt daß sie geschlagen werden, wird er geschlagen; statt daß sie die Folgen von Sünde und Schuld tragen, muß er sie auf sich nehmen" (149). Damit ist dem Propheten auch ein Verständnis der Notwendigkeit seines Todes eröffnet. Aber noch einmal: bliebe es bei seinem Tod, ginge

[35] Welcher Stellenwert BEGRICHS ›Studien zu Deuterojesaja‹ zuerkannt wird, zeigt deren Neuherausgabe durch W. ZIMMERLI (1963).

Jahwes Plan nicht in Erfüllung: „Will Jahwe diesen Plan, so muß er auch das Leben seines Knechtes wollen" (150). „Hier ist Dtjes . . . zu der einzigartigen Konsequenz geführt worden, daß Jahwe ihn aus dem Tode zum Leben wiedererwecken wird" (149). Dieses Wunder hat zur Folge, daß das Volk ihn nun als den Gesandten Gottes erkennt und anerkennt.

Die Deutung auf den Propheten Dtjes schließt zugleich – BEGRICH weist nachdrücklich darauf hin – ein messianisches Verständnis der Lieder aus.

„Diese Einsicht hindert indes durchaus nicht die Erkenntnis, daß in der Gestalt des Knechtes Jahwes ein ‚Typus' auf den Jesus Christus des NT vorliegt. Ganz unabhängig vom Messiasbegriff ist hier jedenfalls eine Form erwachsen, die auf ‚Erfüllung' durch einen wartet, der die Vollmacht dazu hat" (152).

Auch S. SMITH (1944) läßt, wie BEGRICH, den Propheten das Opfer seiner eigenen Landsleute werden, die dieser dadurch provozierte, daß er ihnen Kyros als den erwarteten Messias verkündete. Während das 1. Lied (königliche Züge) sich auf Kyros beziehe (20. 54–57), handelten das 2., 3. und wahrscheinlich auch das 4. vom Propheten selbst (der dann allerdings nicht der Autor des letzteren wäre: 19f. 69–71)[36].

b) Deutung auf den Messias

Deutungen auf andere historische Gestalten Israels als auf den Propheten selbst werden in dieser Periode kaum vorgetragen[37].

[36] Nur teilweise autobiographisch auch BRUSTON (1925): 1. Lied Israel, 2. und 3. der Prophet, 4. Christus; SMART (1933/34): 1., 2. Lied und Jes 52,13–15 Israel; 3. Lied und Jes 53,1–12 der Prophet selbst.

[37] Versprengte Ausnahmen vermerkt NORTH (1948) 89f. (so die Meschullam-Theorie von PALACHE 1934: "the ᶜEbed-Jahweh was a *man*, named Meshullam", 14). Hier ist besonders DIETZE (1929) mit seiner Usija-Interpretation zu erwähnen. Er schreibt die EJL Jesaja von Jerusalem zu und erklärt: „Es ist in der vorliegenden Untersuchung der Versuch gemacht, zu zeigen, daß es Ussia war, an dem sich die messianische Erwartung neu entzündete, und daß Jesaja der Verkündiger von dessen Sendung war" (77). Ohne sich näher auf das Thema einzulassen, folgert CANNON (1929) aus der Erkenntnis, Jes 61,1–3 sei ein EJL, "that these poems reveal to us the personality of an individual well known in his days" (288). Für BARNES (1930/31) ist das 1. Lied, zu dem er auch Jes 42,5–7 rechnet, kein EJL, sondern ein Kyros-Lied.

Indes können zwei gewichtige Sondervoten nicht übergangen werden. Das eine ist die Mose-Interpretation SELLINS (1922, s. o.), das andere die These von RUDOLPH (1925), wonach der Dichter der EJL – wahrscheinlich Dtjes selbst – in einer bestimmten *zeitgenössischen* Persönlichkeit den *Messias* gesehen habe. RUDOLPH fand die vorbehaltliche Zustimmung STAERKS (1926, s. o. S. 112). In der Bekräftigung seiner These registriert er 1928 erfreut die ähnliche Auffassung KITTELS (1925, 1927, s. o. S. 108) und grenzt sich gleichzeitig gegen STAERK ab, mit dem er vor allem in der Ablehnung der Kollektivdeutung einiggeht. Im Unterschied zu STAERK möchte RUDOLPH jedoch im EJ aller vier Lieder die gleiche Persönlichkeit erkennen und in Jes 53 mit deren wirklichem Tod rechnen. Mit KITTEL und RUDOLPH erklärt sich HEMPEL (1929) solidarisch, wenn er dafür eintritt, im EJ „eine konkrete Gestalt in der Umgebung des Propheten zu sehen, der sich nach der Enttäuschung über Kyros seine Sehnsucht und seine Glaubenshoffnung zuwandte" (658).

Im übrigen ist in dieser Zeit die *messianische* die einzige individuelle Deutung von Gewicht. Sie bleibt nicht auf katholische Autoren beschränkt. Von GRESSMANN und FISCHER war schon die Rede (s. o.). In der von ZORELL besorgten Neuauflage des Kommentars von KNABENBAUER (1922/23) wird die streng christologische Position der 1. Auflage (1887) durchgehalten. Auch für HOEPERS (1933) ist der EJ der messianische Bundesmittler, für den Mose und David Modell gestanden haben (59–69)[38].

Nichts anderes ist von VISCHER (1930) zu erwarten. Bei aller Unterscheidung zwischen Ebed-Israel und dem individuellen Ebed betont er allerdings die Einheit der beiden, für die er die Formel „der Knecht im Knechte" gebraucht:

„Der Knecht ist ein Einzelner, der aber mit seinem Leiden und Sterben für das Volk einsteht, daß er geradezu mit dem Volk identifiziert werden muß. Er ist durchaus verschieden von der Gesamtheit des Volkes: er der aktive, das Volk der passive Knecht; er der gehorsame, das Volk der treulose, er der reine, das Volk der sündige. Aber das Geheimnis seines Lebens ist, daß er ganz und gar *nicht* geschieden sein will vom sündigen Volk; daß er in völli-

[38] Ähnlich ist für GLAHN (1934, 124–127) der Ebed der messianische Davidssproß, durch den Jahwe die innere Erneuerung Israels wirken wird. Auch nach PROCKSCH (1938) können wir „aus Dtjes' zeitgeschichtlichem Horizont keinen Propheten finden, der die Merkmale des GK auf sich vereinigte" (154). Und für SCHELHAAS (1935), der sogar an der Einheitlichkeit des ganzen Jes-Buches festhält, kann der EJ kein anderer sein als „de Heere Jezus Christus" (bes. 163–164). Hier ist auch BARON (1922/1954) zu nennen.

ger Solidarität, in Gemeinschaft mit den Sündern lebt und leidet und stirbt – und darum aufersteht zum Heil der Vielen" (102).

„Wer ist dieser Eine? ... Ist er Mensch oder Gott? ... Die Geschichte der Auslegung nötigt zur Anerkennung, daß der Text *beides* aussagt. Das bedeutet, weil Menschsein und Gottsein in unaufhebbarem Widerspruch stehen, daß der Text hier ein Paradoxon, oder richtiger: das Wunder aller Wunder, nämlich die Menschwerdung Gottes verkündet" (103 f.).

Im katholischen Lager nimmt Dürr (1926) eine gewisse Sonderstellung ein. Er versucht, die messianische Dimension der EJL vom babylonischen Neujahrsfest her verständlich zu machen. Zwar sind die Perikopen „auf den Messias in seinem schönsten und erhabensten Berufe, als das ‚Licht der Völker' und als ‚den sühnenden und leidenden König seines Volkes' zu beziehen" (81). Das von ihm in Jes 53 entworfene Bild ist jedoch beeinflußt von der Rolle des Büßers für das Volk, die der König im Ritual des babylonischen Neujahrsfestes spielte.

„Was lag da näher, ... als eben auf den bisher erwarteten Davidssohn jene Züge des königlichen Mittlers und Büßers zu übertragen. Und so gestaltet sich das Bild von Jes 53. Es ist einfach das Gegenbild des babylonisch-assyrischen Königs, geschaut im Glanze der Zukunft" (1925, 143). „Dem babylonischen ‚GK' steht sein (des Propheten) eigener ‚GK' gegenüber, herrlicher und größer und gewinnender, als je ein gegenwärtiger König das Werk vollbringen könnte" (144 f.)[39].

In den dreißiger Jahren schwingt sich der niederländische Dominikaner van der Ploeg (1936) zum katholischen Klassiker auf, und er sollte diesen Platz auf längere Zeit behaupten. Er versteht sein Werk als Fortführung und Ergänzung zu Feldmann und Fischer (Vorwort IX), seine Stärke liegt in einer eingehenden Diskussion der verschiedenen Lösungsversuche und ihrer Vertreter (83–160). Die eigene Position ist traditionell-messianisch: « Le Serviteur de Jahvé est le Messie » (149)[40].

[39] Dürr sieht von der Tammuz-Mythologie ab, die in der Literatur, besonders der skandinavischen (siehe Exkurs: Skandinavier) öfters auftaucht; vgl. etwa Dix (1925): "we feel that the Tammuz-Marduk idea exercised a very strong and direct influence upon the author of the Songs" (254). Auch Hyatt (1944) sieht im Mythus vom sterbenden und auferstehenden Gott eine (neben anderen) Quelle der Vorstellung vom leidenden GK. – Zu Böhl (1923) s. u.

[40] Trotz Berücksichtigung neuerer Gesichtspunkte sachlich unverändert 1966–69.

Nicht von ungefähr orientierten sich die katholischen Autoren in der Folge mit Vorliebe an VAN DER PLOEG, so R. KOCH (1946). Mit VAN DER PLOEG weiß sich, ebenfalls in den Niederlanden, EDELKOORT (1941) einig. Der Ebed ist zwar durchaus Mensch, in seiner Erscheinung und in seinem Leiden, aber ein Mensch, der völlig Gott gleichgestellt wird (426–429). Nicht unerwähnt sei DENNEFELD (Komm. 1946), der erklärt: « Il faut donc maintenir que le Serviteur est le Messie » (195).

Die vierziger Jahre sind aber vor allem geprägt durch die Arbeiten von NORTH (1940/41, 1948). Seine umfassende Behandlung des Themas und seine Autorität können mit denen von FISCHER in den zwanziger und VAN DER PLOEG in den dreißiger Jahren verglichen werden. NORTH hält die gemeinsame Autorschaft von Dtjes und EJL so gut wie sicher. "An examination of the Songs in relation to their context has convinced me that the author of them was Deutero-Isaiah himself" (1940/41, 219; 1948, 188 hält er die beiden Größen "almost certainly by the same author"). Seiner Meinung nach sind die Lieder späteren Datums als die Hauptprophetie und ihrerseits wieder schrittweise entstanden. Ihre Veranlassung waren die unerfüllten Erwartungen, die der Prophet auf Kyros gesetzt hatte:

"The fall of Babylon did not usher in the Golden Age, but an age of disillusionment and hopes deferred" (1940/41, 220).

Das erklärt auch, warum die Lieder nicht mehr die gleiche Unmittelbarkeit aufweisen wie die Verheißungen eines triumphalen Wüstenzuges. Sie erwarten zwar keinen politischen Messias, wohl aber eine künftige Rettergestalt, in der sich Jesus selber erkennen konnte.

"Can we discern a divine purpose in this? I believe we can" (1948, 218)[41].

c) Ebed = Israel

Es wäre verwunderlich, wenn nicht auch in dieser Periode die *kollektive* Deutung – der Ebed ist Israel oder ein Teil desselben – ihre Vertreter gefunden hätte. Ihre Zahl ist allerdings neben der au-

[41] Sachlich identisch auch Komm. 1952 und 1964. "Christian interpreters, including those who accept the corporate personality solution, are unanimous that whoever the Servant was as the Prophet intended to portray him, Jesus crucified and risen alone responds adequately to the picture of his person and work" (Komm. 1952, 35).

tobiographischen und der messianischen eher bescheiden. HAUPT (1925) sieht im Singular Ebed einen Kollektivbegriff für die getreuen Juden zu Beginn der Makkabäerzeit (ca. 170 v. Chr.)[42]. Weniger tief möchte TORREY (Komm. 1928) gehen, der Jes 34f. und 40–66 um 400 ansetzt, auch Jes 61, 1 ff. zu den EJL rechnet und jede Trennung der Perikopen von ihrem Kontext ablehnt. Allerdings ist mit dem Ebed nicht immer die gleiche Größe gemeint: in erster Linie gewiß Israel (bes. Kap. 50 und 53), aber auch der Messias als Vertreter des Volkes (bes. Jes 49, 5). Auch VAN DER FLIER (Komm. 1926) vertritt die Deutung auf Israel[43].

Ein gewisses Abrücken von einem global kollektiven Verständnis ist charakteristisch für diese Zeit[44]. So möchte LEVY (Komm. 1925) das 3. Lied, in dem das Wort *ᶜebed* nicht vorkommt, autobiographisch verstehen. Gegen das kollektive Verständnis der anderen drei Lieder kann auch Jes 49, 5f. nicht angeführt werden, denn das handelnde Subjekt, „um Jakob zu ihm zurückzubringen", kann auch Jahwe sein. Freilich:

"The servant is regarded, not as the entire, ordinary, everyday, historical Israel, but rather as the idealized Israel who suffered and died in the early days of its exile, but whose characteristic elements remained to provide the life and motive force of new generations that came into being" (16).

Noch differenzierter urteilt G. A. SMITH (Komm. 1927). Für ihn wandelt sich der Begriff des Ebed vom ganzen Volk zu einer Elite des Volkes und von dieser zum Individuum. In Jes 53 kann der Ebed nur noch als Individuum verstanden werden. Im gleichen Schritt wandelt sich die Aufgabe des Knechts von der Prophetie zum Martyrium und vom Martyrium zur Sühne[45].

[42] (Miss) SKEMP möchte (1932/33) im Ebed, so wie im Immanuel, "a personification of the faithful in Israel" sehen. PEIRCE (1935), der Jes 40–66 als ein Alterswerk des Jerusalemer Jes ansieht, bezieht das 1. Lied auf das ideale Israel, die anderen drei auf den Messias.

[43] 1904 – Auseinandersetzung mit FÜLLKRUG 1899, SELLIN 1901 und GIESEBRECHT 1902 – gehen VAN DER FLIERS Sympathien (vorsichtig) zu FÜLLKRUG.

[44] Hier wäre auch MONTEITH (1924/25) zu erwähnen, für den das 4. Lied eine Kombination aus einem "Song of the Captive Nation" und einem "Song of the Leper" darstellt. Nach FARLEY (1926/27) erklären sich die sowohl individuellen wie kollektiven Züge in den EJL dadurch, daß der Ebed als "the prophetic element in Israel" verstanden wird, dargestellt am Vorbild des Jeremia.

[45] Beinahe allen Ansprüchen (individuell, kollektiv, mythologisch, mes-

Auch für WATERMAN (1937) ist Israel, "the faithful servant", "only a very limited and internal aspect of the community" (31). In Jes 53,10b ist mit LXX die 2. Person Pl. zu lesen: "When you shall make his life a guilt offering" bedeutet "when you regard the life attitude of the martyred servant as so right and true that all he suffered was due to the wrongs of others" (34). Nach S. H. BLANK (1940) erscheint der Ebed als Prophet und wird zugleich mit Israel gleichgesetzt, weil Israel als Prophet personifiziert wird, wobei Jeremia als Vorbild dient: "The ᶜEbed then is *Israel in the guise of a martyr prophet–of a prophet after the pattern of Jeremiah*" (29). BLANK gibt eine erschöpfende Liste der literarischen Bezüge der EJL auf Jer.

Am Ende der Periode schwenken dann A. LODS[46] und SNAITH (1944/45, 1950) wieder auf die rein kollektive Deutung (historisches Israel) ein[47].

d) "Corporate Personality"

Sind demnach in der eigentlich kollektiven Deutung kaum neue Gesichtspunkte wahrnehmbar, so bringt in dieser Zeit der Versuch, zwischen dem individuellen und dem kollektiven Verständnis eine *vermittelnde*, beiden gerecht werdende Lösung zu finden, neue Bewegung in die Forschung und Diskussion. Dieser Versuch ist neben der autobiographischen Deutung das *zweite herausragende Ereignis* der dreißiger Jahre. Den Anfang machte EISSFELDT (1933)[48]. Als Ergebnis dreißigjähriger Forschung seit DUHM hält er fest, es sei „in der Beurteilung der Ebed-Lieder als einer Korrektur der Kyros-Lieder doch in der Tat eine verhältnismäßig weitgehende einheitliche Meinung erzielt worden“ (9). Andererseits hätten die

sianisch, christologisch) sucht BÖHL (1923) gerecht zu werden. Zwar beschreibt Jes 53 das Schicksal des Volkes Israel, aber mit Zügen, die sich sowohl der Tammuz-Mythologie als auch dem Schicksal der Könige Hiskija und Joschija verdanken. Schattenhaft wird indes das Bild des kommenden Messias entworfen, und dieser wird im Licht der Erfüllung in Jesus Christus erkannt.

[46] Histoire de la littérature hébraïque et juive, Paris 1950, aber auch schon in: Les prophètes d'Israël et les débuts du judaïsme, Paris 1935, 275–280.

[47] "The Servant of the Songs is the Servant of the rest of the oracles" (SNAITH 1944/45, 81).

[48] Die Position EISSFELDTS hat sich auch in den verschiedenen Auflagen seiner ›Einleitung in das Alte Testament‹ niedergeschlagen (1934, ²1956, ³1964, ⁴[= Nachdruck von ³] 1976).

Hauptargumente DUHMS für eine selbständige Herkunft und Existenz der Lieder (lose Verbindung mit der Umgebung und abweichender Stil und Sprachgebrauch) ihre Beweiskraft verloren. „Von den beiden für die individualistische Deutung des Ebed der Lieder immer wieder ins Feld geführten Hauptargumenten bleibt also nur das sachliche übrig, dies, daß die Ebed-Gestalt in den Liedern eine völlig andere sei als in ihrer Umgebung“ (11). Diese Schwierigkeit löst sich aber dadurch,

„daß man die Ebed-Gestalt von Jes 40–55 in einen größeren Zusammenhang hineinstellt und sie in das Licht der hebr. Anschauungen von Gemeinschaft und Individuum, von Ideal und Wirklichkeit hineinrückt“ (12). Denn israelitischem Denken ist „die Vorstellung einer in der Gemeinschaft gegenwärtigen und zugleich doch über ihr stehenden, mit ihr identischen und doch von ihr verschiedenen idealen Größe ganz geläufig. Schon durch das bloße ‚Israel‘ oder ‚Jakob‘ kann sie ausgedrückt werden. Wenn mit diesen Namen aber noch das prophetische Ehrenprädikat ‚Ebed‘ verbunden wird, dann ist es vollends deutlich, daß nicht die reale, sondern die ideale Größe gemeint ist, und es versteht sich von selbst, daß diese ideale Größe an der realen eine Aufgabe haben kann“ (24).

„So dürfte im Gegensatz zu der herrschenden Anschauung, die in dem Ebed der Lieder ein Individuum sieht, doch die kollektivistische Deutung die zutreffende sein und sowohl zu der Umgebung, in der die Lieder nun einmal stehen, am besten passen als auch der hebräischen Anschauung von Gemeinschaft und Individuum, von Ideal und Wirklichkeit am ehesten entsprechen: Was Dtjes in seinen anderen Gedichten verkündet oder doch andeutet, daß Israel sein schweres Geschick, Untergang des Staates und Exilierung seiner Bewohner, um eines ganz hohen Zieles willen hat erdulden müssen, dazu nämlich, daß sein Gott in aller Welt als der einzige und wahre Gott anerkannt und verehrt werde, von allen Israeliten, aber noch mehr: von allen Völkern überhaupt, daß also Israel stellvertretend für die anderen Völker gelitten habe, das spricht er in den Ebed-Liedern deutlich aus, vor allem in dem letzten, 52,13–53,12“ (25).

EISSFELDT betrachtet demnach die Lieder als eine Verdeutlichung der gesamten Botschaft Dtjes’. Dennoch ist es in seinen Augen ein Glück, daß die beiden Deutungen, die individualistische und die kollektivistische, sich im Letzten und Wichtigsten einig sind:

„in der Herausstellung des eigentlichen Gehaltes der Lieder und wieder insbesondere des letzten und in der Wertung dieses ihren tiefsten Gehaltes“ (25). Und „beide stehen in gleicher Andacht still vor der Tatsache, daß sechs Jahrhunderte später ein Mensch über die Erde gegangen ist, dessen Leben und Leiden, Sterben und Auferstehen durch die Ebed-Lieder seine wunderbar-geheimnisvolle Erklärung gefunden und das seinerseits der

Nachwelt erst den Blick geöffnet hat für die ganze Tiefe des in ihnen beschlossenen Gehalts" (26f.).

Mit dieser Theorie EISSFELDTS setzt sich MOWINCKEL (1938, 29–31) eingehend auseinander. Er wirft ihr – nicht zu Unrecht – vor, sie setze die Begriffspaare Gemeinschaft/Individuum und Ideal/Wirklichkeit in eins. EISSFELDT habe sich dabei zwar an PEDERSEN[49] orientiert, dessen Auffassung von Ganzheit und Individuum im alten Israel aber mißverstanden:

„Daß EISSFELDT in der Tat die PEDERSENschen Erkenntnisse nicht ganz begriffen hat, geht daraus hervor, daß er ohne weiteres ‚die hebr. Anschauungen von Gemeinschaft und Individuum' mit ‚(Anschauungen) von Ideal und Wirklichkeit' gleichsetzt. Letzterer ist ein Begriffsgegensatz, der auf einem ganz anderen Gebiete liegt als das Begriffspaar Gemeinschaft und Individuum" (29f.)[50].

Ihre klassische Gestalt sollte die Theorie von der im Individuum erfaßten und dargestellten Gemeinschaft durch H. W. ROBINSON (1938) erhalten. Ohne auf EISSFELDT Bezug zu nehmen, führt ROBINSON den Begriff der *corporate personality* ein[51], den er wie folgt definiert:

"The larger or smaller group was accepted without question as unity; legal prescription was replaced by the fact or fiction of the blood-tie, usually traced back to a common ancestor. The whole group, including its past, present and future members might function as a single individual through any of those members conceived as representative of it. Because it was not confined to the living, but included the dead and the unborn, the group could be conceived as living for ever" (49).

Am Begriff der *corporate personality* sind nach ROBINSON vier Aspekte bemerkenswert: (1) Ihre Einheit schließt die Ausdehnung sowohl in die Vergangenheit wie in die Zukunft ein; (2) im Unterschied zur Personifikation ist die c. p. eine reale, in ihren Gliedern

[49] Israel. Its Life and Culture I–II (London/Kopenhagen 1926). Dieser Gedanke durchzieht geradezu wie ein Leitmotiv das Werk von PEDERSEN. Vgl. bes. 109: "the ideas of the Israelite are neither abstractions nor details pieced together, but totalities. He takes hold of the essential, that which more particularly characterizes the idea, and lets the details subordinate themselves to that, and so his thought is ruled by the general idea."

[50] In die Gefolgschaft von PEDERSEN und EISSFELDT reiht sich auch VON PÁKOZDY (1942) ein (vgl. EISSFELDT Bericht 1943).

[51] Von ROBINSON erstmals 1926 entwickelt (bes. 76–80), wo er bemängelt, daß der Idee der corporate personality bisher in der EJ-Frage zu wenig Aufmerksamkeit geschenkt worden sei (76).

verwirklichte Größe; (3) der fließende Charakter des Begriffs erleichtert den raschen und unmerklichen Übergang vom Einen zu den Vielen und von den Vielen zum Einen; (4) die körperschaftliche Idee bleibt auch nach neuen Entwicklungen in Richtung Individuum weiter bestehen (50).

Aus der Vielzahl konkreter Anwendungen faßt ROBINSON drei näher ins Auge: Die Darstellung der Nation durch herausragende Einzelgestalten; das Ich der Pss und die EJL; das Wesen der hebräischen Moral in der rechten Beziehung der einzelnen Glieder der Gruppe zueinander. Was die EJL angeht, so zeigt der scharfe Gegensatz zwischen individueller und kollektiver Deutung, daß die Frage vom modernen Denken her gestellt wird, während

"the Hebrew conception of corporate personality can reconcile both, and pass without explanation or explicit indication from one to the other, in a fluidity of transition which seems to us unnatural. In the light of this conception the Servant can be both the prophet himself as representative of the nation, and the nation whose proper mission is actually being fulfilled only by the prophet and that group of followers who may share his views" (59).

Damit schien die Zauberformel zur Lösung des EJ-Rätsels gefunden zu sein. Sie sollte in der Folge zahlreiche Fachgenossen in ihren Bann schlagen.

Nicht mit diesen Befürwortern eines oszillierenden Ebed-Begriffs identisch sind jene Gelehrten, die es ablehnen, im Ebed aller vier Lieder die gleiche Gestalt zu sehen. Von BRUSTON (1925), SMART (1933/34), S. SMITH (1944) war schon die Rede (s. o.). Zu ihnen gehört auch KISSANE (Komm. 1943), der erklärt: "we have no right to assume that the servant is the same in each case" (LXVII). Er möchte im Ebed der ersten beiden Lieder, in denen von der Unschuld des Knechts keine Rede ist, Israel sehen, im 3. Lied den Propheten selbst, im 4. den Messias.

Zusammenfassung. Nachdem die von DUHM eröffnete EJ-Forschung dreißig Jahre lang dahingeplätschert war und die Diskussion erschöpft zu sein schien, erhielt sie 1921 durch die *autobiographische* Deutung MOWINCKELS, die alsbald zahlreiche Anhänger fand, eine neue Stoßrichtung. Die These der Autobiographie gewann an Glaubwürdigkeit, als – erstmals von SELLIN (1930) und ELLIGER (1931) – das 4. Lied von ihr ausgenommen und Tritojes zugeschrieben wurde. Außer der autobiographischen nimmt in dieser Periode unter den individuellen Deutungen einzig die *messianische* eine starke Position ein. Eher bescheiden ist die Zahl derer, die den Ebed mit *Israel* oder – lieber – einem *Teil* von ihm gleichsetzen, wobei der geschichtliche Hintergrund selbst noch in der Makkabäerzeit gesucht wird. Hingegen bringt die vermittelnde Vorstellung der "*corporate personality*" neue Bewegung in die Forschung und Diskussion.

4. Letzte Entwicklungen und Tendenzen

Hat sich im Verständnis der EJL nach so vielem Bemühen doch schließlich in der letzten, bis zur Gegenwart führenden Periode ein Konsens gebildet? Dies ist nicht der Fall. Neben einigen kleineren Gruppierungen beherrschen noch immer drei schon bislang führende Deutungen das Feld: die kollektive, die messianisch-christologische und die autobiographische, allerdings, wie es scheint, mit wachsenden Chancen für die letzte.

a) Die kollektive Deutung

Beginnen wir mit DE BOER (1956): Die EJL stammen entweder von Dtjes selbst oder wurden von ihm seinen Vorstellungen angepaßt. Der Ebed ist das personifizierte Israel: "The personification of the people is carried to an exaggerated extent" (111). Im 4. Lied verkündet der Prophet, das Leiden Israels sei, über die verdiente Strafe hinaus, von Jahwe als Sühne angenommen worden für jene, die straflos ausgingen (115).

Die gleiche Ansicht vertritt MUILENBURG (Komm. 1956): "Israel, and Israel alone, is able to bear all that is said about the servant of the Lord" (411), allerdings nicht nur das historische, sondern auch das ideale und eschatologische Israel. – Für KAISER (1959) kommt nur die Deutung auf das Volk oder auf den Propheten selbst ernsthaft in Frage; er möchte jedoch der ersten den Vorzug geben. JONES (Komm. 1962) wiederum lehnt die Isolierung der Lieder entschieden ab. Der Knecht ist "righteous Israel" (519). Die Unterscheidung zwischen frommen und ungläubigen Israeliten sei in der Zeit der Restauration geläufig geworden. Sie erkläre auch, daß Israel eine Sendung an Israel haben kann.

Auch KNIGHT (Komm. 1965) möchte den Ebed in den Liedern nicht anders verstehen als im übrigen Dtjes, dessen integrierenden Bestandteil sie bilden. Er ist Israel, allerdings mit Nuancierungen: "the servant-group Israel seeking to reestablish and restore the whole servant-people to their rightful place in the plan and purpose of God" (185, zu

49,5f.), "God sees Israel in the future become the perfect Servant, because he has said that she shall be" (203, zu 50,6).

Im gleichen Jahr plädiert Smart (Komm. 1965) für die Einheit sogar von Jes 40–66 mit Einschluß von Jes 35. Dtjes wirkte kurz nach 587 in Jerusalem und nicht in Babylonien. Es war ein verhängnisvoller Irrweg der Exegese, Duhm in der Trennung von 40–55/56–66 sowie in der Herauslösung der EJL zu folgen. Mitschuldig daran war auch die Mißachtung des dramatischen Stils mit dem häufigen Wechsel der Szene und der Personen:

"Chapters 40–55 are a mosaic of these scenes, a number of them being skillfully woven together in each chapter, old ones being repeated, and new ones being introduced" (80).

Vor allem aber waren die Ausleger blind für das ständige Hin und Her zwischen dem empirischen Israel der Gegenwart und dem verherrlichten Israel der Erfüllung.

"The prophet moves back and forth between the two, showing that he was fully conscious of all the weaknesses and sins of the Israel in the midst of which he lived and yet fully confident that when God revealed his hand, a new Israel would stand forth before the eyes of men, an Israel that would be the culmination of all that God had been shaping in its midst through the centuries" (80).

Auch für Williams (1968) lassen sich die Lieder nur durch einen gewaltsamen Bruch aus ihrem unmittelbaren Zusammenhang lösen. Das Thema von Jes 40–55 ist die Berufung Israels, das Walten des schöpferischen Gottes zu preisen. Dem gleichen Thema dienen die vier Lieder. Sie stellen eine Einladung an Israel dar, Knechte dieses Gottes zu werden.

Gleichzeitig versuchen zwei Aufsätze in VT 1972 die Identität des EJ von der Definition des Wortes *mišpāṭ* im 1. Lied her zu bestimmen, wobei sie eine verschiedene Bedeutung des Begriffs in den einzelnen Versen des Liedes annehmen.

Beuken (1972): Das Lied ist ein königliches Designationsorakel, was allerdings nicht bedeutet, daß der Ebed mit dem traditionellen israelitischen König oder dem Messias identisch ist. Von daher und von der thematischen Verbindung mit dem Kap. 40f., der Beuken große Bedeutung beimißt, ergibt sich für *mišpāṭ* in 42,1 der Sinn: "He will establish justice, he will enforce righteousness, he will reveal the body of commandments which express the will of God" (6f.). Daß der Knecht nicht schreit, findet seine Erklärung und

Bestätigung in Jes 53, 7: die Herbeiführung des Rechtszustandes geschieht im stillen (24). Für das 2. Lied zieht BEUKEN (1978) die Folgerung:

Im Lichte von Jes 48, 20 erweist sich der Knecht als die Schar der Heimkehrer, die sich vergeblich bemüht hat, das ganze Volk zur Heimkehr zu bewegen und „die Geretteten Israels zurückzubringen" (Jes 49, 6). Die allgemeine Rückkehr Jakobs und die Aufrichtung der Stämme Israels steht noch aus. Indem aber der Knecht sie schon exemplarisch vollzogen hat, wird er zum Zeugnis für die Völker.

Während es aber bei *jōṣī*ᵓ *mišpāṭ* um einen Zustand geht, um die Herstellung einer Rechtslage, hat *mišpāṭ* in V. 4 *jāśīm mišpāṭ* die Bedeutung der Verkündigung einer Verordnung, wie auch aus dem Parallelismus mit *tōrāh* hervorgeht.

Jörg JEREMIAS (1972) nimmt in Jes 42, 1–4 für *mišpāṭ* nicht nur zwei, sondern drei verschiedene Bedeutungen an.

„Der Begriff *mišpāṭ* hat also in allen drei Strophen des ersten GK-Liedes je verschiedene Bedeutung. Meint er in V. 1 die königliche Herrschaft des Knechts über die Völker, so in V. 3 die prophetisch verkündigte Begnadigung Israels und schließlich in V. 4 die heilvolle Willenskundgebung Jahwes für die Welt, die der Knecht als Mose für die Völker bringt. Offenbar hat Dtjes diesen mehrdeutigen Terminus bewußt gewählt, um das vielschichtige Amt des Knechts in einem Begriff zusammenzufassen, in Anlehnung an überkommene Traditionen und gleichzeitig in ihrer Überbietung" (39). Da aber auch Israel königlich berufen und zum Zeugendienst an den Völkern bevollmächtigt ist, verkörpert der Knecht das wahre Israel in dem Sinne, daß er Israel selbst zum wahren Israel zu machen hat.

Nach BONNARD (Komm. 1972) hatte die Isolierung der EJL aus ihrem Kontext durch DUHM geradezu katastrophale Folgen für ihr Verständnis. Es gibt keinen Grund, Dtjes die Autorschaft der Lieder abzusprechen, wie Wortschatz und geprägte Formeln beweisen (gibt Übersicht). Die Lieder sind homogen mit ihrem Kontext, jedoch teilweise heterogen unter sich selbst. Ebed hat bei Dtjes vier verschiedene Bedeutungen:

(1) Israël en son ensemble, oft in 41–48, bes. 41, 8–16 und 44, 1–5.
(2) Israël en son élite: 49, 1–6. 7–13, wahrscheinlich auch 52, 13–53, 12.
(3) der Prophet: 50, 4–9.
(4) Kyros: 42, 1–9; 45, 1 ff.

Unter den Skandinaviern wird METTINGER (s. u. S. 166f.) die Position BONNARDS radikalisieren.

Für ROODENBURG (1974) besteht kein hinreichender Grund, die

EJL Dtjes abzusprechen. Die Untersuchung des Ebed-Begriffs in den Liedern kann deshalb von seiner Bedeutung im übrigen Dtjes nicht absehen. Dort ist der Knecht das Volk, insofern es dem Bund treu geblieben ist. Demnach ist der Knecht der Lieder die Personifizierung der Exulanten, die Jahwe im Exil die Treue gehalten haben, im Gegensatz zu denen, die sich ihrer Umgebung assimilierten. Der Knecht hat die Aufgabe, diese zu Jahwe zurückzuführen.

Herbert (Komm. 1975) stellt fest: “The Servant is Israel in the purpose of God” (40). Der Gegensatz zwischen dem Ebed der Lieder und dem sündigen Israel entspricht zwei Aspekten derselben geschichtlichen Realität: des versagenden und zugleich seiner Funktion für das Heil der Welt entsprechenden Israel.

Für Ricciardi (1976) gibt es nur drei EJL, da das 3. als prophetischer « salmo de confianza » aus dem Rahmen der übrigen drei, Königspsalmen gleichenden Liedern herausfällt. Die Trennung dieser drei Lieder vom Dtjes-Buch ist gerechtfertigt. Dieses vertritt einen Triumphalismus chauvinistischer Tendenz, dem die Lieder entgegentreten wollen: die Erwählung Israels bedeutet stellvertretendes Leiden für die ganze Menschheit.

Auch für Phillips (1978/79) ist der Knecht der treue und gläubige Teil Israels, “he is anyone who will continue faithful even though he may never himself experience the imminent restauration of the people” (374). Dabei wird das Bild des Knechts nach dem Bild des Mose gezeichnet: Israel stirbt wie Mose in heidnischem Land. Ähnlich sieht Michel (1981) im Ebed eine Gruppe in Israel und hält damit die autobiographische Deutung für vereinbar (527f.). Für Kleinknecht (1984) stellen die EJL eine „allzu anspruchsvolle Sinndeutung der Leiden des Exils“ dar (56).

Eine Sonderform der Deutung auf Israel vertritt Wilshire (1970). Für ihn ist der Ebed der Lieder “the cultic-center city of Zion-Jerusalem.

Although female metaphors are used of it outside these songs, there is nothing to hinder the use of the male servant image for it within the songs. Zion-Jerusalem is closely identified with the nation Israel” (367; Kritik Coppens 1976).

Die dargebotene Meinungspalette zeigt, daß die kollektive Deutung noch immer ihre zahlreichen Vertreter findet, daß sie aber doch eine differenzierte Gestalt angenommen hat und daß die Deutung auf Israel *in globo* eher die Ausnahme geworden ist.

b) Individuelle Deutungen

α) Messianisch-christologische Deutungen

Direkt messianisch-christologisch

Es mag überraschen, daß unter den individuellen Deutungen die messianisch-christologische bis in unsere Tage die am häufigsten vertretene ist. Dabei lassen es einzelne Autoren bei der Aussage bewenden, der Prophet habe den vom israelitisch-jüdischen Volk erwarteten Messias im Auge, andere wenden die Texte konkret auf Jesus Christus an.

ANDERSON (1952) nennt die Lieder ein prophetisches Evangelium; Jes 52, 13–53, 12 ist ein "miraculously apt prophetic picture of our Lord's suffering" (9). SIMON (Komm. 1953), der ganz Jes 40–55 um 400 v. Chr. datiert, sieht im EJ eine messianische Gestalt[52]. Auch PORÚBČAN (1958) entscheidet sich unter den sich anbietenden Möglichkeiten für die messianische Interpretation auf der soteriologisch-davidischen Linie (134). Nach SCHILDENBERGER (1959) „zeigen die Lieder vom GK die Verwirklichung des Heiles durch Jesus Christus viel deutlicher als alle anderen atl Weissagungen" (108). GIBLET (1960) insistiert auf der Freiwilligkeit und universalen Wirkkraft des Ebed-Leidens (*einer* für *alle*) und folgert: « Nous inclinons à reconnaître ici la figure d'un personnage bien déterminé qu'il convient d'identifier avec le Messie » (266)[53]. Nach BRUNOT (1961) zeigt der Knecht königliche, prophetische, weisheitliche und soteriologische Züge. Es gibt deshalb nur eine mögliche Interpretation der Lieder: der Prophet denkt an den Messias und an das wahre Israel Gottes, das er verkörpern wird (21). « Une étude précise des données des textes et de la Tradition aboutit à désigner Jésus de Nazareth comme le Serviteur de Yahvé » (24).

[52] Der fundamentalistische Kommentar von J. A. ALEXANDER (Grand Rapids 1955) soll hier unberücksichtigt bleiben, da er nur eine Neuauflage aus der Mitte des 19. Jh. ist (vgl. dazu NORTH 1948, 45f.; zur Ausgabe von 1955 siehe E. J. YOUNG, The Westminster Theol. Journal 18, 1955/56, 94). Streng christologisch YOUNG (1954) selber: "Of whom speaketh the prophet this? He speaketh not of himself, but of another, and that another is Jesus Christ" (125).

[53] Daß in der Predigt die Neigung, die EJL christologisch zu deuten, besonders stark ist, ist bekannt. So erklärt M. FISCHER (1963) in der Wiedergabe seiner Predigt über das 4. Lied: „Jes greift weit hinaus über das, was jemals Prophetenschicksal gewesen ist ... Zug um Zug dessen, was Jes vorausgenommen hat, ist an Jesus sichtbar und wirksam geworden" (126).

Auch PENNA (Komm. 1964) versteht die Lieder direkt messianisch, wenn er auch einräumt, daß dem Dichter geschichtliche Vorbilder (Mose, Jeremia ...) vorschwebten[54].

Nach GROSS (1968) ist der GK „als die durch das Exil bedingte, fortgebildete Messiasgestalt zu verstehen; und die GKL sind die reifsten und tiefsten messianischen Texte des AT, die sich in ihren wesentlichen Erwartungen auf den ntl Christus beziehen und von ihm erfüllt wurden" (633). Für BEHLER (1969) gilt: « Bien des siècles avant l'incarnation du Verbe de Dieu, l'Esprit Saint fit voir à un prophète, en traits vigoureux et ineffaçables, l'image du Sauveur à venir » (255), und 1976 zeigt er für die Lieder Vers für Vers ihren « accomplissement dans le Christ ». Auch VELLAS (Komm. 1969) versteht die Lieder als Weissagung auf Christus. LIVINGSTON (1970) will durch besondere Beachtung der Verbalformen und ihrer Nuancen zu einem besseren Verständnis des 4. Liedes gelangen. Indem er im Zweifelsfall für die futurische Bedeutung plädiert, bestätigt er sich selbst im direkt christologischen Verständnis. LEUPOLD (Komm. 1971) gibt auf die Frage "But who is the 'servant'?" die Antwort: "the person under consideration is none less than the one who in the NT goes under the name of Jesus the Christ" (59). PAYNE (1971) versucht, in Auseinandersetzung mit der neueren EJ-Forschung, auf *philologischem* Weg Klarheit zu gewinnen zu den Themen: messianische Identität des Ebed, Art seines Leidens, Realität und Stellvertretung seines Todes, Weiterleben nach dem Tod. Ergebnis: Trotz gewandelten Verständnisses gewisser Elemente in Jes 53 haben die neueren Untersuchungen die christliche Anwendung des 4. Liedes auf Jesus von Nazaret nicht zu Fall bringen können. Im Bericht 1979 ist PAYNE hinsichtlich der Realität des Todes des Ebed etwas zurückhaltender. Auch nach NJARACKATT (1972) kann nur die christologische Auslegung den Texten gerecht werden.

FEUILLET (1975) soll etwas ausführlicher zu Wort kommen. Ähnlichkeit im Stil ist kein Argument für gleiche Autorschaft (Berufung auf ROBERT). « Par conséquent, les rapports de vocabulaire entre les Poèmes et Is XL–LV, si importants soient-ils, ne peuvent être décisifs » (124).

[54] Im Anschluß an ENGNELL (1948, siehe Exkurs: Skandinavier) versucht auch O'DONNELL (1964) das 4. Lied von der Königsideologie her zu verstehen, als "a prophetic remodeling of a liturgical composition belonging to the annual Festival in which the Servant is considered not as the king, suffering in the cult, but as the Messiah depicted in these categories" (41).

Vom Inhalt her gibt es Gegensätze zwischen den beiden Knechten:

(1) Serviteur Israël – Serviteur anonyme;
(2) Comportement des deux serviteurs;
(3) Mission des deux serviteurs: Israel ist passiver Zeuge, der Ebed der Lieder ein aktiver;
(4) perspective eschatologique: politische Restauration/religiöse Erneuerung.

Aus der Erfahrung, daß die von Dtjes angekündigte politisch-religiöse Erneuerung nicht eingetroffen ist, entwickelt ein späterer Verfasser ein neues Messiasbild: ein Messias, der sich zum Sühneopfer darbringt, auferweckt wird und ein geistiges Reich gründet, das an Ausdehnung dem Kyrosreich nicht nachsteht. Literarisch und theologisch haben wir es mit dem *anthologischen Stil* zu tun. « C'est le fait de la tradition en marche que nous touchons ici du doigt » (128).

In seiner eigenen Auslegung spricht sich FEUILLET für die « interprétation strictement messianique » aus (155–164). Der Ebed ist ein Nachkomme des Davidshauses, trägt somit *königliche Züge* (42,1; 53,2). Die Wurzel der Lehre von der Mittlerschaft und dem stellvertretenden Leiden ist in den Erfahrungen der Propheten zu sehen, vor allem im biblischen Mosebild, das bereits den Einfluß späterer Prophetenschriften verrät (177, mit Verweis auf ROBERT 1957). « La prise en considération de tous ces antécédents fait voir dans le Serviteur souffrant d'Is. LIII une synthèse vivante de la double médiation prophétique et sacerdotale » (178).

Für GÜNTHER (1976) gilt: „Das AT weist, versucht man es aus sich selbst heraus zu verstehen, mit den Knecht-Gottes-Liedern über sich hinaus; es nötigt den Ausleger geradezu, die Ankündigung von dem, der Gottes Recht in Kraft setzt, dahin zu verfolgen, wo auf dem Boden dieser Ankündigung von dem gesprochen wird, der sie erfüllt. Das tut das NT" (32f.). Für LINDSEY (1982/83) ist der Knecht eine "royal figure" (1982, 15). "The anonymous servant of Isaiah 42,1–9 can be neither Israel nor Cyrus nor any person other than the royal Davidic Messiah, the Lord Jesus Christ" (1982, 27)[55].

[55] Auch nach BÁNFI (1977) künden die Lieder einen dienenden Messias an. – In Polen sieht JAKUBIEC (1961) im EJ eine messianische Gestalt, aber mit Zügen des Kyros oder Mose. Nach TYLOCH (1958) war der EJ für Jesus Vorbild des Lehrers, Priesters, Opfers. Die übrigen polnischen Beiträge (STRAKOWSKI 1960, 1966, SZCZUREK 1974, HOMERSKI 1977) setzen sich überwiegend zum Ziel, für die polnische Leserschaft über die ausländische Forschung zu berichten. Die chinesischen Beiträge von LAU/MARCIL (1973) und LIAO YONG-HSIANG (1974) stellen das messianische Motiv in den Vordergrund, ohne Israel auszuschließen.

Hier sind aber auch die Autoren zu erwähnen, die sich gegen die Vorstellung wehren, der Ebed sei in allen vier Liedern die gleiche Gestalt, und wenigstens einzelne Lieder messianisch verstehen. So bezieht NAKAZAWA (1954ff., 1962ff.), der alle vier Lieder Dtjes zuschreibt, das 2. und 3. auf den Propheten selbst, das 1. und 4. hingegen auf den kommenden Messias. STEINMANN (1960) sieht im Ebed des 1. Liedes Kyros, im 2. und 3. den Propheten; im 4. wird eine zukünftige Leidensgestalt beschrieben, in der Israel sich darstellen wird, wie in der Vergangenheit in Mose, Jeremia und in Dtjes selbst.

Indirekt messianisch-christologisch

An zweiter Stelle sind einige Autoren zu nennen, die damit rechnen, daß der Prophet im Ebed eine geschichtliche, kollektive oder individuelle Gestalt der Gegenwart oder Zukunft vor Augen hatte, ohne dabei konkret an den Messias/Christus zu denken. Daß sein Blick in Wirklichkeit auf Christus zielte und sich in ihm erfüllte, sollte erst die Zukunft erweisen. Im katholischen Raum wird in diesem Zusammenhang gern von einem (allerdings umstrittenen) *sensus plenior* gesprochen: der Heilige Geist legte in die Worte des Propheten mehr hinein, als für diesen selbst erfaßbar war[56].

Für VAN LINDONK (1958/59) ist der Ebed das Volk Israel als überzeitliche Größe. Deshalb konnte Jesus im EJ ein Bild seines eigenen Lebens, Leidens, Sterbens, seiner Auferstehung und Verherrlichung sehen, obwohl der Prophet nicht direkt von einem leidenden Messias spricht.

BRANDENBURG (Komm. 1961) glaubt als Bibelleser das Recht zu haben, „in diesen Kapiteln und Abschnitten das Bild Christi hindurchleuchten zu sehen . . . Es bleibt dem prüfenden Historiker unbenommen, die geschichtliche Frage zu stellen: Wer war damals mit dem Knecht Jahves gemeint? Aber von der Erfüllung her treten die zeitgenössischen Farben zurück gegenüber dem Lichtglanz, der vom NT auf diese Kapitel fällt“ (27).

WOLFF (1962) stellt klar: „Wir dürfen uns keinen Augenblick der Täuschung hingeben, hier rede ein Augenzeuge der Kreuzigung Jesu von Nazareth“ (333). Andererseits spreche kein einziger Zug innerhalb des Textes zugunsten der kollektiven Deutung, und kein

[56] Hierzu bemerkt NORTH (1948): “I find it hard to believe that the Prophet in his moments of deepest insights intended one thing and the Holy Spirit another. It seems more natural to conclude that both intended the same. Original and Fulfilment join hands across the centuries” (219). Zustimmend BRUNOT 1961 (s. o. S. 142).

Versuch, den Knecht mit einer geschichtlichen Gestalt des 6. Jh. v. Chr. gleichzusetzen, sei erfolgreich gewesen. Bei aller Unbestimmtheit künden die Lieder einen letzten Herrn an, der als Gottes Knecht leidend für die Gottlosen eintritt und Sieger in der ganzen Völkerwelt sein wird.

„Doch in der Zwischenzeit trat einer in Israel auf, der wie keiner sonst die Schmerzen vieler trug und für die Gottlosen eintrat. Seither haben viele in der Liebe Jesu, in seiner anspruchslosen Dienst- und Leidensbereitschaft, jene Gestalt Israels erkannt, von der in Jes 53 als von Gottes Knecht die Rede ist“ (342).

Richards (1964) identifiziert den Ebed mit dem am Beispiel des Jeremia geschulten und im Exil geläuterten, aber dennoch idealisierten und erst in Christus verwirklichten Israel.

Nach van der Woude (1965) dürfen die EJL aus ihrem Kontext nicht herausgelöst werden. Sie stammen vom Propheten Dtjes aus einer späteren Phase seines Wirkens. Der Ebed ist kollektiv zu verstehen, aber nicht als profane Volkseinheit, sondern als theokratische Volksgemeinde, die sich unter Umständen auf *einen* Getreuen reduziert. Die Vorstellung der stellvertretenden Sühne ist nicht wegzudenken: Israel leistet sie stellvertretend für die Völker. Voll hat diese Sendung nur Jesus verwirklicht (obwohl der Prophet des 6. Jh. dies nicht voraussehen konnte). In ihm leidet Israel für die Völker der Welt.

Nach Velge (1966) hat die Exilserfahrung dem Propheten die Erkenntnis vermittelt, daß das Leiden nicht notwendig eine Strafe ist, sofern der Gesalbte Gottes, sei es das Volk oder ein Einzelner, es mit seinem Glauben und seiner Geduld erfüllt. Christus habe dieses Ideal vollkommen verwirklicht (89)[57]. De Moor (1978) stellt fest, die Weissagungen des Dtjes hätten sich nach dem Exil nicht voll erfüllt, jedoch die Hoffnung geweckt, daß sie durch einen besonderen Menschen erfüllt werden würden: den Messias.

Für Mother Alonso (1966) spielt es keine Rolle, ob der Ebed vom Verfasser der Lieder individuell oder kollektiv verstanden wurde. “In Jesus of Nazareth Israel, interpreted either collectively or individually, reaches its completeness” (25).

[57] Nach L. Monloubou (in H. Cazelles, Introduction critique à l’Ancien Testament, t. 2, Paris 1973, 439) schöpft der Prophet aus der Vergangenheit, reflektiert über die Gegenwart und blickt in die Zukunft; Erfüllung in Jesus Christus.

Besondere Beachtung verdienen in diesem Zusammenhang die Ausführungen von BLANK (1979). Ein Haupthindernis für eine genaue historische Interpretation der EJL bildet nach ihm bis heute die „interpretatio christiana", die die Lieder als Weissagung auf Christus hin versteht. Indes sei die alte, traditionelle Form des „Weissagungs-Beweises" heute einfach nicht mehr durchzuführen.

„Es geschieht dem NT überhaupt kein Eintrag, wenn festgestellt wird, daß zentrale ntl Aussagen oder Vorstellungen so neu nicht sind, wie man früher gemeint hat, und daß sie in einer langen atl Vorgeschichte wurzeln. Es gibt keine dogmatischen Gründe dafür, daß erst der Tod Jesu als Sühnetod verstanden werden kann, und daß nicht bereits der Tod des Knechtes, des Dtjes, so verstanden werden konnte."

Freilich bedingt diese Einsicht auch ein neues Verständnis der Typologie. Diese besteht darin,

„daß in der biblischen Glaubenserfahrung und Tradition tatsächlich bestimmte Redeformen, Denkmodelle, Kategorien und Strukturen erarbeitet wurden, die eine bleibende Bedeutung erhielten, weil sie sich auch weiterhin zur Interpretation menschlicher Glaubens- und Lebenserfahrungen anboten, wie etwa bei der Gestalt Jesu. Diese strukturalen Denkmodelle haben wahrscheinlich mehr ‚unbewußt' als ‚bewußt' weitergewirkt. Die christliche Urgemeinde, die in diesen jüdischen Glaubens- und Sprachtraditionen lebte, hat sie ihrerseits aufgenommen, um damit ihre Erfahrungen mit Jesus zu artikulieren" (57f.)[58].

β) Der Ebed eine zeitgeschichtliche Persönlichkeit

Nur wenige Autoren halten den vom Propheten beschriebenen EJ für eine zeitgeschichtliche Persönlichkeit. G. VON RAD[59] möchte die EJL vom Strom der Mosetradition her verstehen.

„Von einem ‚zweiten Mose', von einem Moses redivivus sollte man freilich nicht sprechen, aber doch von einem Propheten ‚wie Mose' . . . Besteht die Deutung des GK auf ‚einen Propheten wie Mose' zu Recht, dann würde

[58] Hierzu ist auch C. WESTERMANN, Theologie des Alten Testaments in Grundzügen, Göttingen 1978, zu hören: „Die Entsprechung zwischen dem Wirken des GK allein durch das Wort, seinem Leiden bis in den Tod und seiner Bestätigung durch Gott trotz des Todes oder durch den Tod hindurch und dem Leiden, Sterben und Auferstehen Jesu ist die eindeutigste Berührung der Darstellung Jesu im Neuen mit dem AT" (197).

[59] Theologie des Alten Testaments II, München 1960 (und sachlich unverändert in den späteren Auflagen).

sich auch die Lücke zwischen diesen Liedern und der übrigen Botschaft Dtjes' schließen, die man als so beunruhigend empfindet" (273f.).

Chavasse (1964) unterscheidet zwischen der Intention des Verfassers der Lieder und der des Herausgebers des Dtjes-Buches. Der erste beschrieb im Knecht den *historischen Mose:* Gesetzgeber (1. Lied), Führer des Gottesvolkes (2. Lied), der in der Anfeindung Mut und Vertrauen beweist (3. Lied) und stellvertretend leidet, Sanftmut an den Tag legt und als Mittler auftritt (4. Lied). Indem aber der Herausgeber des Dtjes-Buches die Lieder in einen Kontext stellt, der auf den neuen Exodus weist, gibt er zu verstehen, daß er im Ebed den *neuen Mose* sieht. Das frühe Judentum machte sich die Deutung auf Mose zu eigen, wie Weish 10,16 zeigt. Und in Apg 3,13–26 wird die Gleichung Ebed (παῖς)–Mose–Christus vollzogen, so daß der EJ zum Bindeglied zwischen Mose und Christus aufrückt[60]. Nach G. R. Driver (1968) war der Ebed ein unbekannter Jude, Lehrer oder Prediger oder Prophet, der durch seine Verkündigung seine Landsleute oder die babylonischen Behörden gegen sich aufbrachte. "His name will never be known but his memory will live for ever in one of the noblest passages of Hebrew literature" (105). Kida (1979) sieht im EJ den politischen Führer der heimkehrenden Exulanten, somit Scheschbazzar. Dessen verfrühter Versuch, in Jerusalem die politische Autonomie herzustellen und von den Küstenländern als weltlicher Führer über Juda anerkannt zu werden, führten – unter Umgehung der persischen Regierung – zu seiner illegalen Beseitigung durch die einheimische Bevölkerung (Repristinierung der These Sellin 1898, s. S. 109f.). Grelot (1981) gibt zwar auch der Jojachin-These (Cazelles, s. u.) eine Chance, möchte jedoch lieber an Scheschbazzar oder vor allem an Serubbabel denken, dem zwei Propheten (Hag 2,23; Sach 3,8) den Titel „Knecht" geben. Dieser verschwindet zwischen 518 und 515 von der Szene und wird auch bei der Einweihung des Tempels 515 (Esr 6,14–22) nicht genannt. Die Jes 49,1–7 erwähnten Schwierigkeiten ließen sich am besten unter Kyros (Esr 4,1–5) unterbringen (67–73)[61].

[60] Nach Rosenberg (1965) galt in der jüdischen Tradition Isaak als der Prototyp des leidenden Knechts. Der Verfasser von Jes 53 sieht den Messias in der Gestalt eines neuen Isaak, der stirbt für das Leben des Volkes (wobei das Motiv des Substitutkönigs hereinspielt). Hillyer (1969) setzt sich mit dieser Theorie kritisch, aber grundsätzlich positiv auseinander.

[61] Vgl. zu Grelot die Besprechung von L. Monloubou, Le Serviteur

Nach mehreren Autoren würden die EJL das Schicksal des makkabäischen Hohenpriesters Onias III. (2Makk 3,1–4,38) spiegeln: BARSOTTI (1955: «forse»), LASSALLE (1960), der sich wundert, daß noch niemand auf diesen Gedanken gekommen sei (er scheint BARSOTTI 1955 nicht zu kennen), TREVES (1974), der sich auf BARSOTTI und LASSALLE bezieht.

γ) Der Ebed eine nicht bestimmbare Einzelperson

Einige Autoren sprechen sich dezidiert für die individuelle Deutung des Ebed aus, halten jedoch die Frage, wen der Prophet mit dem Ebed gemeint habe, für nicht beantwortbar, ja sogar vom Propheten für bewußt und beabsichtigt offengelassen. Für SCHUERMANS (1956) ist der Ebed nicht eine bloße Personifizierung Israels, sondern sozusagen die Inkarnation des Lebens, der Sendung und der Bestimmung des Volkes (577). H. HAAG (1961) beruft sich zugunsten der individuellen Deutung auf Jes 42,4: *Die Inseln harren seiner Tora.* „Wenn mit dem Knecht der Lieder Israel gemeint wäre, hätten wir hier die einzige Stelle in der ganzen Bibel, wo die Tora ‚Israels Tora' genannt wird" (4). LARCHER (1962) sieht im Ebed einen prophetischen Heilbringer, dem nach Erfüllung seiner Aufgabe messianische Prärogativen zuteil werden (133). ROTH (1964) findet die treffendste Parallele für die Anonymität des Ebed im anonymen „Jünger, den Jesus liebte" bei Joh. Mit der beabsichtigten Anonymität will der Verfasser der Lieder, vermutlich Dtjes selbst, das prophetische Amt in seinem Glanz und seiner Erniedrigung verherrlichen. Auch WESTERMANN (Komm. 1966) warnt vor der ultimativen Stellung und Beantwortung der Frage, wer der Knecht sei. Zum 1. Lied vermerkt er:

> „hier soll verbergend, verhüllend geredet werden. Dies gilt für *alle* Gottesknechtlieder: . . . das verhüllende Reden ist Absicht und wir wissen nicht einmal, ob den damaligen Hörern der Worte nicht auch vieles an ihnen verborgen bleiben sollte" (78).

Großen Wert legt WESTERMANN jedoch auf die Mittlerrolle des Knechts (vgl. VI.3). Durch den Anklang an die Königsdesignation und den Wortauftrag soll „wohl angedeutet werden, daß im Knecht

de Iahvé selon Isaïe, Bulletin de Littérature Ecclésiastique 83, 1982, 288–293, der gegen die Identifizierung mit einer nachexilischen Persönlichkeit Bedenken anmeldet. – An einen Sohn Serubbabels denkt MORGENSTERN (s. o. S. 65).

die beiden Linien des Mittlers [Richter–König/Prophet], die sich in Israels Geschichte getrennt hatten, wieder zusammenkommen" (81)[62].

OBERHOLZER (1966) merkt an, Dtjes bewege sich in seiner Rede über das Heil der Völker auf einem eschatologischen Feld. Deshalb ist der EJ eine Zukunftsfigur, der Knecht der eschatologischen Erwartung. Auch REICKE (1967, vgl. Kap. V zu Jes 53,11) sieht im Ebed eine individuelle Gestalt der Zukunft. WARD (1968) möchte die Aufgabe des Ebed nicht statisch, sondern dynamisch sehen. Zum einen verkörpert sie sich nicht notwendig (nicht einmal wahrscheinlich) in (einer) bestimmten Person(en), zum anderen ist sie niemals an ihrem Ende.

ZIMMERLI (1969) weist im Zusammenhang mit dem Begriff *nśʾ ʿwn* auf Ez 4,4–8 hin, andererseits für die ersten drei Lieder auf die Anklänge an Jer, wogegen sich Jes 53 zu einer Tiefe letzter Deutung erhebe, „die alle unmittelbar biographische Beziehung dahintenläßt und eine überhöhte Gültigkeit empfängt, die alle Gegenwart sprengt" (244). Nach JUNKER (1970) erwartet Dtjes nicht einen königlichen Messias, sondern eine prophetische Heilbringergestalt, „eine prophetische Einzelgestalt von einmaliger Größe und Bedeutung" (9). Auch FÜGLISTER (1970) betont die prophetische Rolle des Ebed. Sein Leiden ist ein spezifisch prophetisches Leiden, das aus dem prophetischen Mittlerauftrag herauswächst und mit ihm unlösbar verbunden ist.

Der Knecht, wie er in den vier Liedern gezeichnet wird, ist „eine, wenn man so will, ebenso künstliche wie kunstvolle Komposition", „eine *Konstruktion* also, das Resultat tiefer und langer theologischer Reflexionen vor allem über das prophetische Mittleramt, sodann aber auch über Israels Sein und Sendung" (169). „Der GK ist demnach der *erhoffte, ideale, absolute* (d. h. ausschließliche) *Mittler* vorwiegend mosaisch-prophetischen Gepräges" (170). Er ist das (wahre) Israel (Jes 49,3) und hat deshalb „sowohl christologische als auch ekklesiologische Bedeutung" (1984, 120).

BARTH-FROMMEL (1971) unternimmt einen kurzen Rundgang durch Fragestellung und Lösungsvorschläge und lehnt ausdrücklich die autobiographische Deutung ab. Nach der Verf.in kann die Anonymität des Ebed nicht gelüftet werden. Auch nach CLINES (1976) ist die Verhüllung beabsichtigt. Die Frage, wer der Knecht ist, läuft letztlich auf die Frage hinaus, wer er *für mich* ist, "The servant of Yahweh in Isaiah 53 does nothing and says nothing but lets every-

[62] Vgl. zu WESTERMANN aber auch oben S. 147 Anm. 58.

thing happen to him" (64). Für RENKEMA (1978) bedeutet die von uns zu respektierende Anonymität des Ebed nicht Beschränkung, sondern Entschränkung. Wurde seine Aufgabe auch durch Jesu Wort und Tat am vollkommensten verwirklicht, so findet sie doch ihre Ergänzung und Fortsetzung in der Aussendung der Jünger und im Leben der Gemeinde. W. H. SCHMIDT[63] diskutiert die verschiedenen Lösungsvorschläge. Der traditionellen eschatologisch-messianischen Auffassung stehe entgegen, daß die Lieder gewiß nicht Weissagung für spätere Zeiten sein wollten, sondern in die Gegenwartssituation sprächen (266). Dennoch überlegt er abschließend: „Werden die alle geschichtlichen Erfahrungen transzendierenden Aussagen von Jes 53 als Zukunftsansagen nicht doch verständlicher? Zumindest können die GKL die spätere Form messianischer Erwartung beeinflußt haben" (267). MARTIN-ACHARD (1982) schließt sich CLINES (1976), WHYBRAY (1978, s. u.) und GRELOT (1981) an.

Hier sind auch einige ungewöhnliche Aktualisierungen zu erwähnen. Nach KEHNSCHERPER (1966) ist *ᶜebed* nicht mit Knecht, sondern mit Sklave zu übersetzen und verkünden die EJL die Sklavenbefreiung. WIJNGAARDS (1974) wendet das 1. Lied auf die Mission in Indien an, MESTERS (1982) sieht, im Geist der Freiheitstheologie, im Knecht des 4. Liedes das unterdrückte, leidgeplagte, geschlagene, mißhandelte Volk Brasiliens.

δ) Der Ebed ist der Prophet selbst

Die Vertreter der autobiographischen Deutung haben nach dem Zweiten Weltkrieg gegenüber der Zwischenkriegszeit an Zahl zugenommen, ja, es läßt sich wohl sagen, daß sich die Waagschale zu ihren Gunsten zu neigen beginnt. C. KUHL[64] sympathisiert mit ELLIGER: die Lieder sind Selbstbekenntnisse des Dtjes an einen kleinen Kreis seiner Anhänger, das 4. Lied stammt von einem Jünger des Dtjes (194–196 bzw. 189–191). A. WEISER[65] schreibt alle vier Lieder dem Dtjes zu. Im Blick auf den sicheren Tod durch Hinrichtung schwingt sich sein Glaube zur kühnen Hoffnung auf, sein Leiden und Sterben werde stellvertretend der Bekehrung Israels und der Heiden dienen (183). Auch KUTSCH (1967) neigt der autobiographischen Deutung zu. Dieser gibt MILLER (1970) ein eigenes Ge-

[63] Einführung in das Alte Testament, Berlin 1979.

[64] Die Entstehung des Alten Testaments, Bern 1953, ²(hrsg. von G. FOHRER) 1960.

[65] Einleitung in das Alte Testament, Göttingen ²1966.

sicht. Für die Berücksichtigung des Zusammenhangs eintretend, findet er den Schlüssel zum Verständnis der Lieder im Bruch zwischen Jes 40–48 und 49–55. In Kap. 40–48 ist ein wachsender Widerstand von seiten der eigenen Landsleute gegen Dtjes wahrnehmbar. Diesem begegnet der Prophet in 49,1–6 mit dem Bericht über seine Berufung. In 49–55 aber kommt der Widerstand von seiten der Babylonier; er spiegelt sich in Jes 50,4–9. In 52,13–53,12 sprechen die Jünger des Dtjes.

Ein überzeugter und überzeugender Vertreter der autobiographischen Deutung ist auch FOHRER (1970)[66]. Daß der Prophet von Jes 61 in der Beschreibung seiner Tätigkeit mit Ausdrücken aus den EJL operiert und Sir 48,10 den Knecht mit Elija gleichsetzt, zeigt, daß dieser als Prophet verstanden wurde. „Dafür sprechen auch Jes 49,5–6 und 50,4–5, die sich nur auf einen Einzelmenschen und zwar auf einen Propheten beziehen können" (286). Wenn aber der EJ ein Prophet war, dann Dtjes selbst. Dieser entwickelt in den beiden ersten Sprüchen (nach FOHRER 42,1–4 und 42,5–7) sein prophetisches Selbstverständnis und sucht in 49,1–6 und 50,4–9 in einer Art prophetischen Testaments den Sinn seiner Aufgabe und seines Lebens festzuhalten. Jes 50,10f. und 52,13–53,12 „stammen aus dem Kreise seiner Anhänger, die sein scheinbares Scheitern neu durchdacht haben und zu eigenen Deutungen seines Leidens und Sterbens gelangt sind" (287). Auch SAUER (1972) möchte die EJL biographisch verstehen, aber nicht nur biographisch. Sie umfassen zugleich die Aufgabe Israels als Heilsträger. „Ferner bekennt die christliche Gemeinde, daß dies alles in der Lehre und im Leben erst *eines* Menschen sichtbar und zugleich voll verwirklicht worden ist: in Jesus von Nazareth" (66). SCHOORS (1973) begründet den Ausschluß der EJL aus seiner gattungskritischen Untersuchung von Jes 40–55 damit, daß diese wegen ihres autobiographischen Charakters nicht so wichtig seien wie allgemein angenommen[67]. Nach SEYBOLD (1977) wurde der biographische Komplex der ersten drei Lieder nachträglich durch Jes 52,13–53,12 ergänzt; die Deutung auf Israel ist die Frucht redaktioneller Bearbeitung. Auch WHYBRAY

[66] Gleiche Position (z. T. ausführlicher begründet) 1969. FOHRER besorgte auch die 2. Aufl. von KUHL 1953 (1960, s. o.).

[67] K. BALTZER, Die Biographie der Propheten, Neukirchen 1975, 171–177 bezeichnet die EJL als Teile einer Idealbiographie. Die individuell gemeinten Stücke sind in das Dtjes-Buch eingefügt und kollektiv interpretiert worden. Damit wird die Wende vollzogen vom individuellen Propheten zum Propheten Israel.

(Komm. 1975; 1978) betrachtet die Deutung auf den Propheten selbst als die überzeugendste. Das 4. Lied wäre dann vom Propheten nach seiner Entlassung oder Flucht aus dem Gefängnis bei einer Dankfestliturgie vorgetragen worden. Mehr Nachdruck legt WHYBRAY indes auf die Fragen, ob vom Tod und der Wiederherstellung des Ebed die Rede sei und ob sein Leiden als stellvertretend verstanden werde. Er verneint beide. Die erste ist schon dadurch negativ entschieden, daß Jes 53 der Gattung Dankpsalm des Einzelnen angehört. Die Vorstellung der Stellvertretung entstamme christlicher Eisegese. BLANK (1979) und REITERER (1982) schreiben die ersten drei Lieder dem Propheten selbst, das vierte seinen Jüngern zu. Nach GOSKER (1980) setzt sich Jes 53 zusammen aus einem „Lied des Emporgehobenen" (= die Kyros-Theologie des Dtjes) und einem „Lied des Niedergebeugten" (= der von den Babyloniern hingerichtete Dtjes).

HERMISSON (1982) findet die Unterscheidung zwischen dem Knecht Israel und dem Knecht der Lieder – dieser ist Dtjes – bestätigt durch weitere Stellen im Dtjes-Buch, an denen mit dem Ebed nicht Israel, sondern der Prophet gemeint ist: Jes 43, 10; 44, 26 (vgl. schon SELLIN 1937) und (indirekt) 44, 21 f. (verglichen mit Jes 49, 5). Indes haben die EJL mehr im Sinn als eine prophetische Biographie. „Sie reden von Jahwes Werk, dem weltweiten Heilswerk, und von der Rolle, die dem prophetischen GK mit Israel darin zugemutet wird" (24). Auch ist es nicht möglich, an der Folge der Texte Phasen im Leben des Propheten abzulesen (1981, 280).

c) Fließende Deutungen

Obwohl nach ZIMMERLI (1954, 665 Anm. 68) ein Sowohl-Als-auch nur „der Vernebelung der ganzen Fragestellung" dient, haben auch in der jüngsten Zeit nicht wenige Autoren versucht, dem Geheimnis des Ebed im Sinne der "corporate personality" (siehe IV. 3. d) näherzukommen. Bei COPPENS ist das oszillierende Verständnis allerdings nur eine Phase seiner eigenen exegetischen Entwicklung. Betont er 1950 den individuellen und königlichen Charakter des Ebed und unterscheidet er zwischen dem ursprünglichen Sinn der EJ-Prophetien (Lied 1–3 Jojachin, 4 Zidkija) und dem durch die Einfügung in ihren jetzigen Kontext gewonnenen (Hoffnung auf den idealen messianischen König/Christus), so betrachtet er 1959 (a, b) die EJL als Frucht einer « relecture » des Dtjes-Buches und den

Ebed als das von national-politischen Aspekten befreite und vergeistigte Israel. Indes sprechen zahlreiche Texte des AT dem Volk Israel eine messianische Sendung zu, und die individuellen Züge des Ebed lassen darauf schließen, « qu'au cours de la rédaction finale du poème l'auteur inspiré aboutit effectivement, par moments, à cette vision d'un personnage unique et exceptionnel » (b 451). 1971/72 und 1972 vertritt COPPENS noch dezidierter ein kollektives Verständnis: der Knecht ist « Israël, purifié en Babylonie et restauré par le retour de l'exil » (1971/72, 36). Aber erst die Zukunft wird zeigen, daß nur ein „Gerechter", der „Gerechte par excellence", Jesus, in der Lage sein wird, dieses Erbe in vollem Umfang zu übernehmen (1972). 1974 nimmt COPPENS die Beiträge von 1971/72 und 1972 sachlich unverändert wieder auf.

TOURNAY (1952, 1963) insistiert sehr auf der Pflicht, für das richtige Verständnis der Lieder den Zusammenhang zu berücksichtigen, und stellt sowohl in Jes 40–55 wie in den EJL starke sapientiale Einflüsse fest. Was die Identifizierung des Ebed angeht, so trägt dieser nach TOURNAY sowohl individuelle als auch kollektive Züge, weshalb er sich für die "corporate personality" ausspricht. Auf anderem Weg versucht CAZELLES (1955, 1969a) den kollektiven und den individuellen Elementen der Lieder gerecht zu werden. Er betrachtet die Lieder als das Werk des Dtjes oder eines seiner Schüler, geschrieben mit der ausdrücklichen Bestimmung, dem Dtjes-Buch einverleibt zu werden, wie ihre Stellung und ihre Verwandtschaft mit dem umgebenden Text in Sprache und Gedankenwelt erweist. Jedes der drei Lieder (42,1–4. 5–7; 49,1–5. 5–9a; 50,4–9a + 52,13–53,12) bestehe aus zwei Teilen, wobei jeweils im 1. Teil der Ebed Israel bedeutet (wie bei Dtjes), im 2. Teil eine individuelle Gestalt, einen neuen David, der im Gegensatz zum siegreichen Immanuel von Jes I die Demütigung seines Volkes teilen und ihm seine Herrlichkeit mitteilen werde. So bilde der 1. Teil jedes Liedes den Übergang von der Theologie des Dtjes zum 2. Teil des gleichen Liedes, d. h. vom Ebed Israel zum Ebed Immanuel. Die literarischen Anklänge an Jer 22, 24ff. in Jes 53 lassen nach CAZELLES (1969b) darauf schließen, daß dem Propheten die Gestalt des Königs Jojachin vor Augen stand. LENNOX (1958) schließt sich CULLMANN[68] an, wonach der Ebed der Lieder in der dreifachen Bedeutung Volk, Rest und Einzelner zu verstehen ist. Auch nach DUSSEL (1964) besteht die « naturaleza propia » des Ebed in einer « personalidad

[68] Die Christologie des Neuen Testaments, Tübingen 1957, 53f.

incorporante» (446). STUHLMUELLER (Komm. 1965) stellt fest: "There exists in the songs . . . an oscillation between the collectivity of Israel and an individual future Israelite" (15), während sich MINN (1966) an die Pyramidentheorie von DELITZSCH hält.

Für McKENZIE (Komm. 1968) ist der Ebed zwar ein Individuum, "but an ideal who reflects the genuine character of all Israel" (LIV). Er ist "the fullness of Israel; in him the history of Israel reaches its achievement" (LIII). Eine schillernde Bedeutung mißt auch FESTORAZZI (1969) dem Ebed der Lieder bei: «Il s'agit d'une figure aux contours assez vagues, qui oscillent entre le sens collectif et la personnalisation prononcée des 3e et 4e poèmes.» Ähnlich vermischt sich in den Liedern aber auch Gegenwart und Zukunft – «le Serviteur de Yahvé . . . ne se sépare jamais complètement de l'Israël historique, tout en ayant sans cesse tendance à le dépasser» (38). Für MAGGIONI (1971) ist der Ebed in mehrfacher Hinsicht eine ambivalente Größe. Durch seine gleichzeitig prophetischen, weisheitlichen und königlichen Züge vereinige er die verschiedenartigen messianischen Hoffnungen Israels, aber auch dessen Vergangenheit, Gegenwart und (messianische) Zukunft. Verf. schließt sich den Autoren an, die in den Liedern eine «relecture» des Trostbuches sehen wollen (CAZELLES, COPPENS). YOUNG (Komm. 1972) faßt seine Position wie folgt zusammen:

> "The Servant is the Messiah (Jesus Christ) conceived as the Head of His people, the Church (or the redeemed Israel). At one time the body is more prominent, at another (e.g. chap. 53) the Head" (109)[69].

Nach BEECHER (1973, 1982) besteht kein Widerspruch zwischen der Deutung des EJ auf Israel und auf Jesus. Denn "Jesus Christ is the most significant fact in the history of Israel as the people of the promise" (202). Auch J. A. SOGGIN[70] findet es nicht widersprüchlich, daß der Ebed bald individuelle, bald kollektive Züge trägt. VON WALDOW (1981) sieht in den EJL einen Schlüssel zur theologischen Deutung des Holocaust. Zwar habe der ursprüngliche Verf. der Lieder an sich selbst gedacht. Der Kompilator von Jes 40–55 habe sie jedoch als Symbol des Leidens Israels verstanden und ihnen durch Eingliederung in Jes 40–55 einen kollektiven Sinn gegeben. Daß diese Intention begriffen wurde, beweise die nochmals spätere Einfügung von „Israel“ in Jes 49,3.

[69] YOUNG 1952 mit stark christologischem Akzent.

[70] Introduzione all'Antico Testamento, Brescia ^{2}1974.

Einzelne Autoren messen nicht dem *Begriff Ebed als solchem* einen ambivalenten Inhalt bei, sondern rechnen beim Propheten mit einer *inneren Entwicklung,* die ihn von einem Lied zum anderen zu fortschreitender Erkenntnis führte. Nach MACRAE ist der Übergang vom Knecht „Israel“ zum individuellen Knecht greifbar im 2. Lied, wo der Knecht sich in Jes 49, 3 Israel nennt, sich aber in V. 5 deutlich von Israel unterscheidet. Ähnliche Überlegungen stellt ROWLEY (Ber. 1952 bzw. 1965, 51–59; 1954) an. Der Ebed ist für ihn eindeutig eine *individuelle* Gestalt der *Zukunft.* Diese ist jedoch im Denken des Propheten das Ergebnis einer Entwicklung vom Knecht Israel über den „Rest“ zum persönlichen Knecht *par excellence* als dem Repräsentanten Israels. Und wie sich der individuelle Knecht nach rückwärts in Israel verlängert, so in der Erfüllung nach vorwärts in der Kirche, die das Leiden Christi vollendet.

Ergebnis. Diese kurze Übersicht mag bei manchem Leser Verwirrung und Resignation hervorrufen. Quot capita, tot voces. Auch hundert Jahre nach DUHM ist die EJ-Forschung weit von einem Konsens entfernt. Hat auch die von manchen als Ausflucht empfundene korporativ-personale Lösung an Anhängern gewonnen, so scheinen sich trotzdem noch immer die kollektive und die individuelle Deutung unversöhnlich gegenüberzustehen. Daß der Holocaust bei den Juden dem Bezug der Lieder auf Israel neuen Auftrieb gegeben hat, wurde gezeigt (s. S. 64–66). Indes nimmt bei den Christen trotz noch immer zahlreicher Befürworter die direkt messianische Interpretation ab. Die Deutung auf eine zeitgeschichtliche Persönlichkeit ist ausgesprochene Ausnahme geworden, während das autobiographische Verständnis zusehends an Gewicht gewinnt. Andererseits wird in den Texten mehr und mehr das bewußt verhüllende Element gesehen und der Blick geweitet für den Heilsauftrag des Ebed, den die Kirche als ihren Heilsauftrag übernehmen müßte.

Exkurs: Skandinavier

Seit MOWINCKEL tat sich die skandinavische Forschung nicht nur durch eine ungewöhnliche Intensität, sondern auch durch eine gewisse Eigenständigkeit und Eigenwilligkeit hervor. Deshalb hatte NORTH gute Gründe, die 2. Auflage seiner Monographie von 1948 (1956) um ein Nachwort ›Recent Scandinavian Discussion‹ (220–239) zu bereichern. Auch hier legt NORTH die seinen Bericht kennzeichnende Kompetenz in der Erfassung und Darstellung der verschiedenen Positionen an den Tag, und seine Skizze kann als hilfreicher Leitfaden im nicht ganz leicht entwirrbaren Dickicht konkurrierender und widerstrebender Meinungen dienen. Freilich ist er ab ca. 1950 zu ergänzen.

Ein geometrisches Bild zugrunde legend, spricht NORTH von dem Dreieck Oslo, Uppsala und Kopenhagen, mit gewissen Meinungsdifferenzen innerhalb der Uppsala-Gruppe, und er beginnt mit *Oslo* und demnach mit MOWINCKEL. Am Anfang steht dessen autobiographische Deutung von 1921 (s. o. IV. 3. a). Diese war indes nicht mehr vereinbar mit der von MOWINCKEL 1931 vertretenen Auffassung, wonach die EJL von einem späteren Bearbeiter als dem eigentlichen Sammler in das Dtjes-Buch aufgenommen wurden und „daß jede Deutung der Gestalt des Knechtes prinzipiell von Dtjes und seiner Gedankenwelt absehen muß" (249, s. o. II. 4. a). Dtjes selbst kommt als Verfasser der Lieder nicht in Frage, denn dann müßte er seine frühere Auffassung von Israel als Knecht Jahwes und von Kyros als Jahwes Heilsinstrument ganz verworfen haben (249). Vielmehr werden wir auf den dtjes Jüngerkreis verwiesen. Die Ich-Form des 2. und 3. Liedes deuten auf den Kultus einer sich offenbarenden Heilandsgestalt in einer geschlossenen religiösen Gemeinschaft. Daß hinter dieser Gestalt eine historische Person steht, ist wahrscheinlich, möglicherweise Dtjes selbst (256f.).

NORTH referiert dann über MOWINCKELS weitere Schritte (1942, 1944), in denen sich dessen Blick von einer gegenwärtigen oder unmittelbar vergangenen zu einer zukünftigen Heilsgestalt hinwendet, mag dieser auch eine geschichtliche Person Modell gestanden haben[71].

Die letzte Äußerung MOWINCKELS zu unserem Thema findet sich in seinem Messias-Buch. NORTH lag erst die norwegische Originalausgabe ›Han som kommer‹ (1951) vor. Seither kann mit der amerikanischen Ausgabe (1956) gearbeitet werden, der nach MOWINCKELS Aussage ein "partly revised Norwegian text" zugrunde

[71] In seinem kurzen Beitrag von 1942 weist MOWINCKEL auf die Verwendung des Titels *ᶜbd ᵓel* für König KRT in den Ugarit-Texten hin. Die Bezeichnung *ᶜbd* ist auch hier ein Ehrentitel. MOWINCKEL stellt die Frage, ob sich damit nicht die Vorstellung eines übermenschlichen Wesens verband, das in einem besonderen Verhältnis zum höchsten Gott stand. Da der Titel überdies nur (und konstant) für KRT gebraucht wird, werden wir in den Vorstellungskreis des sterbenden und auferstehenden Gottes verwiesen (vgl. MOWINCKEL 1956, 237f.).

liegt[72]. Im Kapitel ›The Servant of the Lord‹ (187–257) rekapituliert MOWINCKEL seine Position (identisch mit Komm. 1944) in erschöpfender Ausführlichkeit und setzt sich mit seinen skandinavischen Kollegen auseinander. Worauf MOWINCKEL zu wiederholten Malen insistiert, ist, daß wir es beim EJ mit einem *individuellen Propheten* zu tun haben, nicht mit einem König (vor allem gegen ENGNELL, s. u.), nicht mit einer Abstraktion und nicht mit einem Kollektivum. Ausdrücklich lehnt er H. W. ROBINSONS Vorstellung von der "corporate personality" (s. o. S. 134 f.) und deren Spielarten (PEDERSEN, EISSFELDT) ab. Mag auch für uns das Individuum für das Kollektivum stehen, so hatte der Erzähler doch ein Individuum im Auge:

"We must not forget that the story-teller conceives of it all as a story about the individual ancestor; and at the moment when he so conceives it, Jacob, for example, is not at the same time ancestor and people, but an individual person, who experienced what the nation also experienced later, and carried out various exploits such as his descendants also accomplished. To *us,* looking at the characters in the light of the study of the history of tradition, they are *both*. But for the narrators of the patriarchal sagas, Abraham *is* the man Abraham, and Jacob *is* the individual Jacob" (215 f.).

Allerdings gesteht MOWINCKEL der Vorstellung von der "corporate personality" doch ein Quantum Wahrheit zu, "there is *some* truth behind the idea that the Servant is Israel" (217), insofern er Israel vertritt und stellvertretend für es leidet. "But that does not prevent his being considered an individual with a task to perform towards the nation Israel" (217).

Für das Erscheinungsbild des Ebed hält MOWINCKEL vor allem das 4. Lied für wichtig, wo Jes 53, 1–9 zwar von Ereignissen spricht, die sich schon zugetragen haben, wo aber in den V. 10–12 "for the poet, the resurrection and the reward still belong to the future" (206). Daß babylonische Königs-Sühneriten eine Erklärung für Jes 53 abgeben, ja, daß solche auch in Israel praktiziert wurden, hält MOWINCKEL für unwahrscheinlich, wenn nicht – was Israel angeht – für ausgeschlossen (222–225). Da der Ebed andererseits keine Züge eines Davidsprosses trägt, kann er nicht als „Messias" im atl Sinn aufgefaßt werden, wie MOWINCKEL gegen BENTZEN (1949/1954) festhält. Er ist vielmehr ein Prophet, der Israel zur Umkehr bewegen wird (228–230), wobei mit Einflüssen früherer prophetischer Erfahrungen, besonders des Mose und des Jeremia, zu rechnen ist (232 f.). Die historische Situation ist die der hoffnungslosen Heim-

[72] Author's Preface to the American Edition.

gekehrten, nachdem sich die herrlichen Weissagungen des Dtjes, Haggai und Sacharja nicht erfüllt hatten (243). Die EJL sind somit in Jüngerkreisen des Dtjes, vermutlich in Palästina, entstanden (250), "and are best understood as a later development, and, in part, modification of his thought and message" (242). Christologisch können sie zwar nicht im direkten, aber doch im indirekten Sinn genannt werden (247).

MOWINCKELS Nachfolger auf dem Osloer Lehrstuhl, KAPELRUD, weicht von seinem Vorgänger nicht unerheblich ab. Er plädiert für eine autorschaftliche und thematische Einheit von Dtjes und den EJL (vgl. II.4.a, bes. S. 16). Deshalb ist auch die Botschaft der beiden dieselbe:

"In the end the message of Second Isaiah and of the Servant Songs was one and the same: a message of salvation and deliverance for a people that needed comfort more than prophecies of doom" (1971a, 314).

Im Unterschied zu MOWINCKEL sieht KAPELRUD im Ebed der Lieder nicht eine prophetische, sondern eine königliche Gestalt. Zwischen dieser und Israel als Knecht (Dtjes) ist kein Gegensatz zu sehen, weil in Israel wie im übrigen Alten Orient der König mit dem Volk in eins gesehen wurde:

"It is one and the same thing to say that the Servant of Yahweh was the suffering and exiled people or that he was the suffering and exiled king" (1971a, 313).

Kann dies schwerlich anders verstanden werden als im Sinn des Stellvertretungsprinzips, dem auch MOWINCKEL zustimmte (s. o.), so scheint KAPELRUD in seinem zweiten Aufsatz des gleichen Jahres der kollektiven Deutung zuzuneigen:

"There is reason to believe, especially when we consider the two last Servant Songs, that it is the suffering, maltreated people that is seen as the chosen Servant of Yahweh, and this Servant is depicted and spoken of as a personified figure" (1971b, 302).

Als letzte Stimme aus Oslo ist BARSTAD (1982) zu erwähnen. In seiner doktoralen Probevorlesung vertritt der Osloer Universitätsbibliothekar und Schüler KAPELRUDS dessen These von der Einheit der EJL mit dem Dtjes-Buch[73], aus dem sie sich nicht als Fremd-

[73] Dieses läßt er in Judäa entstanden sein (Lebte Deuterojesaja in Judäa? Norsk Teol. Tidsskr. 83, 1982, 77–87).

element herauslösen lassen, wie DUHM es versucht hat. Deshalb bedeutet der Ebed in beiden Größen Israel: « Tjeneren hos Deuterojesaja er i alle andre tekster enn de såkalte ‹tjenersangene› identisk med Israel» (243).

Nach NORTH und seinem Dreiecksbild haben wir uns nun *Uppsala* zuzuwenden, ohne allerdings dabei die Nicht-Uppsala-Schweden zu übersehen. NORTH geht aus von dem wichtigen Aufsatz von NYBERG zu Jes 52, 13–53, 12 (1942), über den er ausführlich berichtet (223–228). Für den deutschsprachigen Leser indes ist das Referat von EISSFELDT (Ber. 1943/1963, hier Zitate nach 1963) mit seinen größeren übersetzten Textpassagen bequemer, wenn auch EISSFELDTS Kritik an NYBERG, wie zu erwarten, von seinem eigenen kollektiven Verständnis der EJL (s. o.) gefärbt ist. EISSFELDT würdigt zunächst NYBERGS Untersuchungen zum LXX- (= NYBERG 8–30) und zum Tg-Text (= NYBERG 33–37)[74] und seine beinahe fundamentalistische Bewertung des MT, aber auch die oft sehr eigenwilligen Deutungen, die er dem MT entnimmt. Die Gesamtauffassung NYBERGS von dem EJ gibt EISSFELDT wie folgt wieder:

„Dieser ᶜEbed hat etwas Schillerndes und Oszillierendes an sich. Er ist Vergangenheit, Gegenwart und Zukunft in einem; er ist einerseits ein Kollektivum und trägt andererseits unverkennbare individuelle Züge; deutlich eine historische Realität, ist er doch zugleich umsponnen vom Rankenwerk des Mythos. Was diese mythischen Elemente angeht, so gehören sie drei verschiedenen Vorstellungskreisen an: (1) dem Glauben an jugendliche Vegetationsgötter von der Art des Tammuz und des Adonis, die alljährlich sterben und wiederauferstehen; (2) der mit der Neujahrsfeier verbundenen vorderasiatischen Königsideologie, nach welcher der König stellvertretend für sein Volk Buße tut; (3) dem bei den nach Stämmen organisierten beduinischen Semiten beheimateten, aber auch von den im Kulturland seßhaft gewordenen allezeit festgehaltenen Stammvater-Gedanken, nach welchem jede Gemeinschaft mit dem in ihr weiter lebenden Stammvater identisch ist, so daß sein Schicksal das ihrige und ihr Geschick das seinige ist und plurale Aussagen über die Glieder der Gemeinschaft ohne weiteres abgelöst werden können von singularischen Bemerkungen über ihren Stammvater und umgekehrt. Von diesen drei Ideenkreisen, die übrigens mannigfache Vermischungen miteinander eingegangen sind, ist die dritte, die Stammvater-Ideologie, die weitaus wichtigste, wie ihr denn auch viel mehr Platz eingeräumt wird als den beiden anderen und bei ihr zudem besonders glückliche und zutreffende Formulierungen gefunden sind“ (447f.).

[74] Zu NYBERG s. auch S. 10. 166.

Aus dem Stammvatertypus, dessen Züge der Ebed trägt, ergibt sich für NYBERG:

„Der ᶜEbed Jahwe . . . ist zugleich individuell und kollektiv. Die gewöhnliche Fragestellung der Forschung: ist der ᶜEbed Jahwe ein Kollektivum oder ein Individuum? ist falsch[75]. Er ist beides oder keines von beiden, wie man will. Er ist Israel in der Bedeutung sowohl des Stammvaters als auch seines Volkes" (NYBERG 75, EISSFELDT 448).

Nun können aber die unbestritten individuellen Züge im Bild des Ebed nicht aus der Königsideologie hergeleitet und noch weniger auf eine individuelle Königsgestalt zurückgeführt werden. Denn zur Zeit des Dtjes war das Königtum gefallen und tot. Eine Erneuerung Israels konnte nur von den Prophetenkreisen erwartet werden. In diesen Kreisen findet NYBERG auch die Vorstellung vom stellvertretenden Leiden: Jeremia (Jer 10, 19. 21), Jes (Tradition seines Martyriums unter Manasse), ein Jes-Jünger.

„Aber im Grunde ist es für uns nicht von großer Wichtigkeit, zu wissen wer dieser ᶜEbed Jahwe als Person oder Individuum war . . . Eins ist gewiß: der Glaube an die stellvertretende Kraft im Leiden und Tod des ᶜEbed Jahwe, der in Jes 53 zum Ausdruck kommt, steht im AT ganz einsam da" (NYBERG 80f., EISSFELDT 448).

Zwar meint EISSFELDT von NYBERGS Auffassung, „daß es ihr auch an schwachen und anfechtbaren Stellen nicht fehlt" (448) und daß „die Sacherklärung, die im übrigen als ganze eine ungemein eindrucksvolle Synthese darstellt, eine Reihe von Aufstellungen (enthält), die schwerlich in dem Feuer kritischer Nachprüfung bestehen werden" (450). Was EISSFELDT bei NYBERG aber vor allem beeindruckt, ist

„auch dies, daß die Darstellung getragen ist von ehrfürchtiger Bewunderung der in der Perikope vom Schmerzensmann zum Ausdruck kommenden ewigen Wahrheit und von warmer Anteilnahme an der in ihrem Mittelpunkt stehenden und den Betrachter zu demütiger Beugung verpflichtenden Gestalt" (451).

Bei ENGNELL (1948) spielt das mythologische Element eine erheblich größere Rolle als bei NYBERG. In dieser Hinsicht sind für ihn die EJL kein Unikum, er bringt sie vielmehr mit der Gruppe von Pss in Verbindung, die er "royal passion psalms" nennt (bes. Ps 17;

[75] „Forskningens vanliga frågeställning: är Ebed Jahwe ett kollektiv *eller* en individ? är falsk."

22; 49; 116 u. a.). Während diese aber "*in their original situation*" (von E. unterstrichen) direkt auf die Rolle des sakralen Königs im Kult Bezug nehmen, haben wir es bei den EJL mit einem "*prophetic re-modelling* of a liturgical composition belonging to the Annual Festival" zu tun (56f.). Das bedeutet nicht, daß der EJ als der im Kult stellvertretend leidende König gesehen wird. Er ist vielmehr "the Messiah depicted in these categories" (57). Die Tammuz-Ideologie mit den ihr zugrunde liegenden kultischen Gegebenheiten erhellt die Tatsache,

"that the *Davidic* Messiah can contemporaneously be the *suffering* Messiah. We need not speak of ᶜEbed Yahweh as a 'parallel figure' of Messiah. ᶜEbed Yahweh is the Messiah himself, the Saviour king of the dynasty of David waited for" (58).

An zahlreichen Beispielen versucht ENGNELL zu zeigen, daß die EJL einen kultisch-liturgischen Kontext voraussetzen. So bezieht sich in Jes 49,2 „er machte meinen Mund zum scharfen Schwert" nicht auf die prophetische Rede, sondern auf die königliche Rechtsprechung (vgl. Jes 11,4), wie überhaupt der Titel „Knecht" ("originally a royal cultic title"), die Bezeichnung „mein Gott", die Sammlung der Zerstreuten die Königsideologie widerspiegeln (69). Im 4. Lied erreicht die EJ-Ideologie ihren Höhepunkt, indem der Leidensaspekt seine letzte Entfaltung findet, was jedoch nicht unseren Blick dafür trüben darf, daß der EJ auch hier vor allem der durch sein stellvertretendes Leiden *siegreiche und triumphierende* Messias ist (73f.)[76].

Ein Vergleich mit sumero-akkadischen und ugaritischen Texten zeigt, daß jeder Versuch, die EJ-Gestalt ohne die Tammuz-Interpretation zu erklären, zum Scheitern verurteilt ist. Dabei handelt es sich nicht um eine oberflächliche Beeinflussung von außen, von Babylonien, sondern um eine der Vorstellung vom sakralen Königtum bei den Westsemiten immanente und von Israel übernommene Idee (80). Wenn in Jes 53,9 von Tod und Begräbnis des Ebed die Rede ist, ist nicht an ein historisches Begräbnis mit unsozialen Leuten zu

[76] ENGNELL streift die Frage auch in Studies in Divine Kingship in the Ancient Near East, Oxford ²1967 (¹1943). Das göttliche Königtum impliziert zwei Hauptaspekte: "the life-victory-resurrection aspect and that of humiliation-suffering-death, although the latter is, of course, always merely an intermediate phase to the former. In the O. T. it is the ᶜEbed Yahweh character in 'Deutero-Isaiah' and related psalms that represents the latter aspect" (170 Anm. 4).

denken; es handelt sich vielmehr um eine Metapher für den Abstieg in das Totenreich, was daraus hervorgeht, daß dasselbe oft von Tammuz gesagt wird.

Zusammenfassend stellt ENGNELL fest, die messianische, religionsgeschichtlich durch die Ideologie vom sakralen Königtum beleuchtete Erklärung der EJL sei die einzig mögliche. Er wundert sich, daß die Protestanten, mit Ausnahme von ROWLEY, sich dieser Einsicht verschlossen hätten, im Gegensatz zu den stärker durch die Tradition gebundenen Katholiken. Aber man befinde sich *mit* der Tradition immer auf besserem Grund als *gegen* sie. Zwar sei die christliche messianische Interpretation eine Glaubensinterpretation; sie stehe jedoch in Übereinstimmung mit einer uralten religionsgeschichtlichen Sicht (89–91).

Der Vergleich zwischen NYBERG und ENGNELL ergibt nach NORTH ([2]1956):

"Nybergs theory is complicated, Engnell's is simplicity itself, granted its presuppositions; Nyberg makes a synthesis of the myth-motifs, Engnell fuses them into one, the oscillation between individual and collective being sufficiently accounted for by the fact that the king embodies in himself the whole people, whose guilt he takes upon himself and atones for" (231).

Etwas zurückhaltender als ENGNELL ist RINGGREN. Zwar insistiert auch er einerseits auf dem *kultischen* Kontext der Lieder, andererseits auf der *königlichen* Rolle des Ebed. Aus dem 2. Lied ergeben sich nach RINGGREN zwei Dinge:

„Erstens geht aus v. 3 völlig klar hervor, daß der Knecht mit Israel identisch ist. Und zweitens werden von diesem Knecht Ausdrücke gebraucht, die in der Königsideologie zu Hause sind" (1977, 371).

Daß Jahwe im offiziellen Kult Israels als sterbender und auferstehender Gott betrachtet wurde, dafür gibt es nach RINGGREN keinen Beweis. „Dagegen bleibt zu erörtern, ob nicht irgendwie eine Demütigung oder Erniedrigung mit darauffolgender Wiederaufrichtung des Königs stattgefunden hat", wobei RINGGREN vor allem auf Ps 89 verweist[77].

Indes ist der EJ ohne weiteres weder Israel noch der König.

„Aber man kann annehmen, daß der Prophet die Anregung zu den GKL bei seinem Nachdenken über das Geschick Israels erhalten hat. Warum hat Israel so viel Leiden und Not erfahren müssen, hat er gefragt. Und die Lösung des Rätsels hat er in den alten Gedanken vom König als Stellvertreter

[77] Israelitische Religion, Stuttgart [2]1982, 216f.

des Volkes gefunden . . . Aber die Vorstellung vom büßenden König leitet die Gedanken auf eine kommende Gestalt, in der diese Aufgabe sozusagen konzentriert und verdichtet wird, einen kommenden Messias, wenn man so will, der die Sünden der Vielen tragen wird. Diese Gestalt ist der GK, und daher stammen alle individuellen Züge der Lieder, die den Anhängern der kollektiven Deutung Schwierigkeiten bereitet haben . . . So fließen in den Ebed-Liedern Volk, König und Messias so zusammen, daß die einzelnen Züge kaum mehr auseinander gehalten werden können" (1952, 147).

Hier ist auch LINDHAGEN zu erwähnen, dem wir nicht nur die verdienstvollen Berichte (1932, 1952, 1955/56) verdanken, sondern auch eine Monographie (1950). Er glaubt, das Ebed-Motiv gründe ideologisch auf dem Erwählungsmotiv, das fortwährend im Kult und besonders im Neujahrsritual erneuert wurde. Schließlich findet WIDENGREN (1976) die Königsrolle des Ebed darin bestätigt, daß die Sammlung und Aufrichtung der Zerstreuten auch in Babylonien Sache des Königs war (s. S. 186).

Ist Uppsala vor allem durch die Namen NYBERG, ENGNELL und RINGGREN bestimmt, so *Lund* durch LINDBLOM, GERLEMAN und RIGNELL. BRUNOT (1961) bringt das Verhältnis der beiden Zentren auf die Kurzformel: « actuellement, le sens individuel messianique et corporatif prévaut à Upsala, le sens collectif à Lund » (5 Anm. 2). In der Tat geht die energische Forderung nach Berücksichtigung des Kontextes bei diesen Autoren Hand in Hand mit der Deutung der Lieder auf Israel. "To my mind no solution of the Ebed-Yahweh problem is fully satisfactory that has not taken into consideration the light that is thrown upon the Songs by the context", erklärt LINDBLOM (1951a, 10). Nach LINDBLOM ist die Frage, wer der Ebed sei, falsch gestellt, so falsch es wäre zu fragen, wer der Verlorene Sohn der Parabel sei. Die Frage müsse vielmehr lauten: Was bedeutet der Ebed? Antwort: Die Lieder sind allegorische und symbolische Bilder, die die Lage Israels in der Gefangenschaft und die ihm von Gott gegenüber der Heidenwelt übertragene Aufgabe darstellen. In zwei Fällen (1. und 4. Lied) wird die allegorische Erzählung von der Phantasie des Propheten geschaffen, in den beiden anderen dient die persönliche Erfahrung des Propheten als Grundlage für die Erzählung. Dabei muß aber im Auge behalten werden, daß der Seher mit Israel bald das historische Israel als Ganzes, bald Israel in Palästina, bald Israel in Babylonien, bald die Frommen und Gläubigen unter den Exulanten meint[78].

[78] Vgl. auch J. LINDBLOM, Prophecy in Ancient Israel, Oxford 1962, 400f.

Gerleman hat seine Vorstellungen im Verlauf von 30 Jahren deutlich präzisiert und konkretisiert. 1952 wollte er die kollektive und die individuelle Auffassung nicht scharf gegeneinander abgrenzen. Der Knecht sei zunächst Israel, und zwar das „wirkliche" Israel, d. h. die Frommen. Er sei aber auch, besonders im 4. Lied, eine Einzelpersönlichkeit, die das Volk vertritt und dessen Aufgabe in einer Weise verwirklicht, wie niemand es je zuvor getan hat. Damit könne weder der Prophet noch irgendeine historische Persönlichkeit gemeint sein. In ihrer sublimsten Form – dies gelte besonders für Kap. 53 – weise die Schilderung hin auf eine kommende Messiasgestalt. Wir ständen einem irrationalen Moment in der Verkündigung des Propheten gegenüber, wodurch diese hoch über die Sphäre der menschlichen Logik hinausgehoben wird.

1980 indes plädiert Gerleman dafür, daß alle vier Lieder, vor allem aber das 4., von ein und derselben Person handeln: von David. Er erklärt zum 4. Lied:

„Was wir hier finden, ist die gedrängte Lebensschilderung eines Menschen, der, von geringer Herkunft, nach einer Periode des Elends und Leidens eine hohe Stellung erreicht hat . . . Es gibt im ganzen AT nur einen Menschen, der dieser Beschreibung entspricht: David. Das Lied vom leidenden GK ist eine Davidbiographie – summarisch, subjektiv, aber offenbar mit den Quellen übereinstimmend. Zu den Quellen müssen wir nicht nur die uns aus den Samuelbüchern bekannten Davidüberlieferungen zählen, sondern auch die Psalmen, die Davids Namen tragen, d. h. die Mehrzahl der sogenannten ‚Klagelieder des einzelnen'" (44)[79].

Rignell seinerseits (1956 [und früher]) versteht die EJL im Licht von Jes 40–55 insgesamt. Danach bilden die Lieder keine selbständige Größe: "The Servant of the Lord is Israel, as is clearly stated in ch. 41, 8" (31; vgl. 57. 68f. 78f.). In Jes 42, 3 ist Jahwe Subjekt; das geknickte Rohr und der glimmende Docht ist Israel im Exil. In Jes 49, 5 bezieht sich *ʾēlājw* auf Israel: "Jakob shall be brought back to the 'spiritual' Israel" (61). In 49, 6 ist es wiederum Jahwe, dem es nicht genügt, die Stämme Jakobs aufzurichten und die Geretteten Israels zurückzubringen, der vielmehr den Ebed zum Licht der Völker macht.

Um bei dem Bild von North zu bleiben, haben wir uns schließlich der Spitze des Dreiecks, Kopenhagen, zuzuwenden, wo Bentzen das Wort führt[80]. In seiner Einleitung (II/1949) betont er die

[79] Vgl. auch G. Gerleman, Der Menschensohn, Leiden 1983, 17.

[80] Indes ist hier an J. Pedersen zu erinnern, der dezidiert die Deutung

enge Verwandtschaft zwischen den EJL und Dtjes, die auf einen Zusammenhang zwischen beiden hinweist (110)[81]. Zwar wird der Ebed in Jes 40ff. als Patriarch, als neuer Mose, als neuer Josua dargestellt, vor allem aber als *Prophet.* Dies führt uns zu der von MOWINCKEL vorgeschlagenen *autobiographischen* Theorie: der Ebed ist der Prophet, der sich aber, wie Mose, auf Gedeih und Verderb mit seinem Volk identifiziert. Als solcher ist er sowohl eine messianische Verheißung wie ein persönliches Vorbild für seine Jünger:

"The Servant Songs belong to the same circle as the rest of the Deutero-Isaianic poems, representing the profoundest thoughts uttered concerning the problem of suffering and concerning the task of Israel as the prophet of Yahweh to the world, expressed in one individual figure, in whom the prophet and his disciples have seen both a Messianic promise and a programme for their personal life. Ebed Yahweh is both the Messiah and Israel and Deutero-Isaiah and his band of disciples. And the Songs may thus be called expressions of an idea of the 'imitation of Christ' in Israel" (113).

In seinem Jes-Komm. (1943/44) vertritt BENTZEN die gleiche Auffassung und verweist auf seine Einleitung in der dänischen Ausgabe (1941). Der Ebed ist ein Bild von Christus, ein Vor-Bild, nicht ein Vorbild („et ‚For-Billede', ikke et forbillede", XI).

1948 referiert BENTZEN ausführlich ENGNELL und NYBERG und versucht, zwischen beiden eine vermittelnde Position einzunehmen, wobei er freilich keinen Zweifel daran aufkommen läßt, daß seine Sympathien bei NYBERG liegen. Was er bei diesem vermißt, ist der Hinweis auf Mose, und überdies,

„daß er vielleicht das Königtum zu stark ausschaltet. Selbst das Ezechielbuch rechnet mit einem davidischen Fürsten, und die Worte von David in 55,3ff. können sicher nur so verstanden werden, daß das Königtum auch im neuen, von dem neuen Mose gegründeten, Israel einen Platz hat. Aber die messianische Gestalt selbst, der EJ, ist nicht als König, sondern als ‚Mose' geschildert" (69).

Fast hundert Jahre nach DUHM versucht METTINGER das Rad wieder um 180 Grad zurückzudrehen: *„Duhms Axiom, daß diese Texte eine spezielle Gruppe ausmachen, ist falsch.* Das Fundament, das das Gewicht von so vielen exegetischen Untersuchungen tragen durfte, ist auf dem feinen Sand des exegetischen Wunschdenkens er-

auf Israel vertrat: "The description is extremely personal . . . It is Israel embodied in a person who endures the fate of Israel . . ." (Israel. Its Life and Culture III–IV, London/Kopenhagen 1940, 604).

[81] Introduction to the Old Testament, Kopenhagen 1948/49, ²1952.

richtet ... *Es gibt keine ‚EJ-Lieder'. Es gibt hingegen eine größere Gruppe von Texten, die vom ‚Knecht' des Herrn sprechen, und hierher gehören auch die vier, die bisher ‚EJ-Lieder' genannt worden sind*" (1978, 75). Zu diesem Ergebnis kam METTINGER aufgrund der Befragung der EJL nach ihrer Gattung und ihrer kompositionellen Rolle: zumindest die Lieder 1, 2 und 4 erfüllen in Jes 40–55 eine kompositionelle Funktion. Der Ebed ist der „Anti-Held" des Kyros, und Lied 4 kann sowenig aus seinem Zusammenhang gerissen werden wie das Kyrosorakel 44,24–45,7. 1983 dehnt METTINGER die Untersuchung auf den Ebed-Begriff der Lieder und des übrigen Buches aus und findet seine These bestätigt[82].

[82] Vgl. zu METTINGER (1983) H.-J. HERMISSON, Voreiliger Abschied von den Gottesknechtsliedern: ThRs 49, 1984, 209–222.

V. ÄUSSERUNGEN ZU EINZELNEN EJL-STELLEN

Hier sollen nur Arbeiten zu Wort kommen, die sich *ex professo* mit einzelnen Stellen der EJL befassen. Kommentare, thematische Abhandlungen etc. bleiben unberücksichtigt.

Jes 42, 1–4

Aufgrund eines philologischen, stilistischen und stichometrischen Vergleichs mit dem Ugaritischen kommt Frezza (1971) zu folgender Übersetzung:

1 Ecco il mio Servo: lo sostengo;
  il mio Eletto: è gradevole l'anima sua
Pongo il mio Spirito sopra di lui,
il suo giudizio tra i popoli diffonderà.

2 Non griderà né alzerà la voce,
non la farà sentire per strada.

3 La canna abbattuta non spezzerà
e il lucignolo vacillante non soffocherà.
Certamente diffonderà il suo giudizio.

4 Non vacillerà né si abbatterà,
finché stabilirà sulla terra il suo giudizio
  e le sue istruzioni le isole aspetteranno.

Jes 42, 1

Tidwell (1974) hält die LXX-Lesung mit „Jakob“ und „Israel“ für ursprünglich. Die beiden Wörter wurden im hebräischen Text von einem Abschreiber aus theologischen oder metrischen Gründen getilgt.

Jes 42, 3

Marcus (1935): statt *l*^{e}*ʾĕmet* lies *lāʾummōt.*

Koenig (1968): Alle metaphorischen Erklärungen für das geknickte Rohr und den glimmenden Docht können nicht befriedigen. Diese sind wörtlich zu verstehen. Der Knecht erhebt nicht, wie die früheren Propheten, laut seine Stimme (V. 2). Vielmehr schreibt er bei Nacht, beim Lampenschein, seine Botschaft auf. « Le roseau et la mèche sont les instruments réellement utilisés par le Serviteur pour assurer l'accomplissement de sa mission» (169). Gleichzeitig haben Rohr und Lampe aber auch symbolische Bedeutung: «Le Serviteur ne renonce pas à la mission législatrice d'Israël: Il ne cassera pas le roseau et n'éteindra pas la mèche» (170). Weil er in seiner Person diese Haltung verkörpert, wird in V. 4 von ihm selbst gesagt, er werde nicht erlöschen und nicht zusammenbrechen.

Jes 42,6

SCHWARZ (1970): statt *bᵉrīt ᶜām* ist (in Parallelismus zu *ᵓōr gōjīm*) *nēr ᶜām* zu lesen. Die Zeile soll lauten:
wᵉᵓeṣṣorkā lᵉnēr ᶜām wᵉᵓettenkā lᵉᵓōr gōjīm.

STAMM (1971) diskutiert vor dem Hintergrund einer breiten Bibliographie die Frage, ob *bᵉrīt ᶜām* (in Antithese zu *ᵓōr gōjīm*) als „Bund des Volkes (Israel)" zu übersetzen sei oder (parallel zu *ᵓōr gōjīm*) als „Bund der Völker". Er neigt der ersten Lösung zu.

E. HAAG (1977b, 1980): der Angeredete ist der GK (42,5–9 ist Ergänzung zum 1. EJL). Volk = Israel, Völker = „die auf Jahwes Erlösung wartenden Menschen" (nicht die Israel feindlich gesinnten Völker). „Bund" und „Licht" bezeichnen in gleicher Weise das von Jahwe gewirkte Heil.

LAUHA (1977): „Die Terminologie Dtjes' ist von seinen religiös-theologischen Intentionen her zu verstehen. Das Wort *ᶜam* meint bei ihm den Gegensatz zu *gōjīm*; es bezeichnet Israel als Gottesvolk gegenüber den Heiden ... Die eschatologische Aussage von 42,6 ist also, daß sich den Heiden eine Möglichkeit öffnen wird, dieselbe *bᵉrīt*-Stellung zu erreichen, in der sich der *ᶜam*, das Gottesvolk Israel, befindet. Diese Befreiung aus der religiösen *gōjīm*-Stellung und der Zutritt zum *ᶜam*-Bund, zur Jahwegemeinschaft, bedeutet Licht für die Heidenwelt. Die beiden Ausdrücke *bᵉrīt ᶜām* und *ᵓōr gōjīm* bilden keinen Parallelismus, vielmehr ist der eine Apposition zum anderen" (259f.).

OOSTERHOFF (1978): Es geht bei *mišpāṭ* (51,4) um eine „Neuordnung der Welt". Diese wird aber nicht von Kyros realisiert, sondern durch den EJ. Seine Aufgabe ist nicht nur, die neue Weltordnung bekannt zu machen und zu verkündigen, er bringt sie auch zustande (164).

HILLERS (1978): "the writer proposes that the term *bĕrît* is here a derivative of *brr*, and means 'clearing/emancipation'" (180).

M. S. SMITH (1981): In beabsichtigtem Wortspiel ersetzt *bᵉrīt ᶜām* in der Theologie des Dtjes das der davidischen Königsideologie verpflichtete *bᵉrīt ᶜōlām*.

Jes 49,3

BEWER (1935): "It is clear from all this that MS. Ken. 96 in Isa. 40–66 is not a very reliable witness. Who can assert that the omission of 'Israel' in 49, 3 is not another case of carelessness? The textual evidence sustains *jśr*ᵓ*l*, the metre requires it, and the strict parallel in Is. 44,21 confirms it" (87).

BEWER (1950) zur gleichen Sache: „In Jes 49,3 steht ‚Israel' in allen MSS. außer Ken. 96 und ist auch von allen Versionen bezeugt. Da es im Widerspruch steht zu der Auslegung des EJ, die die Gleichung Ebed Jahwe = Israel bestreitet, wollen manche hier ‚Israel' als späteren Zusatz auslassen. Ein sorgfältiger Vergleich der Lesarten dieses MS auf Grund der KENNICOTTschen Kollationen zeigt, daß es gerade in bezug auf Auslassungen durchaus unzuverlässig ist und somit als Zeuge für die Auslassung von ‚Israel' ausscheidet" (67).

GIBLIN (1959): Nicht nur in den Pss, sondern auch in anderen Schriften müssen wir mit einer nachexilischen Umdeutung älterer Texte (relecture) rechnen, so auch Jes 49,1–6. Die Perikope bestand aus wenigstens zwei verschiedenen Liedern: V. 1–3. 5b einerseits und 4. 5a. 6 andererseits. Im Gegensatz zum „kriegerischen" Knecht Israel im ersten Lied finden wir im zweiten einen friedlichen. Bei der Fusion der beiden Lieder wurde V. 5b von seiner ursprünglichen Stelle nach V. 3 hinter 5a gesetzt, indem „Israel" in V. 5a magnetisch auf V. 3 einwirkte.

ORLINSKY (1967b): Unabhängig davon, wer in Dtjes allgemein und in Jes 49,1–6 im besonderen mit dem Ebed gemeint ist, gibt es für „Israel" in 49,3 keinen Platz. "In fine, *yisra*ᵓ*el* in XLIX, 3 should be deleted" (45).

LOHFINK (1972): „Israel" kann keine Glosse zu Dtjes sein, sondern höchstens ein Zusatz zum 2. EJL, eventuell durch Dtjes selbst. Ob dies zutrifft, kann nicht aufgrund des 2. EJL allein entschieden werden, sondern ist eine Frage der Gesamtdeutung der EJL. „Ist man der Meinung, das 3. ‚GKL' *könne ohne weiteres* und das 4. ‚GKL' *müsse* sogar auf Israel gedeutet werden, dann bleibt eigentlich nicht mehr viel übrig, was den Text von 49,3 noch aus den Angeln heben könnte" (228).

In Abweichung von dem in der Vorbemerkung formulierten Prinzip sei noch SCHARBERT (1968) erwähnt: Israel war der persönliche Name des Dtjes (384).

Jes 49,5–6

BEWER (1950): „Weil zu wenig erkannt worden ist, daß das

Hebräische auch sehr häufig oratio obliqua, eingeführt durch infinitivus constructus mit *l*, verwendet, ist dieser Vers zu mechanisch übersetzt worden, als ob der Ebed dazu ausersehen wäre, Jakob und Israel zu Jahwe zurückzubringen, während er in Wirklichkeit besagt: „Jahwe hat gesagt, daß er (Jahwe) Jakob zu sich zurückführen und Israel zu sich sammeln werde und ich sollte in Jahwes Augen geehrt werden, da mein Gott meine Stärke ist (cf. Ges.-K. § 156d); dann hat er gesagt: Die Stämme Jakobs aufzurichten und die Geretteten Israels zurückzubringen ist leichter (d. i. weniger wichtig), als daß du mein Knecht bist, und ich bestimme dich zum Licht der Völker, auf daß mein Heil bis ans Ende der Erde reiche" (67). Bewer beruft sich auf seine diesbezügliche Äußerung 1935. Dort: "The direct speech does not begin till verse 6 and there it is introduced by another *wjᵓmr*" (90).

Jes 49,6

Orlinsky (1967c) findet seine autobiographische Deutung bestätigt. Von einer universalen Schau ist keine Rede. Die Begriffe „Licht der Völker" und „Bund des Volkes" beziehen sich nur auf das eigene Volk. "These prophets, God's spokesmen all, were not sent on any mission to any nation other than their own one, to God's convenanted partner, Israel" (116).

Jes 50,4

Palmarini (1953) wiederholt *nātān lī* vor *dābār* und setzt (mit Q[a]) vor beide *jāᶜīr* ein „*waw* conversivum". Demnach die Übersetzung:

> Dominus Jahwe dedit mihi / linguam discipulorum ut scirem succurrere lasso / *(dedit mihi)* verbum; et vigilem reddidit cotidie mane, / *et* vigilem reddidit mihi aurem,
> ut audirem sicut discipuli.

Schildenberger (Textumstellungen und ihre Begründung, Mélanges A. Robert, Paris o. J. = 1957, 241–253, hier 251–253, bekräftigt 1959) übernimmt die von Volz (Komm. 1932) vorgeschlagenen Umstellungen in V. 4f.:

5a Der Allherr Jahwe hat mir das Ohr geöffnet,
4b zu verstehen das Wort.
4a Der Allherr Jahwe hat mir gegeben eine Jüngerzunge,
4b zu stützen den Müden.

4c Er weckt Morgen um Morgen, weckt mir das Ohr,
zu hören wie Jünger.

5b Ich aber war nicht widerspenstig,
bin nicht zurückgewichen.

Yalon (1965/66) greift für *lāᶜūt* den von den älteren Autoren (Gesenius Thes., Delitzsch Komm. [^{4}1889, 495]) gemachten Hinweis auf arab. *ġᵓṯ* „(zu Hilfe) eilen" wieder auf, verweist aber überdies auf Sanhedr. 97a *hajjōḳer jāᶜūt* „der Druck wird stark" und betrachtet *lāᶜūt* als Qalform mit Piᶜelbedeutung „kräftigen".

Schwarz (1973) schlägt für V. 4. 5a folgende Lesung vor:
ᵓădōnāj JHWH nātan-lī lāšōn lᵉᵓāmōr kallimmūdīm
lādaᶜat laᶜănōt (mit LXX) *ᵓet-jāᶜēp dābār*
jāᶜīr-lī babbōḳer babbōḳer ᵓōzen
ᵓădōnāj JHWH pātaḥ-lī ᵓōzen lišmōᶜa kallimmūdīm

Jes 50,6

Siehe S. 49.

Jes 50,8

Schildenberger (Referenz wie bei Jes 50,4) übernimmt in V. 8f. die von Volz (Komm. 1932) vorgeschlagenen Umstellungen im Text:

8a Nahe ist, der mir Recht verschafft,
9b wer wird mich ins Unrecht setzen?

8b Wer will mit mir streiten?
Laßt uns zusammentreten!

Wer ist mein Widerpart im Gericht?
Er nahe sich mir!

9c Siehe, sie werden alle zerfallen wie ein Kleid,
die Motte wird sie verzehren.

Jes 50,9

Grether (1973): Gegenüber der Übersetzung der Revised Standard Version (RSV):

Behold, the Lord helps me;
who will declare me guilty?

wird der Sinn der Frage deutlicher in der Wiedergabe der Today's English Version (TEV):

The Lord himself defends me –
who, then, can accuse me of wrong? (242)

Jes 50,10f.

BEUKEN (1973): Wir glauben, „diese Verse als einen paränetischen Kommentar zum 3. Ebedorakel charakterisieren zu dürfen, der sein Vorbild in einigen individuellen Vertrauens- und Dankpsalmen findet. Dort gibt es eine Redeform, in der der Beter seine eigene Geschichte um eine Ermunterung für die Gerechten und eine Warnung oder ein Drohwort für die Gottlosen erweitert. Diese paränetische Urform hat auch zur Weisheitslehre ihren Weg gemacht" (180).

Jes 52,13

DAHOOD (1971) versteht *jārūm, nissāʾ* und *gābah* als göttliche Attribute (Verweis auf Jes 57,15) und *ʿabdī* nach dem Phönizischen als Suffix 3. ps. sing.; daher die Übersetzung:

Behold the Exalted and Sublime and Most Lofty
will prosper his servant.

Jes 52,14

GUILLAUME (1957) nimmt aufgrund des Arab. eine Wurzel *mšḥ* III „entstellen" an und übersetzt:

So did I mar his appearance from that of a man
And his form from that of the sons of men.

DAHOOD (1971): *šmmw ʿljk rbjm* wäre zu lesen *šām ʿmū ʿālēj kī rabbīm,* "how many!", *ʿālēj* phönikisch für Suff. 3. ps. sing.; somit die Übersetzung:

though full many were aghast at him.

mišḥat wäre als Hophal *mošḥat* zu punktieren (so schon RUBINSTEIN 1954), "with *mēʾīš* expressing the agent": *disfigured by men.*

KOMLOSH (1974/75): Eine Umstellung in der Versfolge ist nicht vorzunehmen. Statt *mišḥat* ist zu lesen *mišḥātō* (Q[a] *mšḥtj* vermutlich gleich *mšḥtw*). *mšḥt* entspricht dem aramäischen *mišḥāʾ* „Maß", „große Statur". Daher die Übersetzung:

his stature more than any man,
and his visage and his form unlike the sons of men.

"In other words: his stature transcends the accepted stature of human beings" (220).

Zur weiteren Diskussion um Q^a *mšḥtj* siehe S. 49f.

Jes 52,15

YOUNG (1941 bzw. 1954): Am MT ist festzuhalten. "The Servant of the Lord is here set before us as One who performs a work of expiatory purification" (1954, 206).

LINDBLOM (1951): „Das schwierige und sehr umstrittene *jzh* steht auch in DSIa. Textkritisch ist gegen das Wort nichts einzuwenden. Wir müssen mit dem Wort, wie es dasteht, zurechtkommen ... Nun wissen wir, daß im Hebräischen eine andere Wurzel, mit *nzh* eng verwandt, bestanden hat, nämlich *jzh* ... Vielleicht haben wir also *jāzāh* oder *jizzāh* zu vokalisieren, und danach bekommen wir die Übersetzung ...:

> Wie sich viele über dich entsetzt haben,
> (so unmenschlich und verstört war sein Aussehen
> und so unähnlich anderen Menschen seine Gestalt),
> so wird er nun viele Völker entsündigen,
> um ihn werden schließen
> Könige ihren Mund" (242f.).

LEVEEN (1956): *jzh* ist in *jbzh(w) (jibzūhū)* zu korrigieren: "So shall many nations despise him; kings shall shut their mouths at him."

Jes 53,1

Q^a liest *ʾl* statt *ʿl*. LINDBLOM (1951): „Der Text von DSIa bedeutet wohl: *Der Arm Jahwes, wem ist er enthüllt?* MT kann dasselbe bedeuten, erlaubt aber auch eine andere Übersetzung: *Über wem, an was für einem Mann ist der Arm Jahwes enthüllt?* Letztere Übersetzung paßt besser im Zusammenhang. Es handelt sich hier nicht um eine Offenbarung einer bisher verborgenen Wahrheit, sondern um eine Manifestation der Macht Jahwes" (243). Auch WINTON THOMAS (1968) gibt MT den Vorzug.

Jes 53,2

WINTON THOMAS (1968) plädiert für die Beibehaltung von *l^epānājw*, das durch die alten Übersetzungen gedeckt wird, und verweist für die Bedeutung "straight up" auf 1Sam 5,4 "fallen forwards, headlong, straight in front of him".

In V. b ist der Atnach vom *hādār* nach *w^e nirēhū* zu versetzen (mit Symmachus, vgl. BHS).

MILLARD (1969): Einen Hinweis von H. L. GINSBERG (Fs. G. R. DRIVER, Oxford 1963, 72–76) aufgreifend, wonach *šōreš* nicht nur „Wurzel", sondern auch „Stengel, Stamm" bedeuten kann, schlägt er die Übersetzung vor: "a stem from a dry soil".

R. P. GORDON (1970) und ALLEN (1971) erhärten den von G. R. DRIVER (JThS 38, 1937, 48) gemachten Vorschlag, *l^e pānājw* mit "straight forward" zu übersetzen.

SCHWARZ (1971): statt *l^e pānājw* lies *mippinnāh* „aus einer Mauerzacke".

DAHOOD (1971) 66: "This biblically unique collocation of *šōreš* and *tōʾar* recurs in the contemporary sixth-century Phoenician Inscription of Eshmunazor, 11–12 *ʾl ykn lm šrš lmṭ wpr lmʿl wtʾr bḥym tht šmš*, 'May they have no root down below and no fruit up above, nor comeliness among the living under the sun!'."

Jes 53,3

HELLER (1958): Die verbreitete Übersetzung „wie einer, vor dem man das Antlitz verbirgt" kann nicht richtig sein und wird auch von den alten Übersetzungen nicht gestützt. Von den 30 Stellen, an denen vom Verbergen des Antlitzes die Rede ist, ist in 27 Fällen das Antlitz Gottes gemeint, und *pānīm* ohne Suff. bezieht sich immer auf das Antlitz Gottes. Das Part. Hif. von *str* kommt in der ganzen Bibel nur noch Jes 8,17 vor, und auch dort ist es auf Gott bezogen. Die richtige Übersetzung ist somit: „Als verbärge er (der Herr) sein Antlitz vor ihm", d. h., der Knecht ist in einer solchen Lage, daß es den Anschein macht, Gott habe sein Angesicht vor ihm verborgen.

C. S. RODD, Modern Issues in Biblical Study: ET 71, 1959/60, 131–134: *wīdūʿa ḥōlī* "humiliated by sickness" (130); dagegen T. H. ROBINSON, ebd. 383.

WINTON THOMAS (1968): Die Grundbedeutung von *ḥādal* ist nicht „aufhören", sondern (mit arab. *ḫaḏala*) „meiden" ("abstain from, hold back from, leave, forsake", mit Verweis auf Ri 9,9. 11. 13; Jes 2,22; Ijob 19,14): der Knecht meidet die menschliche Gesellschaft.

Statt *jādūʿa* lesen Q[a], LXX, Pesch., Vulg. *jōdēʿa*; MT ist mit Q[b] vorzuziehen. Das ungewöhnliche part.pass. ist jedoch von der von WINTON THOMAS schon früher (JThS 35, 1934, 298–306; 36, 1935, 409–412; 38, 1937, 404f.; JQR N.S. 37, 1946, 177f.; JJS 6, 1955, 50–52; JThS N.S. 15, 1964, 54–57) angenommenen zweiten Wurzel *jd*[c] herzuleiten, deren Bedeutung (nach dem Arabischen) „still, ruhig, unterwürfig sein" ist, deshalb auch „gedemütigt, gezüchtigt" ("brought low by sickness"). Der Auffassung schließt sich G. R. Driver (1968, 93) an.

Statt *māstēr pānīm* lies *māstīr* (nonn. Mss., Q[a]) *pānājw* (LXX, Vulg., Raschi): "As a man who hid his face from us". *nibzeh* kann so bleiben, das Personalpronomen *hūʾ* kann fehlen.

Dahood (1971): *ḥădal ʾīšīm* "the most stupid of men", mit Verweis auf Calderone, CBQ 24, 1962, 418f.

makʾōbōt (gegenüber *makʾōbēnū* V. 4): Im Nordwestsemitischen gibt es zahlreiche Nomina, die sowohl die mask. wie die fem. Pluralform bilden. Nennt als Beispiel UT 200i rev. 5–6: *kbkbm/kbkbt*.

māstēr = *māstīr pānīm* "He turned his face from us".

Jes 53,4

Winton Thomas (1968): „*ʾĕlōhīm* bildet den Superlativ" ("Terribly smitten").

Jes 53,5

Dahood (1971): Die Form *ḥăbūrātō* dürfte auf eine defektive Schreibung von *ḥăbūrōtāw* zurückgehen (68).

Jes 53,6

Elliger (1971) zu 6b siehe unter V. 7.

Jes 53,7

Winton Thomas (1968): Weil Wiederholungen dieser Art Dtjes nicht unbekannt sind, ist das zweite *wᵉlō jiptaḥ pīw* vielleicht doch beizubehalten. Dafür plädiert auch Dahood (1971) aufgrund von Q[a] und Q[b].

Dahood (1971): *lōʾ jiptaḥ pīw*: daß *jiptaḥ* ein vergangenes Ereignis bezeichnet, wird durch Q[a] *ptḥ* bestätigt.

Elliger (1971, zu V. 6b. 7): „Das Ergebnis der Untersuchung sind Verse, die sich ohne Schwierigkeit in das Doppeldreiermetrum des Mittelstücks der Komposition 52,13–53,12 einfügen und, soweit ihr Text mit einiger Sicherheit zu rekonstruieren ist, folgendermaßen lauten:

6b *wᵉjhwh hipgīʿa bō . . . ʿăwōnōtēnū*

7 *wᵉhūʾ naʿăneh wᵉniggaś | neʾĕlām wᵉlō pātaḥ pīw*
kaśśeh lāṭebaḥ jūbal | ūkᵉrāḥēl lipnē gōzᵉzāh

Aber Jahwe ließ ihn treffen . . .
. . . unsere Vergehen.
Und er, gebeugt und bedrängt,
er blieb stumm und tat den Mund nicht auf
wie das Lamm, das zur Schlachtung geführt wird,
und wie das Mutterschaf vor seinem Scherer.

Jes 53, 8

DRIVER (1935): *wᵊʾet dōrō mi jᵉśōḥēaḥ* = "and who doth consider his state" (akk. *dūru(m)* "lasting state, permanent condition"; arab. *daur* "turn, time, change of fortune").

WHITLEY (1961): *mišpāṭ* verlangt einen Parallelbegriff, als solcher bietet sich *ᶜēṣāh* an: "without counsel and without judgment was he taken".

WINTON THOMAS (1968): *mēᶜōṣer ūmimmišpāṭ* "from prison and law-court" (*ᶜōṣer* = Gefängnis). *dōrō* „sein Schicksal", keine Korrektur nötig. *lāmō* ist (nach LXX εἰς θάνατον) vielleicht eine Verkürzung von *lāmāwet*. „Tod" kann auch superlativischen Sinn haben: "grievously stricken". [Zu den von WINTON THOMAS genannten Beispielen Ri 16, 16; 1Sam 5, 11; Jon 4, 9; Mt 26, 38 = Mk 14, 34 ließe sich noch Hld 8, 6 hinzufügen.]

ALONSO (1968): *min* = durch (kausal), *ʾet* = Verstärkung eines Nominativs, *dōr* = Zeitgenossen, *kī* = daß, woraus sich die Übersetzung ergibt:

Por opresión y juicio fue arrebatado.
Y en cuanto a sus coetaneos, ¿quién contó
que fuese arrancado de la tierra de lo vivos?
Por el delito de su pueblo fue herido de muerte.

AHLSTRÖM (1969): *ᶜōṣer* bedeutet "some kind of powerful position from which the Servant had been taken" (96).

DAHOOD (1971): *mēᶜōṣer ūmimmišpāṭ* "without restraint and without moderation". *ᶜammī* Suff. 3. ps. sg. nach dem Phönizischen (vgl. Q[a] *ᶜmw*), deshalb Textkorrektur überflüssig. Statt *negaᶜ* punktiere Ni. *niggaᶜ* oder Qal pass. *nūgaᶜ*; *lā* nordwestsem. oft „von"; somit: "for the rebellion of his people he was struck from them"; vgl. aber DAHOOD 1982! (s. u.).

ELLIGER (1972) schlägt für V. 8bβ vor:
mippᵉšaᶜē(e)mō niggaᶜ lammāwet „für ihre Sünden ward er zu Tode getroffen"

WARD (1978): „er ward abgeschnitten aus dem Land der Lebendigen" kann nur vom Tod des Ebed verstanden werden. Verweist als bestätigende Parallele auf Jer 11,19.

DAHOOD (1982): *ᵓet* = von; *ᶜammī* = sein Volk; statt *negaᶜ* lies *nāgaᶜ*, *mō* = Wasser; demnach die Übersetzung:

> Without restraint and without moderation he was taken away,
> and of his generation who gave him a thought?
> For he was cut off from the land of the living,
> for the rebellion of his people he touched the waters.

Jes 53, 9

H. HAAG (Ber. 1959, 180) übersetzt den Vers (mit Blick auf Q[a]):

> Und man wies ihm sein Grab bei den Frevlern an
> und bei den Prassern seine Gruft,
> wiewohl er keine Gewalttat verübte
> und kein Trug in seinem Munde war.

Auch nach WOCKEN (1953) ergibt *ᶜāšīr* einen guten Parallelismus zu *rāšāᶜ*: Der *ᶜāšīr* ist der Mensch in seiner Selbstbehauptung gegenüber Gott, also ein Sünder.

WHITLEY (1961) schlägt vor, für *ᶜāšīr* *ᶜārīṣīm* (with tyrants) zu lesen.

WINTON THOMAS (1968) schlägt, mit Verweis auf 2Kön 23, 8, für *ᶜāšīr* die Lesung *śᵉᶜīrīm* vor (vgl. BHS). "We have to think of a kind of burial place where a pious man could not properly be buried."

ALONSO (1968) korrigiert *ᶜāšīr* zu *ᶜōśēᵓ raᶜ*, *bᵉmōtāw* zu *bōmātō*. Übersetzung:

> Y se le dio con los impios su tumba
> y con los malhechores su sepulcro,
> aunque injuria no causase
> ni engaño [fuese] en su boca.

AHLSTRÖM (1969): *ᶜāšīr* muß beibehalten werden. "This word can very well get the color of something not too good, something corrupt" (98).

DAHOOD (1971): Die Korrektur von *ᶜāšīr* zu *ᶜāšīrīm* (mit LXX und Q[a]) zugunsten des Parallelismus mit *rešāᶜīm* empfiehlt sich nicht; die hebr. Poesie bietet zahlreiche Beispiele von Sing./Plur. Parallelismen (Jes 52,14; Ijob 20,5; Spr 14,33; 14,34); für Ugarit vgl. UT *ᶜnt* II, 27–28. *bᵉmōtājw* betrachtet DAHOOD als defektiv geschriebenes *bmtj* (vgl. Q[a] *bwmtw*), vokalisiert deshalb *bōmātī* (Suff. 3. ps. phönikisch) und zieht *w* zur nächsten Zeile. Zu DAHOOD 1982 s. u.

ELLIGER (1972) schlägt für 9aβ vor:
wᵉʾet ʿōśē raʿ bāmātō „und bei den Übeltätern seinen Hügel".

SOGGIN (1975) zu Qª *bwmtw:* die Lesart „spiegelt ... eines der Probleme wider, die sich bei dem Wechsel von *â* zu *ô* im Westsemitischen ergeben konnten" (248f.).

DAHOOD (1982): Subjekt zu *jittēn* ist *ʿammī* (V. 8); statt *ʿāšīr bᵉmōtājw* lies *ʿōśē-rīb mōtājw* ("plural of majesty"), demnach die Übersetzung:

It appointed his grave with the wicked,
and with the makers of strife his execution ...

Jes 53, 10–12

COPPENS (1963): *rabbīm* (V. 11b und 12a) hat den Sinn „die Großen"; V. 11b statt *ʿabdī* lies *ʿōbdē*; Vs. 10b und die ersten zwei Wörter von V. 11 sind späterer Einschub, nachdem die Vorstellung einer persönlichen Auferstehung sich eingebürgert hatte; V. 11a statt *jirʾeh* lies *jirʾāh* (parallel zu *daʿat*, vgl. Jes 11,2d). So ergibt sich die Übersetzung:

Et Yahvé s'est plu à l'écraser par la maladie.
Toutefois si son âme s'offre en expiation,
– il verra un descendance, il prolongera ses jours, et le bon plaisir de Yahvé se réalisera par sa main, grâce aux labeurs de son âme, –
De crainte il sera comblé et de connaissance,
Et, juste, il rendra justice à ceux qui, en esclaves, servent les grands,
Se chargeant lui-même de leurs fautes.
C'est pourquoi je lui donnerai les grands pour sa part,
Et les puissants, il les obtiendra comme butin,
parce qu'il a dépouillé son âme jusqu'à la mort,
et qu'il fut compté parmi les pécheurs,
alors qu'il portait les péchés des grands
et qu'il intercédait pour les pécheurs.

Auf die mit noch stärkeren Textkorrekturen arbeitenden Vorschläge von GINSBERG (1958) und SONNE (1959) kann hier nur verwiesen werden. Beide stimmen darin überein, daß sie in V. 10 *zᵉrōaʿ* statt *zeraʿ* lesen.

Jes 53, 10f.

MÜLLER (1969) liest:
wᵉJHWH ḥāpēṣ zakkᵉʾo mēḥŏlī wᵉhaṣṣīl mēʿāmāl napšō
jireh zeraʿ jaʾărīk jāmīm jiśbaʿ bᵉdaʿtō
jaṣdīḳ ṣādōḳ ʿabdī lārabbīm waʿăwōnōtām hūʾ jisbōl

(*zkh* pi., mit LXX, „reinigen"; *da*ᶜ*at* nach altsüdarab. „Depositum, Gut").

Jes 53,10

DRIVER (1935) liest:
*wJHWH ḥpṣ dk*ᵓ*w (w*ᵉ*)heḥĕlī*ᵓ*ām(ō) tūśam* ᵓ*šm npšw*
"and Y delighted to smite him (and) made him to suffer; his life was appointed an offering for sin."

WINTON THOMAS (1968) übernimmt die Korrektur von *tāśīm* zu *tuśśam*, Subj. ist *napšō*.

ALONSO (1968) korrigiert *heḥĕlī* mit Q[a] zu *wjḥllhw* « y lo atravesó »; ᵓ*im tāśīm* zu ᵓ*ĕmet śām*. Übersetzung:

> Pero a Yahweh plugo aplastarlo y traspasarlo;
> verdaderamente puso como victima su vida.
>
> Verá [una] posteridad [que] vivira largamente
> y el designio de Yahweh en su mano resultará.

ELLIGER (1969) kommt mit Hilfe der alten Übersetzungen zu folgendem Textvorschlag:
*w*ᵉ*jhwh ḥāfēṣ dakk*ᵉᵓ*ō w*ᵉ*hūᵓ śām* ᵓ*āšām nafšō*
Statt *heḥĕlī* liest DAHOOD (1971) *w*ᵉ*haḥillī: w*ᵉ als "shared consonant" mit *dakk*ᵉᵓ*ō; haḥillī* inf. cstr. Hi. mit phön. suff. 3. ps. sg.; "thus both infinitives construct depend upon *ḥāpēṣ*". Somit Übersetzung: "But Yahweh willed to crush him and to pierce him." Statt ᵓ*im-tāśīm* ist nach DAHOOD ᵓ*ĕmet śīmā* zu lesen: "certainly was (his life) made a guilt offering". "Pointed *śīmā*, this verb would parse as qal passive feminine singular whose subject is *napšō*" (für *śīm* qal pass. Verweis auf 2Sam 14,7; Ijob 20,4; Obd 4); ähnlich J. R. BATTENFIELD, VT 32, 1982, 485: ᵓ*ĕmet śām*. Siehe aber DAHOOD 1982 (unten).

DAHOOD (1982): statt *heḥĕlī* lies *hāḥillī* ᵓ*im* = pt. von ᵓ*īm* „furchterregend sein"; *tāśīm* = 3. ps. sg. m.; demnach die Übersetzung:

> But Yahweh willed to crush him, pierce him,
> the Awesome considered his life a guilt offering.

Jes 53,11

LINDBLOM (1951, 246f.): „Der ursprüngliche Text kann durch eine Kombination vom MT und DSIa leicht rekonstruiert werden: ‚Wegen seines Leidens wird er Licht sehen, er wird gesättigt werden durch das, was er zu wissen bekommt. Gerecht wird er Gerechtigkeit schaffen, mein Knecht, den vielen.'"

Ähnlich lautet der Vorschlag von H. HAAG (Ber. 1959, 180):

> Wegen seines Leidens wird er Licht schauen
> und satt werden durch seine Erkenntnis.
> Gerecht machen wird mein Knecht die Vielen,
> und ihre Missetaten: er wird sie hinwegnehmen.

C. S. RODD, Modern Issues in Biblical Studies: ET 71, 1959/60, 131–134, 132:

> Out of the travail of his soul he shall find satisfaction, he shall be satisfied in his humiliation.

Dagegen T. H. ROBINSON, ebd. 383.

ALLEN (1962) stimmt mit WINTON THOMAS (JThS 36, 1935; s. o. zu Jes 53,3) für die Bedeutung "humiliation, obedience" für *b^{e}da^{c}atō* überein und findet Anspielungen darauf in Dan 12,4; Röm 5,19 und Phil 2,8.

BLYTHIN (1966) übernimmt *$^{\supset}$ōr* (LXX, Qumran) und von WINTON THOMAS (schon aufgrund von dessen Äußerung in JThS 38, 1937 [s. o. zu Jes 53,3]) 'humiliation' für *da^{c}at*; erwähnt, aber übergeht den Vorschlag von C. R. NORTH (1964, 233), *ṣaddīḳ* als im st.cstr. stehend zu nehmen: "a kind of superlative ... my (perfectly) righteous servant"; somit die Übersetzung:

> After his life's travail he will see light,
> He will be sated with his humiliation;
> The righteous one, my servant, will bring righteousness to the many,
> And their iniquities he will carry.

REICKE (1967):

> (a) Because of his soul's agony
> he will see himself satisfied *(jir$^{\supset}$eh jiśba^{c})*.
> (b) Through his obedience *(b^{e}da^{c}atō)*
> my servant proves to be truly righteous *(jaṣdīḳ ṣaddīḳ)*
> to the advantage of the multitude *(lārabbīm)*,
> (c) for he bears their iniquities.

da^{c}at = Gehorsam; *jaṣdīḳ ṣaddīḳ:* Hi. ist in intransitivem und immanentem Sinn zu verstehen: sich als gerecht erweisen, mit verstärkendem Komplement *ṣaddīḳ*; die *rabbīm* sind, wie in Qumran, "his special community".

WINTON THOMAS (1968) übersetzt die erste Verszeile:

When he shall have drunk deep of his anguish,
when the righteous shall have received his full measure of humiliation

(*jirʾeh* = *jirweh* „sich satt trinken", deshalb ist kein Objekt zu ergänzen; *daʿat* von *jdʿ* II wie V. 3).

DAHOOD (1971, 72): *jirʾeh* ("possibly to be vocalized *yurʾā*") ist zu übersetzen "he was sated" (Ergänzung von *ʾōr* deshalb überflüssig). Für *daʿat* verweist DAHOOD auf seine in Greg. 43, 1962, 63f. vorgeschlagene und von KBL übernommene Etymologie „Schweiß". *ṣaddīḳ* ist wieder göttliches Appellativ, und *ʿabdī* hat das phönik. Suffix 3. ps. sg.; somit die Übersetzung:

With the anguish of his soul he was sated,
he was soaked by his sweat,
But the Just One will vindicate his servant before the great,
since he himself carried their iniquities.

GELSTON (1971) übernimmt von WINTON THOMAS (1968) für *daʿat* die Bedeutung "humiliation, chastisement", nicht aber für *jrʾh* die Ableitung von der Wurzel *rwh*. Er ergänzt *ʾwr* nach *jrʾh*, liest in V. 10 *jṣjl* für *jṣlḥ* und zieht es zu V. 11. Dieser würde dann lauten:

He will deliver his soul from trouble:
he will see light and be satisfied.
By his humiliation/chastisement will my servant justify the many:
and he will bear their iniquities/guilt/penalties.

SCHWARZ (1972): V. 11a dürfte urspr. gelautet haben: *mēʿămal napšō jirʾeh jišʿī jiśbaʿ ṭōb*

NAKAZAWA (1976):

After his mortal anguish he will see light,
he will be satisfied with knowing the vindicator (= *jiśbaʿ bᵉdaʿat maṣdīk*).
My servant is righteous over against the many,
their iniquities he bears indeed.

Gibt eine Übersicht von 15 Vorschlägen vor allem aus dem angelsächsischen Sprachraum.

WARD (1978, 128f.) lehnt den von WINTON THOMAS vorgeschlagenen Sinn "humiliation" für *daʿat* ab, unter anderem, weil W. TH. für diesen Sinn des Nomens kein anderes Beispiel nennen könne. Schlägt die Übersetzung vor:

Out of his mortal travail he shall see light;
he shall be satisfied by his knowledge.
The righteous one, my servant, shall make many righteous,
and shall bear their iniquities.

Oder auch, gemäß masoretischer Akzentsetzung:

Out of his mortal travail he shall see light and be satisfied;
By his knowledge the righteous one, my servant, shall make many righteous
and bear their iniquities.

WILLIAMSON (1978) ergänzt *ᵓōr* nach *jirᵓeh* (mit Q[a] und Q[b], LXX), pflichtet WINTON THOMAS bei hinsichtlich jdᶜ II, plädiert aber für dessen Grundbedeutung "to become still, quiet, at rest". Schließlich streicht er *ṣaddīḳ* als Dittograph. Der Vers lautet dann:

mᶜml npšw jirᵓeh ᵓwr jšbᶜ bdᶜtw
jṣdjḳ ᶜbdj lrbjm wᶜwntm hwᵓ jsbl

After his deep suffering, he will see light,
he will be satisfied with his rest.
My servant will justify many,
and he will bear their iniquities.

DAY (1980) hält, nach ALLEN (1962), aufgrund von Jes 53,3 (s. o.) und Dan 12,4 ("many shall run to and fro and humiliation will increase") mit WINTON THOMAS (1968) und gegen WILLIAMSON (1978) für *daᶜat* an der Bedeutung "humiliation" fest. Dann aber kann *bᵉdaᶜtō* nicht mit *jiśbāᶜ* verbunden werden, sondern gehört zu *jaṣdīḳ ᶜabdī lārabbīm*: "by his humiliation my Servant will make many righteous".

Jes 53,12

CORNILL (1916): „Nach meiner Meinung hat der letzte Achtzeiler unserer Perikope ursprünglich gelautet:

Für die Mühsal seiner Seele sollte er Licht sehen (LXX)
Durch sein Leiden *(brᶜtw)* Gerechtigkeit schaffen Vielen
Desshalb wird er Viele für sich besitzen
Und die Gewaltigen zur Beute nehmen
Darum daß er hingab in den Tod seine Seele
Und sich unter die Frevler zählen ließ
Während er die Sünden Vieler trug
Und für die Frevler eintrat."

ELLIGER (1972):
w^ehūʾ ḥăṭāʾē rabbīm nāśāʾ ūl^epišʿēhem jippāgaʿ „wo doch er es war, der die Sünden der Vielen trug und für ihre Frevel getroffen ward."

DAHOOD (1982): Statt *rabbīm* lies *rābīm* (pt. pl. von *rīb*) "quarrelers", was einen guten Parallelismus zu *pōšʿīm* geben soll.

VI. THEOLOGIE

Nach dem Urteil der Autoren betrifft die theologische Aussage der EJL vor allem folgende Themen: Ebed-Begriff, Mission/Universalismus, Mittlerschaft, Leiden, Stellvertretung, Sühnetod, Auferstehung. In den Beiträgen wird bald dieser, bald jener Aspekt besonders hervorgehoben.

1. Der Begriff Ebed

Dem Gebrauch von *ᶜebed* im religiösen Sinn ist BAUDISSIN (1920) nachgegangen. Danach wird in den EJL „der Gedanke, daß Jahwe ihn als seinen Knecht zu sich in ein nahes Verhältnis gestellt hat, nur einmal geltend gemacht (42,1 'mein Erwählter'); überwiegend ist der andere, daß dieser Knecht im Auftrag Jahwes eine Mission auszuüben hat (49,3. 5. 6; 53,11; vgl. 50,10)" (5). Nach RIESENER (1979) wird der Ebed im 1. Lied als königlicher Minister präsentiert, als „bevollmächtigter Vertreter seines Herrn", im 3. Lied als Träger eines prophetischen Amtes, dessen prophetisches Leiden Gegenstand des 4. Liedes ist (243–247). Daß die Mission des Ebed mit dem Begriff „Dienen" umschrieben wird, hat nach PLĂMĂDEALĂ (1970) wichtige Konsequenzen für die Theologie der Erlösung und die Ekklesiologie. – Zu MANSON (1953) und KOOY (1959) s. o. S. 69.

BRONKHORST (1959) geht (ohne nähere Bezugnahme auf die EJL) der Frage nach: Wie diente Jesus seinem himmlischen Vater? Wie diente er seinem Nächsten, seinem Volk, seiner Welt, seinen Mitmenschen? Und wie setzt er seinen Dienst in unserem Dienst fort? (Er selbst ist es, der „met en door en in ons werkt en voortgaat de Ebed Jahwe te zijn", 44.)

2. Mission/Universalismus

Unter den Älteren war es vor allem VOLZ, der in der Missionierung der Völker das zentrale Anliegen der ersten drei EJL sah. Im Kommentar (1932) stellt er die Auslegung der Perikopen 42,1–4; 42,5–9; 49,1–6; 50,4–9 unter die Überschrift ›Der Begründer der

Mission‹ (149), und er beschließt sie mit einer Skizze über die Geschichte des Missionsgedankens in Israel. „In dieser geschichtlichen Bewegung ragt der Ebeddichter als der Begründer der Mission auf" (169). 1949 (Prophetengestalten des Alten Testaments) findet VOLZ im Buch des Dtjes „den göttlichen Missionswillen und die gottgewollte menschliche Missionstat . . . Vollkommen klar ist in 42, 1–4 die Missionsarbeit ausgesprochen, und wir können sagen, daß wir mit diesem Lied am Ursprung der Mission, an der Quelle der Weltmission stehen" (316). Im Anschluß an VOLZ sieht in jüngster Zeit WODECKI (1981) in den EJL die biblische Legitimation der Weltmission. Im Sinne des Missionsgedankens stimmt HERTZBERG (1923) zu, im 1. Lied *mišpāṭ* mit „wahre Religion" zu übersetzen (41 Anm.). Für MARTIN-ACHARD (1959) ist die Missionsaufgabe des Ebed eine Bestätigung der kollektiven Deutung: « C'est en accordant la vie à son peuple que le Dieu d'Israël en fait la lumière du monde » (29).

Nach DUSSEL (1964) offenbaren die EJL einen Universalismus ohne Grenzen. Alle Nationen, alle Inseln seien des göttlichen Erbarmens würdig. Im Gegensatz zum zentripetalen (Jerusalem als Zentrum) predige das 4. EJL jedoch einen zentrifugalen Universalismus. Dies wird von NUÑEZ REGODÓN (1984) nuanciert: die EJL kennen weder den zentripetalen (Jerusalem als Zentrum) noch den zentrifugalen (Missionstätigkeit), sondern einen dezentralisierten Universalismus: die Rettung der Welt geschieht durch die Vermittlung Israels. Die damit verbundene Sammlung und Wiederherstellung der Zerstreuten ist, wie WIDENGREN (1976f.) anhand akkadischer Texte zeigt, Sache des Königs, was dem Ebed eine königliche Rolle zuweist. Dieser königliche Aspekt wird auch von W. H. SCHMIDT (1969) hervorgehoben. Er findet in den EJL das gleiche Gefälle wie in den messianischen Weissagungen des AT insgesamt: „Der Herrschaftsbereich des Messias nimmt zu, während seine Herrschaftsgewalt abnimmt" (33).

3. *Mittlerschaft*

Auf die Mittlerrolle des Ebed weisen zahlreiche Autoren hin[1]. In besonderer Weise gilt dies von ROBERT (1957), SCHARBERT (1964) und WESTERMANN (Komm. 1966).

[1] JOHANSSON (1940) stellt die (von ihm kollektiv interpretierten) EJL ganz unter die Thematik der vermittelnden Fürsprache.

In seiner Darstellung der Mittlerschaftstheologie im AT behandelt ROBERT eingehend die EJL und kommt zum Ergebnis:

« En définitive, la mission du Serviteur ne ressemble ni à celle des rois, ni à celle des prêtres, ni à celle des prophètes. Sans doute, il est médiateur de révélation et de religion, mais d'une manière unique. Son origine ne réside pas dans les choses qu'il enseigne: sa *tōrāh* et son *mišpāṭ* étaient déjà contenus dans les prophètes et les sapientiaux; il ne se distingue pas non plus par ses activités propres, car il dispense discrètement son enseignement, comme tant d'autres maîtres. S'il est médiateur, c'est en entrant librement dans le mystère de la souffrance, puis de gloire, que Dieu accomplit sur lui: il est, dans son être, ‹alliance de peuple›. La théologie biblique de la médiation ne pouvait s'élever plus haut: quatre siècles avant l'Evangile, les Poèmes du Serviteur nous mettent, avec une précision impressionnante, en face de Jésus-Christ »[2].

Ähnlich sieht SCHARBERT (der ROBERT nicht erwähnt) die Mittlerrolle des Ebed:

„Gott erwählt sich aus Israel, aus dem Samen Abrahams, einen ‚Knecht', der seinem eigenen schuldbeladenen Volk und den Heidenvölkern nicht nur die Heilsbotschaft Jahwes übermittelt, sondern das Heil vermittelt. Jahwe macht ihn zum Bundesmittler für sein Volk und zum Licht – und das heißt wohl auch: zum Lebensspender – für die Heiden. Dadurch wird ein neues Gnadenverhältnis zwischen Gott und der Menschheit geschaffen, das geradezu als eine Neuschöpfung des Kosmos anzusehen ist" (212).

Nach WESTERMANN wird der Ebed im 1. Lied sowohl als Mittler der Tat als auch als Mittler des Wortes vorgestellt (81; vgl. S. 149f.). Jes 50,4–9 ist „das Vertrauensbekenntnis des Wortmittlers" (184), wobei besonders 50,4–5a zur Gattung der „Klage des Mittlers" zu rechnen ist, „in der es um das Leid in einem Mittlerdienst geht (Mose, Elia, Jeremia)" (183). Und am Schluß des 4. Liedes wird der Ebed als *intercessor* deklariert, sein Eintreten für die Übeltäter ist buchstäblich ein „ins Mittel treten" (217)[3].

[2] Einen anderen Aspekt hebt ROBERT im Art. Logos, DBS V,455, hervor. Das Wort Jahwes ist zwar die Offensivwaffe des Ebed (Jes 49,2), aber dieser empfängt es nicht, gleich den früheren Propheten, in plötzlicher Inspiration, sondern in meditierender Erleuchtung (50,4). Wir befinden uns im beginnenden Zeitalter der Schriftgelehrsamkeit, im Übergang vom gesprochenen zum geschriebenen Wort.

[3] Auch SICRE (1975) sieht im EJ den Heilsvermittler für Sion bzw. das neue Sion: « Su mensaje adquiere confirmación y plenitud en Cristo, que salva a la nueva Sión, la Iglesia, y le enseña la única senda de fecundidad y gloria a través de la cruz » (210).

4. *Leiden*

Es liegt nahe, in den EJL, vor allem im vierten, eine Theologie des Leidens zu finden. So sieht BURI (1963) in Jes 53 eine Schule des Leidens. Dabei wird mehrfach nach den Wurzeln der Vorstellung vom fruchtbringenden Leiden gefragt. HYATT (1944) nennt dafür vier Gegebenheiten: (1) den Begriff der "corporate personality" (s. IV. 3. d); (2) die hebräische Vorstellung von der Rolle des Propheten, verbunden mit den persönlichen Erfahrungen einzelner Propheten, vor allem des Jeremia; (3) die dem israelitischen Opfersystem zugrundeliegende Ideologie; (4) den weitverbreiteten Mythos vom sterbenden und auferstehenden Gott. Mit Punkt 4 setzt sich YOUNG (1950/51) kritisch und ablehnend auseinander. Das Leiden des Knechts als Fürbitte (im Tg Fürbitte ohne Leiden) und als Versöhnung durch stellvertretende Sühne stellt DIP (1966) dar. Querverbindungen zu Nah, Jon und Klgl beim Thema Rettung durch Leiden, besonders des einzelnen, erörtert HELBERG (1969). Was indes das Prophetenschicksal betrifft, so weist O. H. STECK darauf hin, daß das Bild vom leidenden GK in Jes 52, 13–53, 12 von der deuteronomischen Vorstellung vom gewaltsamen Geschick der Propheten zu trennen ist:

„beide Traditionen bleiben unabhängig voneinander, sind exegetisch ohne Belang füreinander und dürfen nicht in der herangetragenen Idee eines ‚Märtyrerpropheten' exegetisch kombiniert werden"[4].

Mit Verweis auf Dan 3, 39 f. LXX und 2Makk 7, 32 f. 38 schreibt FÜGLISTER (1970) den EJL eine entscheidende Rolle in der Ausformung der jüdischen Märtyrertheologie zu, „allerdings ohne daß sich eine offenkundige Anknüpfung an die Ebedlieder nachweisen ließe" (171)[5].

Besonders eingehend hat sich BLANK (1979) zu der Jes 53 innewohnenden Sinngebung des Leidens geäußert. Er findet in

[4] Israel und das gewaltsame Geschick der Propheten, Neukirchen 1967, 201 Anm. 4.

[5] Von der Thematik des Leidens her will BERNAL GIMÉNEZ (1984) auch den Begriff *mišpāṭ* verstehen « que ... significa la liberación de las injusticias que sufren los oprimidos » (79), « hacer cumplir el justo derecho del oprimido e implantar la voluntad liberadora de Dios » (84). Das Mitleiden mit den Leidenden spielt dabei eine entscheidende Rolle. All dies wurde von Christus vollkommen erfüllt.

Jes 53,4–6 eine neue Deutung oder, wie er es nennt, eine neue Dimension des Leidens:

„Das Strafleiden, das JHWH über den Knecht hat kommen lassen, bewirkt also für die betroffene Gruppe das Heil. Die Wunden des Knechtes haben heilende Kraft. Damit tritt nun eine völlig neue, im AT bislang noch nicht ausgesprochene Dimension des Leidens in den Blick, die dem Leiden eine unerhört positive Möglichkeit zuspricht, die Möglichkeit nämlich ‚Heil zu bewirken'. Freilich gilt dies nach Auskunft unseres Textes nicht für jedes Leiden schlechthin, sondern für dieses ‚Leiden um JHWHs willen' (oder, um mit Mt 5,10 zu sprechen, ‚um der Gerechtigkeit willen'). Damit stehen wir an einer Schwelle, wo menschliches Leiden zu einem echten Mysterium wird, zum ‚heiligen Leiden', zur ‚beata passio'. Diese Dimension des Leidens, wo durch das Leiden nicht nur innere menschliche Läuterung oder größere menschliche Reife bewirkt wird – schon dies ist ja nicht selbstverständlich, Leiden kann bekanntlich auch den Menschen einschüchtern, verbittern und schließlich verhärten –, sondern wo darüber hinaus *das Leiden selbst heilswirksam wird,* und zwar in einem umfassenden humanen Sinn, diese Dimension ist dem modernen Menschen weithin verschlossen. Es wäre freilich in jeder Hinsicht heilsam, den Sinn für diese Tiefe des Leidens-Geheimnisses wieder zu schärfen oder neu zu erwecken" (39).

Zugleich hebt Blank aber noch einen anderen, wenig beachteten Aspekt des prophetischen Leidens hervor: im Leiden des Propheten spiegelt sich das Leiden Gottes um sein Volk:

„Die Propheten erleiden in ihrer Situation das Leiden Gottes um sein Volk. Wir müssen, schon im AT, von einem ‚Leiden Gottes' sprechen. Wenn man den biblischen Gottesgedanken verstehen will, die ‚Geschichte Gottes mit dem Menschen', dann kommt man, meine ich, an der Aussage vom ‚Leiden Gottes' nicht vorbei. Die Bibel hat – im Unterschied zur scholastischen Dogmatik – immer verstanden, daß der ‚Ort Gottes' beim Leiden und bei den Leidenden ist. Darum ist von dieser Betrachtungsweise her gesehen auch ‚Leiden' kein durchschlagender Einwand gegen die Existenz Gottes, weil Gott, der lebendige Gott der Bibel, nicht vom Leiden distanziert werden kann. Dieser Gott leidet die Leiden seines Volkes, der Menschheit mit" (51 f.).

5. *Stellvertretung*

Der durch Jes 53 eingeführte Stellvertretungsglaube hat nach Volz (1920) der jüdischen Theodizee ein völlig neues Gesicht gegeben.

„Nur wenn wir den Druck mitempfinden, der in jener alten Zeit auf den Frommen lag, verstehen wir das Hochgefühl der Befreiung, das sich in Jes 53 kundgibt. Die neue Lösung stürzt die bisherige Theorie um, daß aus Leiden auf Schuld, auch beim Frömmsten, geschlossen werden dürfe, diese furchtbare, tyrannische Theorie, unter der ein Hiob qualvoll gelitten hatte ... Wir stehen am geschichtlichen Quellort, an dem die Idee des stellvertretenden Leidens entsprungen ist; der Mann, der diesen bahnbrechenden, in der Geschichte der Religion ungemein wirksamen Glauben schuf, muß ein hochbedeutender Geist gewesen sein" (185f.).

Nach LOFTHOUSE (1947) bildet der Stellvertretungsgedanke die Mitte des 4. Liedes und macht sein absolutes Eigengut aus. Ein konkreter Einfluß läßt sich dafür nicht ermitteln. Vielmehr wirkt das Lied diesbezüglich im AT wie ein erratischer Block und steht auf einsamer, „evangelischer" Höhe, die nur durch das NT noch überboten wird.

Den nach LOFTHOUSE nicht zu ermittelnden Wurzeln des Stellvertretungsgedankens geht SCHARBERT (1958) nach. Der hethitische und neuassyrisch-babylonische „Ersatzkönig" *(šar pûḫi)* habe nichts mit stellvertretender Sühne zu tun.

„Die Stellvertretung durch einen Scheinkönig bezweckt lediglich die Ablenkung eines drohenden Unglücks vom König auf ein anderes Objekt und entspricht ganz dem magischen Weltbild der Babylonier und Assyrer. In den GKL des Isaias-Buches aber ist es Jahwe selbst, der dem Knecht die Mittler- und Sühnerolle zuweist, und es ist eine aus freier persönlicher Entscheidung geborene sittliche Tat des EJ, sein bewußtes und opferbereites Tragen des mit seiner Aufgabe verbundenen Leidens, das Jahwe versöhnt" (209f.).

FOHRER (1970[6]) legt Wert auf die Feststellung, daß die Stellvertretung nur vom Leiden, nicht aber vom Sterben des Ebed ausgesagt wird.

„Die Aussagen über die Stellvertretung begegnen zunächst nur in Verbindung mit dem Leiden im Leben des Knechtes, dagegen nicht in Verbindung mit dem Leiden im Sterben ... Erst das abschließende Gotteswort in der 6. Strophe spricht allgemein von Stellvertretung, ohne zwischen Leben und Sterben zu unterscheiden. Es wäre von da aus möglich, die Stellvertretung auch auf das Sterben zu beziehen. Doch ist diese Möglichkeit eher zu verneinen, weil die abschließende Strophe keine neuen Verbindungen schaffen, sondern die vorher genannten bekräftigen will ... Das Leiden im Sterben verbinden die ‚Wir' nicht mit der Vorstellung von der Stellvertre-

[6] Gleiche Position, z. T. ausführlicher begründet, schon 1969.

tung, sondern bezeichnen die Hingabe des Lebens als Schuldopfer *(ʾašam)*. So tritt neben die Vorstellung von der Stellvertretung durch das Leiden im Leben die Vorstellung vom Opfer im Tode. Mit dem Leben wird der Stellvertretungsgedanke, mit dem Sterben der Opfergedanke verbunden" (288).

Auch FOHRER fragt nach der Herkunft des Stellvertretungsgedankens und kommt zum gleichen Schluß wie LOFTHOUSE und SCHARBERT:

„Die babylonischen und hethitischen Rituale des Ersatzkönigs gehören in völlig andere Zusammenhänge und lassen sich nicht heranziehen. Letztlich muß man sagen, daß Jes 52,15 die Lage richtig gesehen hat: Was in dem Knecht–Jahwe-Spruch gesagt wird, ist Nieerzähltes und Niegehörtes! Es besteht keine wirkliche Parallele und kein Vorbild für die Vorstellung von der Stellvertretung durch das Leiden im Leben des Knechts" (288f.).

6. Sühnetod

Die Vorstellung, daß der Ebed durch Leiden und Tod für die Sünden der Mitmenschen (Juden oder Heiden) Sühne leistet, wird vielfach als die wichtigste theologische Aussage des 4. Liedes angesehen. Mehrmals wurde auch die Frage gestellt, wieweit sich diese Vorstellung aus der babylonischen Umwelt des Propheten herleiten lasse. Während DÜRR (1925) den Sühnegedanken in den Festritualen der absterbenden und wiederauferstehenden Heil- und Naturgötter vermißt (131), findet er ihn im Ritual des babylonischen Neujahrsfestes (s. o. S. 131). Er beschließt seinen Vergleich mit der Feststellung:

„Wir haben auch im ‚leidenden GK' Jes 53. denselben Tatbestand wie überhaupt in der ganzen orientalischen Entwicklung: den einzigartigen Gedanken der Sühne durch den erwarteten ‚Heiland' in gemeiner, orientalischer Ausprägung. Das Heilandsbild selbst wie die ganze Erwartung ist urisraelitisch und ohne jede altorientalische Parallele, die Darstellungsmittel aber sind, wie man es bei den Semiten nicht anders erwarten konnte, gemeinsemitisch, ja altorientalisch" (152).

W. EICHRODT sieht die Bedeutung der EJL für die israelitisch-jüdische Heilserwartung darin, daß in konsequenter Ablehnung aller kriegerischen Machtentfaltung des kommenden Herrschers (Jes, Sach, Mich, Jer, Ez) die Mittlerstellung des Heilskönigs

„auf freiwilliges Sühneleiden bis zum Einsatz des Lebens begründet wird und in der inneren Überwindung und Umwandlung der Sünder durch gläubige Annahme der für sie geschehenen Interzession ihr Werk vollbringt“ [7].

Obwohl die Vorstellung vom stellvertretenden Sühnecharakter des Leidens, die wir in Jes 53 vorfinden, ziemlich isoliert geblieben ist, finden wir nach SALGUERO (1965) davon doch Ableger im späteren Judentum, vor allem in Ps 22 und Sach 12, 10, und auch in der mehrfach bezeugten frühjüdischen Doktrin vom Martyrium als Sühne für die Sünden anderer. Aus der durchgeführten Exegese von Ps 22 ergibt sich als Unterschied zwischen Jes 53 und Ps 22, daß in Jes 53 der Bekenner stirbt, in Ps 22 nicht; auch hat nach Ps 22 das Leiden des Beters keinen stellvertretenden und sühnenden Wert. Dennoch hält SALGUERO Abhängigkeit von Jes 53 für erwiesen. Gemeinsam ist beiden die auf das unschuldige Leiden folgende Erhöhung.

Nach KUTSCH (1967) begegnen sich in Jes 53 zwei atl Vorstellungen: (1) der Gerechte bewahrt durch seine bloße Anwesenheit die Frevler vor der verdienten Strafe (Gen 18, 17ff.; Jer 5, 1), und (2) die Gerechten können durch ihr Rechthandeln nur sich selbst vor dem Verderben bewahren (Ez 14, 13ff.; Zef 2, 1–3). Diese beiden Fäden werden in Jes 53 miteinander verflochten. Die Verbindung der beiden an sich divergierenden Linien wird allerdings nur möglich durch die Einführung eines neuen Elements: die Strafe wird nicht an denen vollzogen, die sie verdient haben, an den Gottlosen, sondern an dem Gerechten. „Die Strafe, die der Gerechte, der GK, trägt, kann für die Vielen angerechnet werden, weil Gott sein die Strafe umfassendes Leiden und Sterben annimmt als *ʾāšām*, als Sühneleistung für die Vielen“ (44).

Der Begriff *ʾāšām* spielt in dieser Thematik eine zentrale Rolle. GISPEN (1971) insistiert auf der Bedeutung „Schuldzahlung“. BLANK (1979) übersetzt „Bußleistung“ (43). Dabei kommt das kultische Übertragungsmotiv ins Spiel. „Als *ʾascham* hat der Knecht gegenüber der Gesamtheit der ‚Vielen‘ . . . eine ‚Sündenbock-

[7] Theologie des Alten Testaments I, Leipzig 1933, 262 (und im wesentlichen unverändert in den späteren Aufl.). – Demgegenüber warnt DALTON (1958) davor, den Sühnecharakter des Ebedleidens überzubewerten. “The kernel and essence of his redemptive work is to be found rather in his superhuman love and obedience, qualities which in the language of human experience are expressed and proved above all by suffering and death . . . It is not so much *in our place* as *on our behalf* that he suffered and died and rose from the dead” (10).

Funktion'", allerdings mit dem Unterschied, daß nicht die Betroffenen die Übertragung vornehmen, sondern Jahwe (45). BLANK stellt die Frage nach der Herkunft dieses Verständnisses und pflichtet E. HAAG (1977) bei, der „wohl mit Recht auf die Tradition der ‚prophetischen Opferkritik' hingewiesen" habe. „Danach besteht das wahre Opfer im vollkommenen Lebensgehorsam gegenüber dem Willen JHWHs, und dies bedeutet eine grundlegende Personalisierung des Opfergedankens" (45).

WELSHMAN (1973) warnt davor, die vom Ebed vollbrachte Sühne im Sinn späterer rabbinischer und christlicher Systeme zu verstehen. Vielmehr würden, nachdem die Heimsuchung überstanden und die Nation wiederhergestellt ist, die Leiden Israels als Stellvertretung verstanden. Die EJL seien ein Versuch, das Geheimnis des Leidens zu deuten und dem Untergang Jerusalems und dem Exil einen Sinn zu geben.

7. Auferstehung

Sind die EJL das erste atl Zeugnis einer persönlichen Auferstehung? Die Ansichten darüber sind geteilt und hängen vor allem davon ab, ob man im 4. Lied den Tod des Ebed ausgesagt findet und, wenn ja, ob man sein Weiterleben nur auf sein Werk und seine Jüngerschaft bezieht. BEER (1918) urteilt:

„Von einer persönlichen Wiederbelebung geschweige gar Auferstehung des Ebed-Jahwe ist in 53,10 nichts zu lesen, sie ist auch nicht zwischen die Zeilen hineinzudeuten. Der Text redet von langlebender Nachkommenschaft, die der verstorbene GK, im Grabe weiterlebend gedacht, sieht, so wie Rahel Jer 31,15 im Grabe um ihre Kinder weint! In diesen Nachkommen lebt der Knecht fort" (44)[8].

Hingegen rechnete schon DUHM mit dem Wunder der Wiederbelebung des Knechts, „das größte Wunder, das die Welt umwandeln wird" (378 = [4]407; vgl. IV. 1). Und nach GUNKEL (1921) kann das Wort vom Schauen (des Lichtes) Jes 53,11 nur von einem Leben nach dem Tod verstanden werden.

„Freilich ein schwer auszudenkender Gedanke, namentlich im alten Israel, das keine Hoffnung nach dem Tode kannte. Er weiß es wohl, daß es ein unerhörtes Wunder ist:

[8] Dies war schon der Standpunkt von SELLIN (1901), und er wurde auch von STAERK vertreten. Hingegen rechnet SELLIN 1928 mit dem Tod des Ebed (s. o. IV. 2).

Was nie erzählt wurde, schauen sie nun;
was sie nie gehört, gewahren sie!

Aber sein Glaube steht nicht an, dies Wunderbarste von seinem Gott zu verlangen ... Hier zum ersten Male in der Geschichte Israels sehen wir den Auferstehungsglauben als den Besitz einer persönlichen Frömmigkeit" (21)[9].

Auch nach ELLIGER (1933) glaubte Tritojes, der die Reden und Lieder seines Meisters sammelte, an dessen Auferstehung. Denn er krönte die Sammlung mit seinem eigenen Lied „von des Knechtes Sühnetod und Auferstehungstriumph" (98).

Auch MOWINCKEL (1956) pflichtet bei. Das 4. EJL setze noch keinen allgemeinen Auferstehungsglauben voraus. "That is what makes the resuscitation of the Servant so wonderful ... Here the belief in a resurrection emerges in the O.T. for the first time, but only as an unheard of exception on behalf of this one man" (205). Nach MASSI (1966) wirft die Ebed-Theologie ein neues Licht auf das Paschamysterium, indem es die unzertrennliche Verbindung von Tod und Auferstehung und den Primat der Auferstehung unterstreicht.

Hingegen mahnt WESTERMANN (Komm. 1966) zu beachten, daß die Auferstehung des Knechts nicht deutlich ausgesprochen wird.

„Sicher ist, daß das wiederherstellende Handeln Gottes am Knecht, das Erhöhen des Knechtes, ein Handeln am Knecht *nach* dessen Tod und *jenseits* von dessen Tod ist. Aber es wird kein Versuch gemacht, dies irgendwie festzulegen und zu erklären ... Deutlich sagen V. 10b und 11a, daß der Knecht als Folge des Eingreifens Gottes ‚Leben' im Sinne des AT, also erfülltes, glückliches Leben gewinnt" (215).

SOGGIN (1975) möchte die Frage nicht entscheiden, ob vom Tod des Knechtes buchstäblich oder hyperbolisch gesprochen wird, neigt aber zum zweiten Verständnis:

„Durch die Annahme des Todes des Knechtes und noch mehr, falls man seine Auferstehung voraussetzt, entstehen große, nicht zu bewältigende Schwierigkeiten, wie die vorgeschlagenen Notlösungen zur Genüge zeigen. Wenn hingegen der Tod des Knechtes als eine Hyperbel, ähnlich wie im Klagelied des einzelnen, aufgefaßt wird, dann erhält die ganze Stelle ... einen klaren, einheitlichen, durchgehenden Sinn" (354).

[9] 1929 fügt GUNKEL dem fast wörtlich gleichlautenden letzten Satz noch hinzu: „eine Riesentat!" (1102).

Von Whybray war schon oben (S. 152f.) die Rede. Ebenso argumentiert Blank (1979), der sich Westermann (Komm. 1966) anschließt und ergänzend hinzufügt:

„Hier ist wieder daran zu erinnern, daß im ‚Danklied' der Bericht von der Rettung des Angefochtenen durch JHWH seinen festen Sitz hat und daß diese Rettung geschildert wird als ‚Wiederbelebung von Toten'" (41). Blank verweist auf Ps 22, bes. V. 25ff.: „Wichtig an diesem Beispiel ist, daß mit Lobpreis und Dank auch ein universalistischer Aspekt sich verbindet, als Bekenntnis zur Königsherrschaft JHWHs über alle Völker, so daß vor ihm sogar die Toten der Unterwelt sich niederwerfen müssen" (42).

REGISTER

Das Literaturverzeichnis (S. XVII–XLIII) wird nur bei den Autoren berücksichtigt, die im Text nicht erwähnt werden.